本书得到北方民族大学一般科研项目经费（2020XYSFX01）、

北方民族大学中央高校基本科研业务费专项资金

（2020KYQD22）资助，特此表示感谢！

Study on The Issue of Economic Procedure Law

经济诉讼法问题研究

马　涛◎著

中国政法大学出版社

2023·北京

图书在版编目（ＣＩＰ）数据

经济诉讼法问题研究/马涛著. —北京:中国政法大学出版社,2023.8
ISBN 978-7-5764-1083-9

Ⅰ.①经…　Ⅱ.①马…　Ⅲ.①经济纠纷－民事诉讼－研究－中国
Ⅳ.①D925.104

中国国家版本馆CIP数据核字(2023)第162742号

出　版　者	中国政法大学出版社
地　　　址	北京市海淀区西土城路 25 号
邮寄地址	北京 100088 信箱 8034 分箱　邮编 100088
网　　　址	http://www.cuplpress.com (网络实名: 中国政法大学出版社)
电　　　话	010-58908441(编辑室) 58908334(邮购部)
承　　　印	北京九州迅驰传媒文化有限公司
开　　　本	880mm×1230mm　1/32
印　　　张	8.5
字　　　数	190 千字
版　　　次	2023 年 8 月第 1 版
印　　　次	2023 年 8 月第 1 次印刷
定　　　价	39.00 元

摘　要

　　经济诉讼法是经济法的程序法，主要解决违反经济法义务所引起的经济纠纷，这种纠纷与个体之间的经济纠纷不同，具有整体性、经济性、主体广泛性等特征。经济诉讼法是在经济法产生后，出现了特殊的社会主体、法律关系及纠纷类型，传统诉讼程序无法圆满解决这些新型纠纷的背景下产生的，其有自己的基本理论和制度内容。本书从实践问题出发，通过分析现行诉讼法解决经济纠纷存在的困境，提出建立我国经济诉讼法的构想。本书主要分为六章：

　　第一章主要是经济诉讼法的导论部分。首先，提出法与法律不是一个概念，法学研究应该研究的是"法"，而不是"法律"；其次，明确法的本质是一种价值追求，法体系的划分应当以法的本质为标准，按照价值追求的不同，将法体系划分为民法、行政法和经济法；最后，指出民法维护个体利益，行政法维护整体行政利益，经济法维护社会整体经济利益。

　　第二章主要阐述经济纠纷的特殊性，认为经济纠纷是由于社会整体经济利益被侵害所产生的法律纠纷，其具有整体性、经济性、义务消极性和主体广泛性特征。经济纠纷可以分为整体金融利益纠纷、整体财政利益纠纷、整体市场利益纠纷和整体环境利益纠纷。

第三章主要阐述民事诉讼法解决经济纠纷存在的问题。首先，界定民事诉讼法解决纠纷的目标，指出民事诉讼法保障个体的人身和财产利益；其次，对民事诉讼法解决纠纷的特征进行总结，指出其具有主体自愿平等、权利自由处分等特征；最后，指出民事诉讼程序解决经济纠纷面临的困境。

第四章主要阐述行政诉讼法解决经济纠纷存在的问题。首先界定行政诉讼法解决纠纷的目标，指出行政诉讼法保障行政相对人的利益；其次，论述行政诉讼程序的特征，指出其具有主体不平等、原则上不适用法院调解等特征；最后，论述行政诉讼法解决经济纠纷面临的困境。

第五章主要阐述经济诉讼法的基本理论。首先，对经济诉讼法的概念进行界定，认为经济诉讼法是社会整体经济利益受到侵害所引发的诉讼程序；其次，对经济诉讼法的性质、目的、任务及基本原则进行论述；最后，对经济诉讼法的证明责任进行论述，指出应当对不同的原告科予不同的证明责任。

第六章主要阐述经济诉讼法的制度构建。首先，对原告主体资格进行界定，指出经济监管机关、社会团体、检察机关和公民都可以提起经济诉讼，但其有序位规定；其次，阐述经济诉讼法的受案制度，主要受理侵害整体金融利益、整体财政利益、整体市场利益、整体环境利益的案件；再次，对管辖制度进行阐述，指出经济诉讼案件一般由中级人民法院或者有集中管辖权的法院管辖，地域管辖参照适用《民法典》侵权责任编的相关规定；复次，对经济诉讼法的审判制度进行构建，主要对诉讼请求、公告、诉讼和解等程序进行构建，同时对证据开示制度、诉讼费用、审判机构等进行研究；最后，对执行制度进行阐述，指出在环境保护、食品等领域应实行特殊的执行措施。

目 录
CONTENTS

引 言

一、研究的意义

经济法从诞生之日起就在学界的质疑声中缓步前行，经过经济法学者们的不懈努力，经济法的独立地位已经得到学界和实务界的一致肯定。随着经济法理论研究的不断深入，有关经济法是否需要建立自己的诉讼体系的讨论日渐引起学者们的关注，但尚未形成统一认识，甚至在经济法学界内部也存在不同的意见。本书认为研究经济诉讼法不仅具有重要的理论意义，而且具有重大的现实意义。

研究经济诉讼法的理论意义体现在三个方面：其一，有利于强化经济法的独立地位。"人类社会诉讼演进史以及诉讼制度的自身发展规律表明，诉讼形式是实体法律制度的必然派生；特定类型法律制度是相应诉讼形式产生的逻辑依据。"[1]目前，由于我国没有独立的经济诉讼法，经济纠纷由民事诉讼法和行政诉讼法解决，长此以往，经济法的独立地位将被动摇，不利于经济法学的发展。其二，有利于丰富和发展经济法的理论。虽然我国经济法的独立地位已经得到学界一致肯定，但不可否认的是，经济法学界对经济法的基础理论的认识还处于众说纷

---

〔1〕 顾培东、王莹文、郭明忠：《经济诉讼的理论与实践》，四川人民出版社1988年版，第4页。

纭、观点纷呈的阶段，对经济诉讼法进行研究，将为经济法基础理论的研究带来新的视角，即从程序法的角度寻找经济法基础理论的共识点，从而慢慢减少分歧，逐渐凝聚共识，争取在主要理论上达成共识。其三，有利于构建独立的经济诉讼法体系。经济诉讼法是独立的法律，作为程序法，其具有保障经济法目标实现的外在价值，同时也具有体现程序效率、公正的内在价值，研究经济诉讼法有利于从理论上冲破传统三大诉讼法的思想桎梏，为经济诉讼法体系的建立奠定理论基础。

此外，研究经济诉讼法还具有重大的现实意义。随着我国经济的发展，工业化程度的不断提高，经济发展带来的负面效应也在与日俱增，侵害社会整体经济利益的案件频繁发生，尤其在生态环境、食品药品等关系人类生存发展的领域问题突出，严重威胁人类的生存和发展，而现有的诉讼法在解决这类纠纷时存在不同的困境。因此，本书试图从经济法维护社会整体经济利益的角度，构建一套适合解决经济纠纷的法律，为经济纠纷的解决提供新的路径，促进社会和谐稳定。

二、研究的现状

虽然域外没有经济诉讼的称谓，但世界主要经济发达国家基本都具有和经济诉讼功能类似的诉讼程序，例如，美国的集团诉讼[1]、英国的代表人诉讼[2]、德国的团体诉讼[3]、日本

---

〔1〕 目前英国、加拿大等国都有与美国类似的集团诉讼制度，但其制度设计与美国具有重要差异，美国的集团诉讼在世界范围内更具典型性和影响力。美国集团诉讼是指，"将具有同一事实或法律关系的不确定当事人拟制为一个群体，群体中的一人或数人提起诉讼视为代表整个群体提起，判决效力扩及群体中的每个个体"。参见陆文婷、李响：《美国集团诉讼制度与文化》，武汉大学出版社 2005 年版，第 2 页。

〔2〕 代表人诉讼是指，"一个以上的人在诉讼中具有相同利害关系的，可由一

的选定当事人诉讼[1]和民众诉讼[2]。

在我国，经济法学意义上的"经济诉讼"最早是由顾培东教授提出的。他在《经济诉讼中的几个法律问题》一文中指出，经济法的发展必然要求产生独立的经济诉讼法，并提出建立检察机关经济公诉制度和司法机关对行政机关的司法建议制度。[3]自从经济诉讼这一概念提出以后，学界对该问题开展了深入的研究，学术成果颇丰，从学者对"经济诉讼"的不同称谓就可见一斑：有的沿用"经济诉讼"的称谓[4]，有的称为"经济法诉讼[5]""经济公益诉讼[6]""公益经济诉讼[7]"等。

（接上页）　个或多个具有相同利害关系的人，作为具有相同利害关系的其他人之代表提起诉讼，或者法院可责令，该诉讼由诉讼代表人继续进行"。参见徐昕：《英国民事诉讼与民事司法改革》，中国政法大学出版社 2002 年版，第 87 页。

〔3〕　团体诉讼产生于法国，在德国被广泛运用，是指，"有权利能力之公益团体，依法律之规定就他人违反特定禁止或无效之行为，得向法院请求命令他人中止或撤回其行为之民事诉讼"。参见陈荣宗：《诉讼当事人与民事程序法》，三民书局 1987 年版，第 71 页。

〔1〕　选定当事人诉讼是日本民事诉讼法中的重要制度，是指，"具有共同利益的多数人，可以选定一人或者数人作为当事人代表全体进行诉讼，判决的效力及于选定当事人和所有选定人的诉讼制度"。参见薛永慧：《群体纠纷与群体诉讼研究》，知识产权出版社 2009 年版，第 132 页。

〔2〕　民众诉讼是日本行政诉讼法中的重要制度，指民众请求纠正国家或公共团体的机关不符合法规的行为的诉讼，是以作为选举人的资格以及其他与自己的法律利益无关的资格而提起的诉讼，纠正地方公共团体不符合财务会计法规行为的诉讼等。参见汪利红：《日本行政诉讼法》，知识产权出版社 2008 年版，第 616—617 页。

〔3〕　参见顾培东："经济诉讼中的几个法律问题"，载《政治与法律》1984 年第 4 期。

〔4〕　孟庆瑜："论中国经济法的诉讼保障机制——中国经济诉讼的反思与重构"，载《法学论坛》2002 年第 2 期。

〔5〕　漆多俊、王新红："接近司法——经济法的诉讼问题"，载漆多俊主编：《经济法论丛》（第 7 卷），中国方正出版社 2003 年版，第 337 页。

〔6〕　韩志红："经济法应当有自己特殊的诉讼制度"，载《天津师范大学学报（社会科学版）》2001 年第 1 期。

〔7〕　颜运秋：《公益诉讼理念研究》，中国检察出版社 2002 年版，第 317 页。

这些不同的称谓从某种程度来讲也反映出学界对经济诉讼问题的高度关注，为我们全面、深入地了解经济诉讼作出了重要学术贡献。虽然上述有关"经济诉讼"的称谓不同，但含义大致相同，均表示经济法意义上的纠纷通过司法解决的一种程序或制度。本书旨在构建经济法的诉讼程序，为表述方便，采用"经济诉讼法"作为与经济法相对应的程序法。

有关经济法是否建立独立的诉讼法，在学界认识不一，经济法学界内部也未形成一致意见，主要有两种观点，即肯定说和否定说。持肯定说的学者认为应当建立与经济法相适应的独立的经济诉讼法。例如，有的学者认为："违反经济法的经济纠纷案件与违反民法、行政法的案件性质不同，各有特点……需要制定一部《经济诉讼法》，以利于强化经济法的实施，健全经济法制。"[1]有的学者认为：经济诉讼法是"与本体法和责任法相对应的法学体系"，它有独立的价值目标，无论在诉讼主体、证明责任还是裁判执行上，都与其他诉讼法有明显区别。[2]有的学者认为："就实现经济法权利的司法救济而言，必须建立与之相应的程序法——经济诉讼制度，发挥实现经济法权利或维护实体的经济法权利体系、解决纠纷的作用。"[3]有的学者从我国经济违法案件的审判盲区出发，认为应当建立一种新型的诉讼制度——经济公益诉讼制度，使一切组织和个人对违反经济法，侵犯国家经济利益、社会公共经济利益，扰乱社会经济秩序的行为向法院提起诉讼，并对该诉讼程序提出自己的构想。[4]有的

---

〔1〕 杨紫烜：《国家协调论》，北京大学出版社2009年版，第429页。

〔2〕 刘少军、王一鹤：《经济法学总论》，中国政法大学出版社2015年版，第256—279页。

〔3〕 李昌麒主编：《经济法学》（第三版），法律出版社2016年版，第551页。

〔4〕 韩志红、阮大强：《新型诉讼——经济公益诉讼的理论与实践》，法律出版社1999年版，第20页。

学者认为经济实体法中的诉讼程序规范应当分离出来，构建独立的经济诉讼法，并从诉讼主体、受案范围、审判程序等方面提出构建设想。[1]有的学者从社会经济根源、实体法律依据和国外的司法实践角度论证经济诉讼的独立性。[2]还有的学者认为应当建立独立的经济诉讼制度，因为现有的民事诉讼及行政诉讼程序只能体现保护私益或国家公益的客观要求，不能真正保护社会整体利益。[3]

持否定说的学者认为不需要建立独立的经济诉讼法，只需在现有诉讼法中建立相应的经济诉讼机制来解决经济纠纷。例如，有的学者认为：不需要在现有"三大诉讼"之外另行设置一套独立的"经济法诉讼"机制。只需在现有的诉讼法中作一些特殊规定就可以了。[4]有的学者认为："经济法纠纷的解决无须也不可能有独立的经济法诉讼制度，它主要是借助民事诉讼、行政诉讼的方式，再辅以某些特别的经济法诉讼制度。"[5]有的学者认为：三大诉讼法解决的纠纷具有质的差异，不存在需要专门的诉讼法来解决的经济法纠纷，经济法纠纷完全可以通过现有三大诉讼法解决。[6]还有的学者认为：对于现行三大诉讼制度不能很好解决的经济法纠纷，可以创设新的诉讼制度，这种诉讼制度不是独立于三大诉讼，而是在现有诉讼制度基础上

---

[1]　孟庆瑜：《经济法基本问题研究》，人民出版社 2017 年版，第 243—247 页。

[2]　颜运秋：《公益经济诉讼：经济法诉讼体系的构建》，法律出版社 2008 年版，第 20—21 页。

[3]　顾功耘主编：《经济法教程》（第三版），上海人民出版社 2013 年版，第110 页。

[4]　漆多俊：《经济法基础理论》（第五版），法律出版社 2017 年版，第 347 页。

[5]　王新红、傅强："关于建立经济法诉讼制度的几个问题"，载《中南大学学报（社会科学版）》2004 年第 3 期。

[6]　王卫国、李东方主编：《经济法学》（第三版），中国政法大学出版社2016 年版，第 116 页。

构建的特别制度。[1]

　　还有学者主张用发展的眼光来看待经济诉讼法的设立问题，认为是否有必要建立与行政法一样的程序法，需要根据具体情况综合考虑。[2]

　　此外，目前研究经济诉讼法的文献主要以期刊发表的论文和硕士学位论文居多，博士毕业论文则相对较少。最早撰写的经济诉讼法博士论文是王新红博士的《经济法纠纷司法解决机制研究》，还有颜运秋博士的《公益经济诉讼：经济法诉讼体系的构建》、吴获枫博士的《论我国经济法的司法救济》、徐石江博士的《我国经济公益诉讼制度研究》。王新红博士认为不需要建立独立的经济诉讼法，经济纠纷能够也只能在现有的民事诉讼和行政诉讼制度框架下解决。吴获枫博士的观点和王新红博士相同，由于上述两篇论文没有将经济诉讼程序与民事、行政诉讼程序相区分，其所提出的诉讼程序只能称为对民事、行政程序的修改和完善，不能称为典型的经济诉讼法。颜运秋、徐石江的博士论文都认为应当建立经济诉讼法，并从经济诉讼的概念、独立性、必要性以及制度设计等方面进行了详细阐述，对经济诉讼法的研究作出重大贡献。但上述论文存在以下不足：其一，没有从立法的高度系统论述经济诉讼法的制度构建；其二，对经济诉讼法的核心内容如社会整体经济利益（或称为"公共利益"）的研究不够深入，没有提出切实可行的认定社会整体经济利益的方法。其三，没有从现行《民事诉讼法》[3]和

---

　　[1]　冯果主编：《经济法——制度·学说·案例》，武汉大学出版社2012年版，第127页。

　　[2]　参见张守文：《经济法学》（第三版），中国人民大学出版社2016年版，第101页。

　　[3]　为表述方便，本书中涉及的我国法律法规直接使用简称，省去"中华人民共和国"字样，如《中华人民共和国民事诉讼法》简称为《民事诉讼法》，全书

《行政诉讼法》在解决经济纠纷方面存在的问题入手，也就无法论证构建经济诉讼法的必要性。

三、创新与不足

本书主要有五点创新：其一，本书从经济诉讼法的目的、任务、基本原则、受案范围、管辖以及审判制度、执行制度等方面系统提出构建我国经济诉讼法的主要内容，为构建我国经济诉讼法提供参考。其二，经济诉讼法主要解决经济纠纷，而经济纠纷是由于社会整体经济利益被侵害所引发的。本书设专章研究经济纠纷及其类型，并提出把握社会整体经济利益的一些方法。其三，重点论述现行《民事诉讼法》和《行政诉讼法》在解决经济纠纷方面存在的问题，论证它们都不能圆满解决经济纠纷。其四，紧扣经济诉讼法与经济法的密切联系，在建构经济诉讼法时充分考虑与经济法的衔接，例如，经济法以维护社会整体经济利益为价值目标，经济诉讼法以恢复社会整体经济利益为主要任务；经济法的主体是经济监管机关，经济诉讼法以经济监管机关优先起诉为原则；经济纠纷的类型一定程度影响经济诉讼法的受案范围等。其五，经济纠纷常常引发个体利益受损，本书提出一次性解决纠纷的程序和理念，有利于化解由社会整体经济利益受损而引发的社会纠纷。

本书也有不足之处：本书涉及法哲学、民法与民事诉讼法、行政法与行政诉讼法、经济法等多个领域的法学知识，对法学理论要求较高，由于本人学术水平有限，可能对部分理论知识认识不够深入、准确。此外，由于主题和篇幅所限，本书没有对与经济诉讼法相关的经济法的权利、责任等基础理论进行阐述。

（接上页）统一，不再一一说明。

四、研究方法

本书综合运用文献研究、比较研究、实证研究等方法，通过对现有的文献进行归纳总结，分析目前国内外经济诉讼的发展情况，然后结合实践中发生的经济纠纷案例，探讨如何构建我国经济诉讼法。

第一章
经济诉讼法导论

一、法的界定标准

（一）法和法律的区别

目前，学界对法和法律的概念和本质尚未达成共识。实践中，经常会遇到法和法律不加区分、混同使用的情形。尽管有学者呼吁区分法和法律，但至今未能引起学界足够重视，法和法律混用的情形仍然屡见不鲜，最新出版的《中国大百科全书·法学》依然将法和法律视为同一概念使用，这不得不引起学界重视。[1]

法和法律不是同一个概念，从古罗马时期开始，西方法学界对此已有较多的论述，如亚里士多德将法分为自然法（法）与人定法（法律），托马斯·阿奎那将法分为"永恒法""自然法""神法""人法"。西塞罗将法分为自然法和实在法（人定法），并认为实在法如果不符合自然法，就没有效力，不能称为法律。"一切正确的、合理的都是永恒的，并且不随成文的法规

---

〔1〕 法被定义为"由国家制定或认可，规定人们权利、义务、权力，并由国家强制力保证其实施的调节人们行为的规范"。参见《中国大百科全书·法学》（修订版），中国大百科全书出版社 2006 年版，第 64 页。

一起产生或消失。"〔1〕乌尔比安认为法由成文法和不成文法组成，"法律有的写成文字，另一些则未写成文字"。〔2〕格劳秀斯认为法分为两种，即自然法和制定法，自然法来源于人的理性，制定法来源于人的意志。霍布斯认为法分为自然法和民约法；黑格尔将法分为自然法和实定法，并用"法"和"法律"二词以示区别……此外，马克思也对此问题作出阐述，指出"法是自由的肯定存在"，"具有普遍的、理论的、不取决于个别人任性的性质"，而法律是"法的表现"，是一种"肯定的、明确的、普遍的规范"。法是衡量法律是否良善的尺度，"事物的法的本质不应该去迁就法律，恰恰相反，法律倒应该去适应事物的法的本质"。〔3〕

国外学者对法和法律的关系开展了深入的研究。在我国，也有不少学者对法与法律的关系进行研究，如有的学者认为法和法律不同，"法是指由经济关系所派生和决定的法权关系，是在一定生产方式下，人与人的关系（生产、交换、分配等等）所必然产生出的权利义务关系与共同的社会规则，是体现经济关系以及其他社会关系的客观法则（或马克思所说的'自由的无意识的自然规律'）。它是经济关系及其他社会关系的直接表现，又是作为立法反映经济关系的中介。而法律（以及立法）则是对客观上业已形成的法权关系予以表达和确认，使之成为'肯定的、明确的、普遍的规范'，并使之具有国家强制力和普

---

〔1〕 [古罗马] 西塞罗：《论共和国 论法律》，王焕生译，中国政法大学出版社1997年版，第218页。

〔2〕 [意] 桑德罗·斯奇巴尼选编：《民法大全选译·正义和法》，黄风译，中国政法大学出版社1992年版，第38页。

〔3〕 中共中央马克思、恩格斯、列宁、斯大林著作编译局编译：《马克思恩格斯全集》（第一卷），人民出版社1960年版，第71、139页。

遍适用性。"[1]有的学者认为法和法律不同，"法有法的现象，但针对法律的应然要求而言，法却是法律内在的、本质的东西；法律有自身的现象，虽然它应该反映法"。[2]还有学者认为："法是统治阶级的整体意志状态，是统治阶级物质生活条件决定的利益需要状态，是国家用法律形式固定下来的社会关系状况，具有整体性、客观性、现实性的特征。法律是统治阶级意志的体现，是法的主观表现形式，由国家制定或认可，由国家强制力保证实施，是一种受国家暴力强化的行为规范，有主观规范性、普遍适用性、国家强制性的特征。"[3]

综上可以看出，法和法律有着本质的区别，正确认识法和法律的差异是我们研究法本质的前提。"区分'法'与'法律'为一般常识，用词各异。"[4]正如孙国华先生指出的："对法与法律的联系与区别没有正确的理解，往往导致对法的概念和本质理解的偏差……曾有一段，人们把法归结为法律，夸大了国家权力的作用，以为法单纯是出自国家权力的东西，忽视去探索把握一定社会生活的需要、忽视法的内容。在纠正这种错误倾向的过程中，人们正确地发现了法不等于法律。"[5]通过以上分析可以看出，法和法律是不同的两个概念，明确这一认识对于我们准确把握法以及法的本质、部门法的划分等都具有重要意义。它确定了我们要研究的对象是法，而不是法律。法是人

---

[1] 郭道晖："论法与法律的区别——对法的本质的再认识"，载《法学研究》1994 年第 6 期。

[2] 谢晖：《法学范畴的矛盾辨思》，法律出版社 2017 年版，第 15 页。

[3] 李肃、潘跃新："法与法律的概念应该严格区分——从马克思、恩格斯法学思想的演变看法与法律概念的内涵"，载《法学研究》1987 年第 1 期。

[4] 刘士国："'法'与'法律'的区别与民法解释"，载《法制与社会发展》2004 年第 6 期。

[5] 孙国华主编：《法理学》，法律出版社 1995 年版，第 47 页。

类最终追求的目标，它以实现自由、平等、正义等符合人类社会发展的价值为其追求目标，其外延比法律广，不仅包括法律，还包括判例法、习惯法等；法律是法的外在表现形式，是以文字形式表现主体意志的规范性文件。法律以法为基础，法律的制定和实施均要以实现法的价值目标为其最终目的。

（二）法的本质属性

"本质"是哲学上的一个概念，按《中国大百科全书·哲学》（Ⅰ）的解释，"本质与现象表示事物的里表及其相互关系，是反映人们对事物认识的水平和深度的一对哲学范畴"。"本质是事物的根本特征，是同类现象中一般的或共同的东西，现象是事物本质的外部表现，是局部的、个别的。"[1]也就是说，本质是事物的固有属性，是区别于其他事物的主要特征。

"法律的本质，看似已经解决了的问题，但实则由于各人研究或观察视角的不同，并没有一个公认的确定性的意见。应当说，这是人们在对事物本质问题进行探讨时的正常情形。因为即使事物的本质是存在的，每个人有限的认知也只能得出一个相对确定的结论，更何况事物的本质自身并非一成不变的。"[2]一般情况下，事物的本质都是一成不变的，例如，资本主义社会的本质就是生产资料私有制，资本家通过剥削工人阶级的剩余价值来维护资本主义社会的统治，剥削与被剥削是资本主义社会的主要特征。而社会主义社会的本质是生产资料公有制，并以消灭剥削、消除两极分化，最终实现共同富裕为目标。但作为上层建筑的法学，其受到社会政治制度、经济发展、人们的认

---

[1]《中国大百科全书·哲学》（Ⅰ），中国大百科全书出版社1987年版，第35—36页。

[2] 谢晖："法律本质与法学家的追求"，载《法商研究（中南政法学院学报）》2000年第3期。

知等多种因素的影响，而且在不同的国家，人们对本质的认识
也有所不同。

1. 西方有关法的本质的学说

从当代西方主要法学流派的代表作品来看，法的本质并不
是一个普遍的学术概念，很少有哲学家或法学家直接论述法的
本质。该问题一般都是在阐述法的概念时被提及，因为要对法
作出准确的定义，不可避免地要对法的现象进行归纳总结，进
而提炼出它的本质特征。从这一维度入手，可以帮助我们了解
西方法学界有关法的本质观点。有关法的本质，存在以下学说：

（1）理性说。"理性"这一概念是由古希腊时期斯多葛派
哲学家提出来的，他们认为宇宙是由理性构成的，自然界就是
理性的表现。之后不断有哲学家阐述法与理性的关系。例如，
古罗马法学家西塞罗认为："法律乃是自然中固有的最高理性，
它允许做应该做的事情，禁止相反的行为。当这种理性确立于
人的心智并得到实现，便是法律。"[1] 格劳秀斯认为自然法是永
恒的、不变的、至高无上的，"自然法是正当的理性准则，它指
示任何与我们理性和社会性相一致的行为就是道义上公正的行
为；反之，就是道义上罪恶的行为"。[2] 格劳秀斯进而指出自然
法来源于人的理性，制定法来源于人的意志。

（2）神意说。该学说集中产生于欧洲中世纪，这一时期法
律思想的发展主要是基督教神学，神学在整个社会占有至高无
上的地位，法律也被认为是神学的一部分。教会法学派认为，
"基督教的自然法是建立在神学基础上的法"。"上帝创造了一个

---

〔1〕　[古罗马] 西塞罗：《论共和国　论法律》，王焕生译，中国政法大学出版
社 1997 年版，第 189 页。

〔2〕　法学教材编辑部《西方法律思想史》编写组：《西方法律思想史》，北京
大学出版社 1983 年版，第 143 页。

公正的秩序，上帝为人类灌输公正与不公正。"[1]教会法学派代表人物之一托马斯·阿奎那认为"永恒法是上帝的理性，是统治宇宙的最高法，一切法的源泉，文字表现出来就是《圣经》，在地位上高于人间法；自然法是人的理性对上帝永恒法的理解，是'理性动物对永恒法的参与'，表现出来就是国家机关（君主）制定的成文法律。因此，国家机关制定的法律（实在法）必须服从自然法，并最终服从永恒法。"[2]

（3）意志说。该学说认为法的本质是某一主体或某一代表机关的意志。例如，霍布斯认为民约法（人定法）"是根据具有主权管辖他人的人的意志制定的"。[3]卢梭认为"公共意志就是法律""法律乃是公意的行为"。[4]鲁道夫·施塔姆勒认为"法律是不可违反的、独断的集体意志"。[5]

（4）民族精神说。持这种观点的多数是历史法学派的学者，其中以德国法学家萨维尼为代表，他认为"法并不是立法者有意创制的，而是世代相传的'民族精神'的体现；只有'民族精神'或'民族共同意识'，才是实在法的真正创造者"。[6]法律是民族精神中的制度部分，是用于规制个人自由意志的国家

〔1〕 ［德］魏德士：《法理学》，丁晓春、吴越译，法律出版社2005年版，第188页。

〔2〕 何勤华主编：《西方法学流派撮要》，中国政法大学出版社2003年版，第12页。

〔3〕 ［英］霍布斯：《利维坦》，黎思复、黎廷弼译，商务印书馆1985年版，第221页。

〔4〕 ［法］卢梭：《社会契约论》，何兆武译，商务印书馆1980年版，第51、118页。

〔5〕 ［美］E.博登海默：《法理学：法律哲学与法律方法》，邓正来译，中国政法大学出版社2004年版，第178页。

〔6〕 何勤华主编：《西方法学流派撮要》，中国政法大学出版社2003年版，第32页。

意志。"存在某种客观、完全独立、排除任何个人意见的东西，即法律。"[1]

（5）命令说。该学说主要由分析法学派在批判自然法学派的基础上提出，其代表人物奥斯丁认为法律是主权者的命令。'法律'一词或所谓严格意义上的法律，是命令，这种命令具有普遍的效力。"对行为或不行为具有普遍约束力的命令便是法律或规则。""法律和其他命令被认为是产生于优势者，用以约束和责成劣势者。"[2]

（6）目的说或利益说。德国学者耶林认为："目的是全部法律的创造者。每条法律规则的产生都源于一种目的，即一种实际的动机。"[3]赫克在耶林的目的论法学基础上进一步指出，利益是法律的核心问题，法律的产生源于对利益的安排和平衡。

（7）规范说或规则说。现代分析法学家凯尔森认为法律是一种行为规范体系，"一个规范效力的理由始终是一个规范，而不是一个事实"。[4]规则说由英国法学家哈特提出，他认为法律是由规则构成的，法律是第一性规则和第二性规则结合而构成的规则体系。第一类规则设定义务，第二类规则授予权力。第一类规则涉及与物质运动或变化有关的行为，第二类规则不仅引起物质运动或变化，而且引起义务或责任的产生或变更。[5]

---

〔1〕参见［德］弗里德里希·卡尔·冯·萨维尼：《萨维尼法学方法论讲义与格林笔记》，杨代雄译，法律出版社2008年版，第71页。

〔2〕法学教材编辑部《西方法律思想史编写组》：《西方法律思想史》，北京大学出版社1983年版，第500—507页。

〔3〕转引自［美］E. 博登海默：《法理学：法律哲学与法律方法》，邓正来译，中国政法大学出版社2004年版，第114页。

〔4〕［奥］凯尔森：《法与国家的一般理论》，沈宗灵译，中国大百科全书出版社1996年版，第125页。

〔5〕［英］哈特：《法律的概念》，张文显等译，中国大百科全书出版社1996年版，第83页。

（8）预测说和判决说。美国实用主义法学创始人霍姆斯认为"法学的目的是一种预测，即对公共权力通过法院的工具性活动产生影响的预测"，[1]也就是对法官作出判决内容的预测。弗兰克认为："就任何具体情况而论，法律或者是实际的法律，即关于这一情况已作出的判决；或者是大概的法律，即关于一个判决的预测。""无论是法官陈述的规则还是其他人陈述的规则，无论是制定法中的规则、司法意见中的规则还是博学作者的教材中规则，它们都不是法律，而仅仅是法官在制定所审案件的法律时所诉诸的某些渊源……由此，法律由判决而非规则组成。"格雷认为："法律就是法官所宣布的东西；制定法、先例、博学专家的意见、习惯和道德都只是法律的渊源。"[2]

从以上西方法学思想家对法的本质的认识可以看出，法的本质从古希腊时期的"理性说"到中世纪的"神意说"，然后到"意志说""民族精神说""命令说""预测说"等，每个时期关于法的本质都有不同的学说，这不仅与法的"多元性的存在"这一客观现实有关，而且与人类的有限认知这一主观因素密不可分。法的本质观归根结底是一种社会意识，它由社会存在决定，随着社会物质生活条件的不断变化而变化，从西方法学学者对法本质的认识就可见一斑。因此，为了使法能更好地促进我国社会主义现代化建设，应当对我国有关法的本质的观点进行梳理，探究我国现阶段法的本质，探索符合我国法治实践的路径。

---

〔1〕 参见张乃根：《西方法哲学史纲》，中国政法大学出版社1993年版，第285页。

〔2〕 ［美］本杰明·卡多佐：《司法过程的性质》，苏力译，商务印书馆1998年版，第78页。

2. 我国有关法的本质的学说

我国学界有关法的本质的观点莫衷一是，主要有以下学说：①法是统治阶级意志的体现。目前在我国学界，这种学说居主导地位。[1]②"法是自由、权利与权力的化合物"。该学说认为法是自由、权利与权力的化合物，自由是法律的灵魂、核心和本质内容，权利是法对自由的确认，权力是自由和权利的保障。三者相互联系，缺一不可，共同构成法的本质内容。[2]③利益关系调整说。该学说认为把握法的本质应当从"物质的生活关系"出发，"物质的生活关系"具体表现为各种利益关系，法的本质是调整利益关系的规范，主张依据法的本质对部门法进行划分。[3]持有该学说的学者还从市民社会和政治国家的关系角度对法的本质进行探析，认为市民社会代表的是私人利益，而政治国家代表的是公共利益，这两种利益存在着一定的紧张和冲突，法律作为市民社会和政治国家对立妥协的产物，必定要对二者之间的利益冲突进行协调。[4]④社会说。该学说认为法的本质属性是社会性，法律是社会矛盾的产物，是调整人与人之间社会关系的行为规范，由社会物质条件所决定。[5]⑤法本质虚无说。该学说认为法律的本质是人们为了使用方便而虚

---

[1]　从我国具有代表性的法理学教材可以看出，多数教材依然用此用语表述法的本质。参见朱景文主编：《法理学》（第三版），中国人民大学出版社2015年版，第26页。因该学说比较重要，所以在对法的本质评析部分再详细阐述。

[2]　参见郭道晖："论法的本质内容与本质形式"，载《法律科学（西北政法学院学报）》2006年第3期。

[3]　窦家应："法的本质：利益关系调整论"，载《当代法学》2000年第5期。

[4]　马长山："从市民社会理论出发对法的本质的再认识"，载《法学研究》1995年第1期。

[5]　参见郑成良：《法理学》，清华大学出版社2008年版，第25—26页。

构的，法律并不存在一个共同的、固定不变的本质。[1]⑥公平正义说。该学说认为法律的本质属性是公平正义，它决定权利义务的分配，依靠国家强制力保障实施，最终实现良法之治。[2]⑦价值追求说。该学说认为法律只是法的一个构成要素，法的本质是一种价值追求，它是法的实证价值、道义价值和功利价值的最佳边际均衡点。[3]

3. 有关我国法的本质学说的评析

如上所说，"法是统治阶级意志的体现"这一学说在我国学界占据主导地位，故本书先对该学说进行评析，然后再对其他学说进行评析。

（1）对"法是统治阶级意志的体现"学说的评析。该学说最早由马克思和恩格斯提出：他们在《共产党宣言》中指出："你们的观念本身是资产阶级的生产关系和所有制的产物，正像你们的法不过是被奉为法律的你们这个阶级的意志，而这种意志的内容是由你们这个阶级的物质生活条件来决定的。"[4]由此可以看出，马克思和恩格斯对法的本质的揭示针对的是资本主义的法。但遗憾的是，学界部分学者误解了马克思和恩格斯的本意[5]，将"法是统治阶级意志的体现"作为法的本质，以

---

〔1〕 参见法律文化研究中心："法律的本质：一个虚构的神话"，载《法学》1998 年第 1 期。

〔2〕 参见杨显滨："论当代中国法律本质的应然归属"，载《法学论坛》2014 年第 1 期。

〔3〕 参见刘少军：《法边际均衡论——经济法哲学》（修订版），中国政法大学出版社 2017 年版，第 84 页。

〔4〕 中共中央马克思、恩格斯、列宁、斯大林著作编译局编译：《马克思恩格斯全集》（第四卷），人民出版社 1958 年版，第 121—122 页。

〔5〕 具体参见蒋德海："试析马克思、恩格斯对法的本质的理解"，载《社会科学》1994 年 12 期；郭道晖："论法与法律的区别——对法的本质的再认识"，载《法学研究》1994 年第 6 期。

至于这种观点至今经久不衰，被奉为马克思和恩格斯对法的本质的经典表述。本书认为，马克思和恩格斯对法的本质的表述是具有时代性的，它只是在当时资产阶级占统治地位的条件下对法的本质的准确认识，揭示了资产阶级利用法这个工具剥削劳动者剩余价值的本质，在当时的历史条件下，对认识资本主义社会本质具有重要意义。但这一观点也具有时代性，在剥削阶级已经被消灭、人民已经当家作主的社会主义新时期，我们应当用发展的眼光看待事物，对法的本质有更深入、全面的认识。

综上，"法是统治阶级意志的体现"是马克思和恩格斯对资本主义的法的本质所作的表述，未能体现当代中国的法的本质。

（2）对其他学说的评析。"法是自由、权利与权力的化合物"这一学说认识到自由是法的最高价值和灵魂，但忽视了法的其他价值，如正义、平等、秩序等，因此，它没有全面反映法的价值，也就不能真实反映法的本质。"利益关系调整说"认识到法具有调整利益的功能，有其合理性，但该学说认为法是一种规范，混淆了"法"与"法律"的关系，认为"法"与"法律"是内涵相同的术语。前已论述，这种学说是值得商榷的。"社会说"能够揭示法与社会的关系，有一定的现实指导意义，但众所周知，法不但具有社会性，还具有强制性、规范性、确定性等，社会性只是法的一个方面，学界所讨论的是贯穿始终的，对法的作用、价值发挥意义最大的属性，而不仅仅是社会性。"法本质虚无说"和"公平正义说"论述的是法律的本质，而不是法的本质。前已论述，法律的本质和法的本质是有区别的，法律是人定法，对法律本质的认识，也只是对法律规范性文件的认识，与我们所要研究的法的本质不同，而且，法除了公平正义的价值，还有自由、秩序等价值，因此，这两种学说也不能体现法的本质。"价值追求说"从法的价值追求来探寻法的本质，为我们认识法的本质提供了另一种进路，即法存在价值，不同的法有不同的价值追求，而人类共同的价值追求构成法的本质。该学说指出法的价值主要是道义价值、实证价值和功利价值，当这三种价值发生冲突时应通过寻找法边际均衡点来解决各种价值之间的冲突，进而实现人类共同的价值追求，本书赞同这种学说，理由有以下两点：

第一，纵观西方法学思想的演进过程，不难发现，无论是自然法学派、分析法学派，还是功利法学派、社会法学派等，无不体现出道义价值、实证价值和功利价值这三种主要的价值。道义价值体现的是自由、平等、公平、正义等人类社会发展共同追求的价值；实证价值体现法律规范的稳定性和权威性，兼具限制司法人员权力的功能；功利价值体现的是当道义价值和实证价值出现冲突时，如何通过功利的价值取向来实现法的价值的最大化。"法律可能和社会生活一致，法律也可能和社会生活完全背离。"[1]实践中，我们不时得碰到法与道德相冲突的案件，尤其是一些合法但不合情理的案件，往往在社会中产生较大的争议。如果严格按照法律规定，可能会做出不利于被告人的判罚，这样将在社会中传递错误的价值取向。因此，在法律规范与道德之间，须有一个衡平的标准和方法，功利价值可以实现这样的效果，确保法能够在规范与道德之间实现平衡。

第二，从认识法的本质的方法来看，法体现的是一种价值追求。探究法的本质是一个非常复杂而又艰难的过程。因此，一些学者提出了有益的方法，如徐国栋教授在谈到法的本质研究的方法论时指出，他倾向于经验主义的方法，认为分别概括

---

〔1〕 张树义："寻找新的起点——关于中国行政法起源的思考"，载《南京大学学报（哲学·人文科学·社会科学版）》2002 年第 1 期。

出民法、刑法、行政法等法律的本质，然后再概括出总体的法的本质，这样法的研究就有了底气。[1]受此启发，梳理我国现行法可以看出，不同的法体现不同的价值追求，民法体现的是维护个体利益的价值追求，行政法体现的是维护整体行政利益的价值追求，经济法体现的是维护社会整体经济利益的价值追求，刑法体现的是维护社会公共安全和保护社会整体利益、个体利益的价值追求……可以看出，现行法体现的均是一种价值追求。需要交代的是，事物的本质必然取决于其共同性因素，或者说，在不同的事物之间有共同性因素，就表明其有共同的本质；虽然不能说法律的共同性因素就是法律的本质，但法律的这种共同性因素与其本质已相去不远。[2]因此，本书认同"法的本质是一种价值追求"的学说。

需要指出的是，如前文所述，作为上层建筑的法不是永恒不变的，其本质也会随着时间、地点、情势的变化而变化，因此，同一时期不同国家或者同一国家不同时期法的价值追求不同，法的本质也随之不同。例如，二战时期，希特勒领导下的纳粹德国对外积极侵略扩张，对内残酷镇压人民起义，实行言论控制，按照德国当时法的价值取向，如果有对希特勒和纳粹党不满的言论将按犯罪处置，但在当时世界其他主要国家，这种行为是不构成犯罪的，因此，同一时期的德国法和其他国家的法的本质存在很大差别。又如，2000年以前，荷兰将卖淫视为违法活动而予以禁止，但随着政治、经济和荷兰国内人民观念的发展，从2000年开始，卖淫被正式视为合法行为。立法的

---

[1]　"今天到底该怎样看待法的本质——法学基本问题专题（一）研讨会纪要"，载《法商研究》1999年第1期。

[2]　谢晖："法律本质与法学家的追求"，载《法商研究（中南政法学院学报）》2000年第3期。

改变，其实就是法的价值取向的转变。

（三）法的本质与体系划分

通过以上分析可以看出，我们研究的是法及其本质，而不是法律及其本质，由于学界对法和法律不加区分，在此基础上的研究往往不可避免地引起法学理论上的混乱，比较典型的就是部门法划分理论。

部门法理论源自前苏联，传入我国后对我国的法学发展产生重大影响，尤其对我国的法学体系分类影响深远。部门法，又称为法的部门、法律部门，通常由许多规范性法律文件构成，是法律体系的有机组成部分，也是法律分类的一种形式。它与法律规范、法律制度共同构成一个国家的法律整体。[1]

1. 传统部门法划分观点

部门法的划分方法在学界争议较大，目前有关部门法划分标准主要有以下三种观点：第一种观点认为部门法划分标准只有一个（一元论），即以调整社会关系为标准划分部门法。第二种观点认为部门法应以法律调整对象和调整方法为划分标准（二元论），目前该观点为主流学说。其中，有的学者只是简单地提出两个标准[2]。有的学者将划分法律部门的标准进一步分为主要标准和辅助标准，主要标准是调整对象，辅助标准是调整方式、方法或手段，其理由是："法律部门与社会关系并非简单的对应关系，即并不是每一类社会关系都应当由一类法律规范或者只能由一类法律规范来调整。有时，某一类社会关系需要由几类法律规范来调整，如经济关系就是由民法、经济法等多

〔1〕 沈宗灵主编：《法理学》（第二版），北京大学出版社2000年版，第329—331页。

〔2〕 参见孙国华、朱景文主编：《法理学》，中国人民大学出版社1999年版，第299页。

类法律规范调整的；有时，一类法律规范又调整几类社会关系的共同侧面或层次，如刑法规范调整经济关系、政治关系、行政管理关系、婚姻家庭关系等社会关系中具有严重危害性的行为，即犯罪问题。这说明，仅仅用法律调整的对象来划分法律部门是不够的，还必须考虑另外的补充标准，就是法律调整的方法。"[1]第三种观点认为部门法划分应以调整对象和调整方法为主，但也应该综合其他因素（多元论）。

2. 传统部门法划分观点的评析

上述部门法划分方法均存在一些不足。一元论主张用一种标准即调整对象对部门法进行划分，这种划分方法对单一的社会关系非常适用，对复杂的社会关系则不能很好地适用，毕竟，社会关系的种类复杂多样，既有人身关系、财产关系，又有行政关系、劳动关系等，它们一般都是重叠出现，尤其是财产关系和人身关系，两者关系紧密，常常同时出现，用一种划分方法很难分清复杂的社会关系。有学者指出："法律部门划分的标准仍是'独立的调整对象'，只是这一'独立'并不意味着'绝对专有'，而应理解为一种'共性'……社会关系是极其复杂的，交叉、重叠，你中有我、我中有你，不能把社会关系理解为一张薄饼，用一种方法进行平面式的瓜分。"[2]此外，以这种单一的方式划分部门法，将无法解释刑法的部门法地位。刑法调整的社会关系非常广泛，不仅涉及人身关系、财产关系，还调整市场经济秩序、社会管理秩序等社会关系，如果用调整对象划分部门法，刑法将成为一门非独立的部门法，由此可以看出，这种划分方式是存在问题的。

---

〔1〕 〔俄〕B.B.拉扎列夫主编：《法与国家的一般理论》，王哲等译，法律出版社 1999 年版，第 157—158 页。

〔2〕 顾功耘、刘哲昕："论经济法的调整对象"，载《法学》2001 年第 2 期。

二元论认为应以调整对象和调整方法为标准划分部门法。该学说是在批判一元论的基础上发展而来，并很快成为我国部门法划分标准的通说。该学说有其合理性，但也存在不足。如前文所述，学界并没有就调整对象和调整方法的关系达成共识，调整对象和调整方法究竟是并列关系还是主次关系，是缺一不可还是具有选择性，学界都没有形成一致意见，如果不明确调整对象和调整方法的关系，在运用时很容易使二元论成为实质上的一元论。正如学者所言："由于调整对象比较抽象、模糊，调整方法比较具体、清晰，在实践中如果把两个标准结合，第一个标准很容易被第二个标准所吸收和异化，从而使得调整对象标准反而依附于调整方法标准。这样，双重标准说便沦为实质上的调整方法的一标准说。"[1]这样，二元论实质成为另一个一元论，也就失去了理论意义。纵观二元论的由来，可以发现，它的出现与刑法有密切的关系。"刑法调整广泛的社会关系，如果不以其调整方法为部门法的划分标准，刑法难以成为一个独立的法律部门。实质上，以调整方法作为法律体系的标准，无非是想迁就刑法的需要而提出的标准。"[2]

多元论认为部门法划分除了调整对象和调整方法，还应当综合其他因素。该学说认识到现有社会关系的复杂重叠性，仅仅运用一种或者两种划分方法无法应对纷繁复杂的社会关系，因此，应借助更多的方法对现有的社会关系进行划分，方可厘清复杂的社会关系。这种认识有一定道理，但该划分理论也存在另一个问题，"如果在同一次划分法的部门时交叉地使用调整

〔1〕 朱翠微："部门法理论的批判与重构"，载《长春市委党校学报》2010年第5期。

〔2〕 刘海年、李林主编：《依法治国与法律体系的建构》，中国法制出版社2001年版，第35页。

对象、调整方法等不同的标准，就会使划分出来的各个法的部门的外延互相交叉，界限不清。这在逻辑学上叫做'多标准交叉划分'"。〔1〕这种划分方法，不仅不会清晰地划分部门法，还会因为划分标准的多样性，导致部门法之间的混乱，违背划分部门法是为了服务法学研究和司法实务的初衷。

综上，传统部门法的划分理论都存在不同程度的不足，造成这种问题的根本原因还是混淆了法与法律的关系，将法律视同法，没有认识到法律只是法的一部分，"任何法律部门的划分都是相对的、不全面的和形式上的，法律部门的划分对于法律体系的整体性及法律部门间的联系性没有任何的影响，其唯一作用是为人们认识和运用法律规范提供一定方便"。〔2〕因此，应当以法为对象对其作出科学的分类。本书认为，应以法的本质为指导，以法所体现的价值追求为依据，对法体系进行分类，而不是以法律文件或法律规范为依据。事实证明，"以法律为研究对象的法学……其观察和研究的切入点都是部门法……如果按照这种对部门法学的解释，那么，所谓部门法学的法哲学问题，似乎就是一个假问题、伪命题，而不是真问题。"〔3〕部门法划分虽有部门法交叉与模糊或难以穷尽的不足，但主要原因不在于部门法划分本身，而在于部门法划分理论的缺陷，即主要是形式意义上的内容太多而引起的歧义与纷争。〔4〕其实，划分

---

〔1〕　参见杨紫烜主编：《经济法》（第二版），北京大学出版社 2006 年版，第 40 页。

〔2〕　李昌麒、岳彩申、叶明："论民法、行政法、经济法的互动机制"，载《法学》2001 年第 5 期。

〔3〕　谢晖："部门法法哲学的成长逻辑——兼论'部门法学'的学理化问题"，载《文史哲》2002 年第 1 期。

〔4〕　李昌庚："中国经济法学的困境与出路——兼对社会法等部门法划分的反思"，载《北方法学》2014 年第 5 期。

部门法只是为了方便法学研究和司法适用，它是人为设置的一个标准。该标准仅仅是对现有的法律规范进行一种简单的分类，这种分类有一定好处，不仅有利于学术研究，而且有利于司法人员在办理案件时准确适用法律，但其弊端也比较明显，因为狭隘的部门法意识严重限制了执法与司法人员的视野，使之在协调各种利益关系时顾此失彼[1]，无法实现法需要达到的最终目的，即它的价值追求。因此，应当把法作为一个完整的体系进行划分，而不是仅仅对法律规范进行划分。在对法体系进行划分的时候，应当首先考虑法的价值追求，在法的价值追求之下再考虑法律规范，即"法学体系的分类必须以法的不同价值目标作为第一原则，以反映这一价值目标的法律规范作为第二原则"[2]，这样才能全面实现法的目的。

二、法的现实价值追求

（一）当代法学的基本价值

如果要了解当代法学的价值追求，不能忽略了研究人的行为规则所必不可少的立足点——人的需要——法对人的意义——的方法，也就是价值方法论[3]。"人的需要"是体现法价值的重要标准，能够满足"人的需要"的法，即被认为是有价值的，无法满足"人的需要"的法，即被认为是没有价值的。法学与现实生活息息相关，是为满足生活需要而出现的一门社会科学。生活的需要因主体不同而存在多种多样的种类，有人类的需要、社会组织的需要、行政机关的需要等，无论行政主

---

〔1〕 薛克鹏：《经济法基本范畴研究》，北京大学出版社 2013 年版，第 65 页。
〔2〕 参见刘少军、王一鹤：《经济法学总论》，中国政法大学出版社 2015 年版，第 24 页。
〔3〕 卓泽渊：《法的价值论》，法律出版社 1999 年版，第 171 页。

体还是社会组织，均是由人组合而成的整体，没有人这个主体，其他主体也不复存在。人是社会的主体和创造者，所有需要都应当以人这个最基本的社会元素为满足对象，只有人的需要得到满足，其他社会主体的需要才有得到满足的可能。因此，人的需要具有基础性的地位。人的需要是多种多样的，既有物质上的，也有精神上的，这些可以通过经济支持、娱乐游玩、情感呵护等得到满足，法也是满足人的需要最重要的元素之一。"法学的主要任务不是研究这些需要，而是如何为最大限度地满足这些需要提供条件。"[1]因此，要研究当代法的价值追求须从现实出发，从研究人的需要切入。

"人的需要是在某一时代、某一特定环境里人对自己的存在和发展条件即利益的主观感受。"[2]"在需要理论中，最著名的是心理学家 A. H. 马斯洛的需要层次理论。"[3]他把人类基本需要按由低到高的次序分为生理需要、安全需要、归属和爱的需要、自尊需要和自我实现的需要。马斯洛认为，第一层次是生理需要。它是人的最基本、最原始的需要，生理需要在所有需要中占绝对优势，包括饥饿、干渴、性欲等身体需要。第二层次是安全需要。如果生理需要相对充分满足，人就会寻求更高一级的需求，如对安全、稳定、依赖、保护的需要，对免受恐吓、焦躁和混乱折磨的需要，对体制的需要，对秩序的需要，对法律的需要，对界限的需要以及对保护者实力的要求等。第三层次是归属和爱的需要。对爱的需要包括感情的付出和接受。如果这种需要得不到满足，人就会感到遭受抛弃、拒绝，举目

---

〔1〕　刘少军：《法边际均衡论——经济法哲学》（修订版），中国政法大学出版社 2017 年版，第 97 页。

〔2〕　严存生：《法的价值问题研究》，法律出版社 2011 年版，第 6 页。

〔3〕　刘少军、王一鹤：《经济法学总论》，中国政法大学出版社 2015 年版，第 24 页。

无亲。第四层次是自尊需要。除了少数病态的人，社会上所有的人都有一种对自己的稳定、牢固不变、通常较高的评价的需要或欲望，即一种对于自尊、自重和来自其他人的尊重的需要或欲望。这种需要分为两类：其一，对实力、成就、权能、优势、胜任以及面对世界时的自信、独立和自由等的欲望。其二，对名誉或威信（他人对自己的尊敬或尊重）的欲望，对地位、声望、荣誉、支配、公认、重要性或赞赏等的欲望。第五层次是自我实现的需要，即在满足上述需要后，人为了发挥自我潜力，实现自我理想的需要。[1]马斯洛进而阐述上述需要之间的关系，认为不是一个需要得到百分之百的满足才会产生另一个需要，而是对大多数人来说，其全部基本需要部分得到满足的同时，其他需要就会相应出现。

人的需要随着时代和社会环境的不同而不同。在饥荒时代，人的最大需要就是解决温饱问题，而在解决温饱问题之后的新时期，追求高品质的精神生活就会成为人最大的需要。从人类及社会的发展史以及马斯洛需要理论可以看出，人的需要总是从低层次向高层次不断上升，而社会也是在人的需要不断上升的过程中向前推进。在这一历史过程中，法发挥非常重要的作用，即为不同阶段的需要提供法治保障。法对人的需要的保障主要体现在以下三个方面：

第一，保障人的基本权利，这是法最基本的价值目标。"人的第一需要就是生存。这一点是不可否认的。"[2]基本权利包括生命权、人格权、劳动权、受教育权、获得救济权等，这些权利都是保障个人生存的基本需要，是进入文明社会以来，世界

---

〔1〕 参见［美］亚伯拉罕·马斯洛：《动机与人格》（第三版），许金声等译，中国人民大学出版社2013年版，第15—24页。

〔2〕 卓泽渊：《法的价值论》（第二版），法律出版社2006年版，第98页。

各国的法首先保障的目标，这些权利非因法定事由和法定程序不得非法剥夺。

第二，提供安全、稳定、有序的社会环境。"人的本质并不是单个人所固有的抽象物。在其现实性上，它是一切社会关系的总和。"[1]人具有社会属性，为了满足生存和发展的需要，须参与各种各样的社会活动，如政治活动、经济活动、文化活动等，这些活动都需要人与人之间的交往，由此难免会发生冲突。这时，法通过制定规则，为人们之间的交往提供安全、稳定、有序的社会环境，保障人们在良好的社会环境中追求自己的利益。

第三，保障人的高层次的需要。人实现最低的生存需要之后，为了谋求发展，必然会有更高层次的需要，这时，法将适应人的发展的需要，这种需要不仅包括经济方面，还包括精神方面，其中，经济方面的需要处于基础地位。按照马克思主义经典理论——经济基础决定上层建筑，经济在社会制度的构建中起着决定性的作用，同理，获得财富的能力也将影响人对物质需要和精神需要的满足，而人们获取社会财富的活动离不开社会整体的经济条件和经济环境。在社会整体的经济条件和环境良好的情况下，个人获取社会财富的机会更多，也相对容易，而在社会整体的经济条件和环境较差的情况下，个人获取社会财富的机会相对会少一些，如果在经济状况特别差的环境中，个人几乎难以获取社会财富。因此，社会整体的经济条件和环境对个人获取财富具有重要影响。此外，个人获得财富后想要满足自己的物质需要和精神需要，还需将财富转化为消费品，通过消费品满足个人的需要。个人的这一需要要求社会各界不断开展技术改造，加强协作，实现产业升级，提供更多的消费

---

〔1〕 中共中央马克思、恩格斯、列宁、斯大林著作编译局编译：《马克思恩格斯选集》（第一卷），人民出版社 1972 年版，第 18 页。

产品。在这一过程中，由于分工日益精细化、协作更加紧密，这些主体的依赖性越来越强，社会逐渐形成一个经济整体，其中一个主体发生危机将影响整个社会的稳定。这时，要求法为这种整体的经济利益给予保障，确保每个主体发生危机后不会威胁到整体的经济利益，一旦威胁到整体利益，法应当及时监管，防止危机蔓延，影响社会整体经济有效运行和长远发展。

上述有关需要的分类并没有涵盖所有人的所有需要。人的需要是无止境的，当一个需要满足或者基本满足后，新的需要马上就会出现，而根据社会条件和环境的不同，需要也呈现出不同的内容，因此，想要概括所有的需要是不现实的。但从个人角度出发，法对需要的满足主要存在三个方面，概言之，即个人权利的满足、个人生活环境的满足和个人财富获取及消费的满足。

个人权利的满足是法的最基本的价值取向，是社会持续发展的重要保障。需要强调的是，前述从个人角度出发，研究法对需要的满足，只是为了从人这一主体形象阐释需要的种类，但实际生活中，从事社会活动的主体不止个人，还包括法人和其他组织。以法律拟制的主体——法人为例，法人在从事社会活动时，和个人一样享有平等的权利，承担平等的义务，在社会活动中，其同样作为一个"个人"从事活动，不过法人缺少个人天生具有的人身依附性的权利，如人格权，它也不会拥有人所特有的精神上的满足，如人的情感，以及通过物质消费所带来的精神上的快感。但它也存在自身权利、对有序的社会环境以及良好的整体经济环境的需要，因此，以"个体"取代"个人"的称呼，更能准确地表达法对个体权利的保护，相应地，法的价值追求之一就是对个体利益的保护。

个体生活环境的满足主要指法为个体的生存和发展提供良

好的社会条件，这种对个体生活环境的满足是全方位的。首先，体现在为个体提供安全的社会环境。安全的环境是社会稳定和发展的基石。只有安全的环境才能保障个体的基本权利和其他合法权利，一旦失去安全保障，个体的权利随时会被侵害。其次，体现在为个体提供有序的社会环境。就社会环境而言，秩序是仅次于安全的重要指标，一个秩序井然的社会环境，能够为个体平等获取各种机会提供良好的制度保障，如果失去秩序的保障，个体的权益将面临被侵害的风险，社会便不会长久发展。最后，体现在为个体提供良好的公共服务。个体的发展离不开社会公共服务的帮助，在资源有限的社会中，个体的能力受到社会条件的制约，其发展在一定程度上都将借助公共设施或者公共权力才能实现，因此，公共服务也是对个体需要的一种满足。综上，社会是从多方面对个体生活进行满足，相应地，法在这方面体现的价值追求是维护社会整体行政利益。

如前文所述，个体获取财富与社会整体的经济条件和经济环境密不可分，良好的整体经济条件和环境有利于个体财富的获取，恶劣的经济条件和环境则会阻碍个体财富的获取。因此，法对个体财富的获取及消费的满足主要体现在营造良好的社会经济发展环境，激发社会创造整体财富的活力，为个体发展提供更多的消费品。此时，法的价值追求是维护社会整体经济利益。

（二）民商法的价值追求

民商法来源于古罗马的城邦时代，是随着市民社会的兴起而产生、发展的。市民社会是与政治国家相分离的产物，是社会生产、交换、生活赖以存在的个人、组织及其相互间关系的总和。[1]市民社会的产生要求国家减少对商品经济参与者的不当干涉，由商品经济参与主体自主决定是否参加经济活动。市民社会产生之初是小商品经济时代，小手工业者、小商贩、小作坊等是那个时代商品经济的主要参与主体，这些主体从事的生产经营活动规模不大，经济实力相当，在经济活动中能与市民平等相处。随着近代资本主义民法典的编纂，罗马法中处理商业纠纷的规则被援引，逐渐形成了近代民商法的基本理念。

尽管民商法学界存在"民商合一"和"民商分立"的立法争论，但学界对民法和商法的性质认识一致，认为民法和商法都属于典型的私法，它们只是调整的范围不同。民法的调整范围覆盖了私主体生活的各个方面，而商法仅调整私主体从事商事活动的领域。"在现代民商法分立的国家，民法是私法普通法，商法是调整经营活动的私法特别法。在民商法合一的地方……则民法是私法的同义语，商事法规是民法的特别法。"[2]从这一角度来看，对民商法的研究主要还是侧重对民法的研究。我国学界对民法的概念和适用范围认识较为统一，即"民法调整平等主体的自然人、法人和非法人组织之间的人身关系和财产关系"。[3]从上述法律规定可以看出民法调整的是平等主体之间的关系。民法把市场主体抽象为无差别的平等主体，假设其都能按照自己的意愿参与经济活动，并且能得到平等的对待，这种平等不仅包括身份的平等，而且包括机会的均等。"只要社会向人们提供了同等的机会，便做到了平等，换言之，平等是机会

---

〔1〕 江平、张楚："民法的本质特征是私法"，载《中国法学》1998年第6期。

〔2〕 史际春："社会主义市场经济与我国的经济法——兼论市场经济条件下经济法与民商法的关系问题"，载《中国法学》1995年第3期。

〔3〕 《民法典》第2条。

的平等。……市民社会的平等观必然是程序的平等观，我国民法中的平等原则，应根据市民社会的要求加以解释。"[1]除了主体的平等性，民法对民事主体的保护范围也是有限的，主要保护民事主体的人身利益和财产利益。人身利益是人所具有的、与其人身不可分割的利益关系，如人格权、健康权等；财产利益是民事主体存在和发展的经济基础，也是民事主体参加民事活动的主要目的。除此之外，如宗教信仰、民族习惯等都不是民法所关注的问题，也就不能成为民法的保护对象。

民法的性质是私法，私法则以市民之间、非官方的关系为基础，即市民社会为基础，以平等、自治为原则，其目的在于保障实现私人的利益。[2]私人的利益在法律上体现为私权，民法的所有规定都是围绕如何保护私权而设置的。纵观民法的起源和发展历史可以看出，民法自始以平等的个体为保护对象，通过制定规范性法律文件保护个体的人身和财产利益，这是大陆法系国家奉行成文法的体现。需要强调的是，这些规范性法律文件仅从实证法的角度对个体利益进行保护，无法体现民法对个体利益的全方位保护，当法律与道德发生冲突时，如果严格按照法律规定进行裁判，可能出现司法裁判合法但不合情理的窘境。因此，必须以法的价值追求为核心，这样才能真正实现法的目的。民法作为保护私权的法，其价值追求理应是对个体利益的保护。

（三）行政法的价值追求

我国学者对行政法的概念存在不同认识：有的学者认为行政法是"调整因行政主体行使其职权而发生的各种社会关系的

---

〔1〕　徐国栋：《民法基本原则解释——成文法局限性之克服》，中国政法大学出版社 2001 年版，第 61 页。

〔2〕　江平、张楚："民法的本质特征是私法"，载《中国法学》1998 年第 6 期。

法律规范和原则的总称"。[1]有的学者认为"行政法是指有关国家行政管理的各种法律规范的总和，是以行政关系为调整对象的一个仅次于宪法的独立法律部门，其目的在于保障国家行政权运行的合法性和合理性"。[2]有的学者认为行政法是指"调整行政关系的、规范和控制行政权的法律规范系统"。[3]还有的学者认为"行政法是有关行政的主体、职权、行为及程序、违法及责任和救济关系等的法律规范的总称……行政法是规范国家行政权力以及规范国家行政组织的法规"。[4]虽然学者对行政法的概念表述不一，但其内容大致相同，都认为行政法是调整行政关系的法律规范的总和或总称。可以看出，学者对行政法的定义还是停留在行政法律的层面，而不是行政法。如前所述，行政法律与行政法是两个不同的概念，前者是有关行政规范性法律文件的总称，而后者不仅包含前者，还包括一些道德、价值等考量因素。我们研究的是行政法，而不是行政法律，行政法律可以为法学研究和司法裁判提供法律依据，实现社会正义，但当行政法律与社会道德出现矛盾时，如果还是严格依照行政法律裁判案件，可能会出现合法但不合理的裁判，这样将会影响法的权威性和公信力。因此，应当探究行政法的价值取向，从而准确把握行政法。

由于个体都具有趋利避害的天性，在经济活动中，难免会为了自己的利益去损害他人的利益。虽然民法已经明确规定个

---

〔1〕 罗豪才、湛中乐主编：《行政法学》（第四版），北京大学出版社 2016 年版，第 7 页。

〔2〕 胡建淼：《行政法学》（第三版），法律出版社 2010 年版，第 7 页。

〔3〕 姜明安主编：《行政法与行政诉讼法》（第六版），北京大学出版社、高等教育出版社 2015 年版，第 18 页。

〔4〕 谭继风："行政法概念新论"，载《行政与法（吉林省行政学院学报）》2004 年第 6 期。

体在经济活动中应当遵守一定的规则，但从自身利益出发，作为"经济人"，个体可能会做出损害他人或社会整体利益的行为。随着侵害他人利益的行为日益增多，为提高个体之间经济活动的安全和效率，个体不得不让渡自己的部分权利，从而委托一个强有力的国家机构来维护社会秩序，于是政府应运而生。为了维护社会秩序，政府根据社会需要，设置不同的行政部门，并通过制定行政法律授予职能部门相应的行政管理职权，对职权的行使程序作出严格的规定，防止行政权力侵害个体的合法权益，为个体提供安全、有序的社会环境。"行政法的利益价值取向是一种国家优位理念……行政法的直接目的是维护行政机关系统的正常行政组织管理行为，保障整个政府机器的协调运转，建立和维护稳定、良好的政治秩序。"〔1〕综上可以看出，行政法的价值追求应当是维护社会整体行政利益，确保社会各个领域有序发展。

行政法的实施主体主要是行政机关，行政机关的核心职能是实施公共管理。为了提高行政效率，行政法赋予行政机关强大的行政强制权力，"行政行为是行政机关作为主权者对公民所作的最终命令"〔2〕。行政机关与被管理的个体处于不平等的法律地位，行政机关对个体作出行政强制、行政命令等具有约束力的行为时，个体必须接受，如果不服行政决定，只能事后通过申请行政复议或者行政诉讼救济自己的权利，这也是行政法在整体行政利益和个体利益之间权衡之后作出的法律规定。但一切有权力的人都容易滥用权力，这是万古不易的一条经验，因此，限制行政权力也成为行政法必须考虑的重要问题，可以看出，限制权力贯穿于行政法律规范的始终。本书认为，有权

---

〔1〕　单飞跃：《经济法学》，中南工业大学出版社1999年版，第106页。
〔2〕　郭道晖："法治行政与行政权的发展"，载《现代法学》1999年第1期。

力必须有相应的制约机制，这是防范权力滥用的最好机制，不能因为限制行政权滥用就削弱或否定行政法维护社会整体行政利益的价值目标，毕竟"任何社会生活都需要一定的组织和秩序"[1]，离开了秩序，个体利益也将难以保障。

（四）经济法的价值追求

经济法是伴随整体经济的发展而兴起的法学体系，自诞生以来就在民商法和行政法的夹缝中生存和发展。通过经济法学者们的不懈努力，经济法的独立地位已经得到法学界和实务界的一致肯定。但经济法学界对经济法的诸多理论尚未达成共识，学说纷纭。虽然这种学术现象在一定程度上反映了学者们对经济法理论的研究热情和包容并蓄的学术态度，但从侧面也反映出学界对经济法理论的认识还存在较大分歧，如任由这种学术现象继续蔓延，将会阻碍经济法的长远发展。因此，应当加强对经济法理论的深入研究，争取在主要理论方面达成共识。鉴于本书主题需要，现主要对经济法的主体和价值追求进行简要论述，希望对完善经济法理论有所裨益。

1. 经济法的主体

每个法体系都有自己的核心主体，它是区分法的重要标志，同时主体也是法所保护的利益受到侵害后启动诉讼程序修复社会关系的主要发起者。准确地厘清法的主体，对于研究法的基础理论具有重要意义，经济法也不例外。

（1）当今有关经济法主体的学说。经济法理论是一个发展与完善之中的法学理论，还没有形成普遍的共识。[2]经济法的主体理论是经济法理论的重要组成部分。综观学界对经济法主

---

[1] 孙笑侠："论法律与社会利益——对市场经济中公平问题的另一种思考"，载《中国法学》1995年第4期。

[2] 刘少军："论整体经济利益与经济法主体"，载《晋阳学刊》2016年第2期。

体理论的研究，一般都离不开对经济法概念的研究，学者往往在研究经济法概念的同时，提出经济法主体的相关理论。目前，学界对经济法的概念尚未形成统一认识，具有代表性的观点有：①国家协调说，即认为经济法是调整在国家协调本国经济运行过程中发生的经济关系的法律规范的总称，进而认为经济法主体包括决策主体、经济管理主体、生产经营主体、消费主体和监督主体。[1]②需要国家干预说，即认为经济法是国家为了克服市场调节的盲目性和局限性而制定的，调整需要由国家干预的、具有全局性和社会公共性的经济关系的法律规范的总称，进而认为经济法主体分为经济决策主体、经济管理主体、经济实施主体等。[2]③纵横统一说，即认为经济法是调整经济管理关系、公平竞争关系、组织管理性的流转和协作关系的法，进而将经济法主体划分为经济管理主体和经济活动主体。[3]④国家调制论说，即认为经济法是调整在现代国家进行宏观调控和市场规制的过程中发生的社会关系的法律规范的总称，进而将经济法主体分为调制主体和调制受体。[4]此外，有的学者认为经济法的主体包括宏观经济调控主体与受控主体、市场监管主体与受监管主体；[5]包括从事或参加与社会公共利益直接相关的经济活动，并且需要通过特殊的权利和义务进行保护或限制

---

　　〔1〕　参见杨紫烜主编：《经济法》，北京大学出版社、高等教育出版社1999年版，第27—86页。

　　〔2〕　参见李昌麒：《经济法——国家干预经济的基本法律形式》，四川人民出版社1995年版，第464—466页。

　　〔3〕　史际春、邓峰：《经济法总论》，法律出版社1998年版，第186—187页。

　　〔4〕　参见张守文：《经济法学》（第三版），中国人民大学出版社2016年版，第17—67页。

　　〔5〕　李曙光主编：《经济法学》（第二版），中国政法大学出版社2013年版，第58页。

的自然人、法人或其他社会组织；[1]包括宏观经济调控主体和市场经济运行主体。[2]⑤还有学者从法与法律的根本区别出发，认为经济法是"以维护整体经济利益为价值目标，用来调整整体经济关系的被社会普遍承认的法学规范的总和"，[3]进而认为经济法的主体是经济监管机关。

虽然经济法学者对经济法的概念和经济法主体的认识不一，但其对丰富经济法的理论和指导经济法的实践的贡献是不言而喻的，为我们深入研究经济法提供了丰富的学术成果。综合上述有关经济法概念及主体的观点，不难发现，除了最后一种观点，其他观点都是从法律的层面对经济法进行定义，并得出经济法的主体主要是行政机关、市场主体等。基于前面所论述的法与法律的区别，本书倾向于最后一种观点，认为经济法不是经济法律规范的总称，其具有一定价值追求，而维护社会整体经济利益就是其价值追求。此外，分析其他学者观点可以看出，几乎所有学者都认为行政机关和市场参与主体（如经营者、消费者等）是经济法的主体。本书认为这种观点值得商榷。行政机关履行社会公共管理的职能，它是行政法的核心主体，经营者、消费者等市场参与者是经济活动的主要主体，它们是民商法的核心主体，这些观点在法学界已形成共识。既然经营者和消费者是民商法的核心主体，它们就不应该再成为经济法的核心主体。法体系的建构是围绕法的核心主体来展开的，如果一个主体成为两个或者两个以上法的核心主体，则不利于法体系

---

〔1〕 薛克鹏：《经济法基本范畴研究》，北京大学出版社 2013 年版，第 238 页。

〔2〕 符启林、刘继峰主编：《经济法学》（第二版），中国政法大学出版社 2016 年版，第 59 页。

〔3〕 刘少军：《法边际均衡论——经济法哲学》，中国政法大学出版社 2007 年版，第 123 页。

的建构，也不能凸显法与法之间的区别。因此，经济法应当具有自己的核心主体——经济监管机关[1]。

（2）经济法主体——经济监管机关的产生。讨论经济法主体难以避开行政法主体理论，因为行政法主体与经济法主体存在较多交集，以至于许多经济法学者都认为行政机关是经济法的核心主体。

经济监管机关的出现是社会经济发展的需要。原有的经济模式是比较简单的个体经济、家庭经济和企业经济，这些都可以依靠民法和行政法来调整。随着生产力的不断提高，经济领域之间的协作日趋紧密，行业之间的壁垒逐渐被消除，它们之间形成了紧密的联系，每个行业（企业）出现了危机可能会传导至另一个行业（企业），进而引起全社会的经济连锁反应，造成社会经济的整体危机。而传统的民商法和行政法对此却显得鞭长莫及。因为经济法学界多数学者认为行政机关是经济法的（主要）主体，所以本书仅从行政法的角度分析经济监管机关与行政机关的区别，以此进一步阐述经济监管机关才是经济法的核心主体。

行政法的核心是行政，只有理解了行政的内涵才能准确把握行政法。行政法学者对行政的概念做过不同程度的研究，有的学者认为"行政是指为了实现国家目的，运用制定政策、法规、规章进行的公共管理活动及其过程"。[2]有的学者认为"行政是国家行政机关等行政主体为执行国家意志，实现国家与

---

　　[1]　笔者注：经济监管机关还没有得到学界的一致认可，多数学者认为它属于行政机关。因此，在本书的引文中会多次出现代表经济监管机关的"行政机关"。如无特别说明，本书引文中出现的"行政机关"均指代经济监管机关。

　　[2]　凌国顺、欧阳君君：《行政法学》，上海人民出版社2007年版，第3页。

社会公共利益、组织管理国家与社会公共事务的活动"。[1]有的学者认为行政是"国家行政机关依法对国家和社会事务进行的组织和管理，也即国家的行政管理"。[2]也有学者认为"行政是指国家行政机关和其他公共行政组织对国家与公共事务的决策、组织、管理和调控"。[3]从以上学者对行政所作的定义可以看出，学界对行政的认识尚未形成共识，但从上述表述的主要内容可以看出，多数学者都认为行政是行政机关对国家和社会公共事务进行管理的活动。一言以蔽之，行政主要就是履行社会公共管理职责。相应地，"行政权是由国家宪法、法律赋予或认可的、国家行政机关或其他公共行政组织执行法律规范、对国家和公共事务实施行政管理活动的权力"。[4]这样的认识是和行政法的目的一脉相承的。

行政法存在管理论、控权论、平衡论三种理论模式。管理论认为行政法既是管理行政机关的法，又是行政机关进行管理的法。[5]控权论将"控制行政权力"作为行政法理论的基础和核心。[6]平衡论认为"行政法关系的各方主体都是能动的、扩张的，又有两重性。双方既对立又合作，是行政法制发展的根

---

[1]　张世信、周帆主编：《行政法学》（第二版），复旦大学出版社2006年版，第5页。

[2]　许崇德主编：《中华法学大辞典·宪法学卷》，中国检察出版社1995年版，第697页。

[3]　罗豪才、湛中乐：《行政法学》（第二版），北京大学出版社2006年版，第2页。

[4]　罗豪才、湛中乐：《行政法学》（第二版），北京大学出版社2006年版，第3页。

[5]　张尚鷟主编：《走出低谷的中国行政法学——中国行政法学研究综述》，中国政法大学出版社1991年版，第694页。

[6]　张尚鷟主编：《走出低谷的中国行政法学——中国行政法学研究综述》，中国政法大学出版社1991年版，第695页。

本原因。行政法对双方主体既要加以制约，又要加以激励"。[1]
究竟行政法采用哪一种理论模式，学界尚未形成共识，而在不同的理论模式指导之下，行政法的理念、原则、架构也存在天壤之别。本书认为，行政法的目的是约束行政机关的权力，保障行政相对人的合法权益，这两方面的目的是毋庸置疑的，但这只是行政法的直接目的，而其根本目的应当是维护社会公共秩序，这是人对社会秩序、安全的需要在行政法上的体现，脱离维护社会公共秩序的目的，约束行政机关权力的直接目的将失去存在的意义，因为行政机关不行使社会公共权力，也就谈不上行政法对其权力的约束问题了。因此，行政法兼具行政管理和约束权力两方面的内容。

研究上述问题对我们理解经济监管机关具有重要意义。与行政在行政法中的地位一样，监管在经济法中也占据重要地位。若要了解经济监管机关，首先需要研究什么是监管。监管的语义非常丰富，在不同的领域，监管的含义不尽相同。经济学界更关注监管对经济效率的影响，将监管作为解决信息不对称、降低交易成本的手段。经济学者对监管的研究，侧重于监管的方式和过程，对监管主体的关注止于国家层面，并未深入探讨哪类国家机构更适合担任监管主体。法学界关注更多的是如何通过监管实现社会公平正义。市场经济具有盲目性，且市场主体具有逐利的本性，须有监管机构对市场进行监管，确保市场主体能公平地参与竞争。多数学者认为监管机构的行为必须遵守授予其权力的成文法及有关行政程序法规，同时注重对监管机构类别的研究，将其作为行政机构的一个特殊部门，从而把监管权视同为行政权，纳入行政法的调整范围。也有学者持不

---

[1] 罗豪才："行政法的核心与理论模式"，载《法学》2002 年第 8 期。

同意见，认为监管权是一种独立的权力形态。对监管作出明确定义的官方文件是美国管理和预算办公室在 2011 年制定的一份计划，其中对监管的内涵进行明确："监管是指政府行政机构根据法律制定并执行的规章和行为。这些规章或者是一些标准，或者是一些命令，涉及的是个人、企业和其他组织能做什么和不能做什么。监管的目的是解决市场失灵，维持市场经济秩序，促进市场竞争，扩大公共福利。"[1]这份报告所涉及的监管机构包括独立监管机构（如州际贸易委员会）、设在行政机构中的半独立监管机构（如设在美国运输部的联邦航空管理局）以及行使监管职能的部分行政机构（如美国农业部）等。监管领域包括社会性监管、经济性监管和过程性监管。其中，社会性监管的目的是维护非经济性的社会价值，包括环境、安全及健康监管；经济性监管可直接影响市场主体的行为，如价格控制、进入许可、质量要求等；过程性监管是对监管机构自身的监管，涉及相关表格的填写、信息披露等方面的内容。上述对监管的官方定义不仅仅指向行政机关，还包括独立或半独立的经济监管机关和其具有监管职能的内设机构。[2]

行政机关和经济监管机关是两个不同的权力主体，行政机关也可能会成为经济监管机关的监管对象，如果将两个权力视为一个权力，即行政权，那么很难解释经济法领域的一些权力架构。以财税法为例，国家预算收支是由立法机关决定的，财政税务机关监督法律实施尤其是监督行政机关对财政资金的使用情况，财税法不可能属于行政法，如果属于行政法，行政机

---

〔1〕 转引自郭向军：《经济监管机构的法律地位》，中国金融出版社 2013 年版，第 25 页。

〔2〕 参见郭向军：《经济监管机构的法律地位》，中国金融出版社 2013 年版，第 25—28 页。

关就应该对财政收支具有决策权。[1]但很显然，财政税务机关只是财税法律执行的监督机关。因此，行政机关和经济监管机关是两个不同的权力机关，行政权和经济监管权也有所区别。有的学者将行政权和经济监管权的区别总结为六个方面：①行政权维护的是整体行政利益，经济监管权维护的是社会整体经济利益；②行政权所要解决的是社会整体生活环境问题，经济监管权所要解决的是整体财富创造能力问题；③行政机关行使职权的主要方式是发布行政命令和直接处理行政事务，经济监管机关行使职权的主要方式是监督法律实施和纠正违法行为；④行政权所要解决的是社会个体与政府之间的行政事务矛盾，经济监管权所要解决的是各种社会主体与社会整体之间的整体经济矛盾；⑤行政权的执法依据是行政权力，经济监管权的执法依据是被监督对象违反法律的行为，前者以权力为依据，后者以法律为依据；⑥由于政府也可能实施违反经济法律的行为，它也是经济监管权的监管对象，否则市场经济可能会变成行政经济。[2]当然，经济监管机关和行政机关也不是毫无联系的，实践中，它们有些职能也是相同的，行政机关也会有部分监管的职能，而经济监管机关也有管理的职能，这也是提高社会监管的效率、节约成本的需要。理论必须是纯粹的，实践往往是融合的。"界限只是相对的，正确总是均衡的，而法恰恰是关于界限和正确的科学。"[3]

从世界范围看，主要经济发达国家普遍设立经济监管机关，

---

〔1〕刘少军："'行政'经济法与'市场'经济法"，载《经济法研究》2016年第1期。

〔2〕刘少军："论法律监督权与经济公诉权"，载《经济法论坛》2014年第1期。

〔3〕[奥]凯尔森：《法与国家的一般理论》，沈宗灵译，中国大百科全书出版社1996年版，第347页。

其中，以美国最为典型。在美国，除了美国联邦储备委员会通过制定美国货币政策，对美国的经济发展进行宏观指导，在其他经济领域，也都有相应的经济监管机关，例如，负责监管垄断行为和保护消费者的联邦贸易委员会；负责证券监督和管理的美国证券交易委员会；负责电力、天然气、原油等能源的联邦能源管理委员会；负责监管垄断行为的司法部（反垄断局）；负责监管交通领域的联邦航空局、联邦铁路局等。这些监管机构有些是完全独立于政府的，直接受国会领导，对国会负责，例如，联邦储备委员会、联邦贸易委员会、证券交易委员会、联邦能源管理委员会等；有些是存在于行政系统内部，不能完全摆脱政府首脑和部门领导的影响，但法律赋予它们较大的独立履行职责的权力[1]，如反托拉斯局隶属于司法部，联邦航空局和联邦铁路局都隶属于交通部等。据不完全统计，仅美国目前就有这类独立监管委员会16家，此外，还有许多相对独立的类似机构[2]。经济监管机关不仅在美国存在，现在世界主要经济发达国家也均存在经济监管机关，如英国的英格兰银行、竞争委员会、金融服务监管局等，德国的德意志联邦银行、联邦卡特尔局、联邦金融监管局、联邦消费者保护和食品安全局等，这些机构对保障本国经济良好运行发挥重要的作用。

在我国，虽然还没有"经济监管机关"这样的官方机构，但事实上，中国人民银行、审计部门、自然资源部门等机关都在履行经济监管的职责。机构改革以前，我国的经济监管机关较多，金融监管机构就有中国人民银行、银监会、保监会、证监会，市场监管有工商、质量监督、安全生产监督管理等机关，

---

〔1〕 郭向军：《经济监管机构的法律地位》，中国金融出版社2013年版，第40页。

〔2〕 郭向军：《经济监管机构的法律地位》，中国金融出版社2013年版，第40—43页。

国家财政资金的监管主要有财政、审计等机关。与国外的监管机关不同，我国的经济监管机关都属于政府的组成部门或者直属机构、直属事业单位，但多数都属于直属机构或者直属事业单位，受上级单位直接领导或者接受上级单位和本级政府双重领导，例如，中国人民银行、证监会、市场监管部门、税务部门、审计部门等，它们在履行监管职责时具有一定的独立性，能够较少地受到地方政府的干涉。国务院原有的机构设置并不是按照监管机构所监管的领域进行专业化的管理，而是按照监管机构的职能进行划分，这导致同一事项可能会由两个或两个以上不同的机关进行监管。2018 年国务院机构改革后，不再是按照部门职责的范围进行划分，而是围绕特定领域，将属于这一领域的全部职能进行整合，组建专业的监管机关以应对复杂的经济问题，这是经济发展决定政治制度改革的重要体现，也是政治制度对经济发展的一种积极回应。相信通过职能整合的经济监管机关，一定能为我国经济的发展提供坚实的保障，同时也会为我国经济法的发展提供更多的实践经验。

2. 经济法以维护社会整体经济利益为价值追求

从以上分析可以看出，经济法是随着社会经济发展而逐渐产生发展的。"经济法产生的根本原因不是这些现象本身，而是现象背后的客观物质条件——生产社会化。"[1]在社会经济发展的初期，由于生产力水平不高，社会的经济形态主要是手工业、纺织业等较为简单的商业模式，而经济活动的参与者基本都是个人与个人、个人与企业或者企业与企业，经济活动较为简单，产生的纠纷也仅限于参与人之间，不会对社会整体经济造成较大的危害后果，因此，也就不存在保护社会整体经济利益的

---

〔1〕 刘继峰："经济法理论的历史负重与现代化拓展"，载《学术论坛》2010年第 7 期。

需要。随着工业革命的发生以及科学技术的广泛应用，工业迅速发展，为了提高经济效率，工厂开始将一些非核心的设备零件交由其他经济主体完成，逐渐在社会形成不同的行业，各个行业在承揽业务的同时，又会因为某种需求与其他经济主体相联系，这样就形成了一个整体经济。"整体经济是指经济活动以一定范围内的整体经济为中心，由特定整体经济组织机构采用特定的方式，组织各独立个体共同完成的经济组织形式。"每一个个体都不再是独立的社会个体，而是整个社会经济中的一个节点，在节点上的经济个体不会脱离经济整体而单独存在，每个个体都是经济整体的一部分，整个社会经济就是一个有机的系统。整体经济的形成，对法产生了保护整体经济的需要，经济法因此产生。"经济法产生于立法者不再满足于从公平调停经济参与人纠纷的角度考虑和处理经济关系，而侧重于从经济的共同利益、经济生产率，即从经济方面的观察角度调整经济关系的时候。"[1]经济法以维护社会整体经济利益为其价值追求，它的目的就是维护社会整体经济稳定，促进社会整体财富的最大化。

三、法学体系的界限与融合

综上可以看出，在当代，法的基本价值目标只有三个，即维护个体利益、维护社会整体行政利益和维护社会整体经济利益，其他学科都是与这三种基本价值目标联系比较紧密，在这三种价值目标的基础上形成的新的学科，它们没有独立的价值目标，只是这三种基本价值目标综合后形成的法学学科。例如，宪法和刑法基本涵盖了以上三种价值目标，其没有独立的核心

〔1〕〔德〕哈贝马斯：《在事实与规范之间》，童世骏译，生活·读书·新知三联书店 2003 年版，第 314 页。

价值目标。又如劳动法，其主要是对劳动者个体的保护，更深一层是对劳动者这个群体的保护，这是对个体利益的保护，也是社会行政管理的需要，最终体现的还是个体利益和整体行政利益的价值目标。

　　本书所研究的经济诉讼法问题将在本章的基础上展开，希望对我国"经济诉讼法"的构建提出自己的设想。

第二章 ━━━━━━━━
经济纠纷的特殊性

一、经济纠纷的基本认识

"法律起源于社会冲突和纠纷，这是古今中外法律思想史上人所共执的立场。"[1]没有社会冲突和纠纷，法律也就失去存在的意义。

由于人们的生长环境、教育背景、价值观等不同，加之资源的有限性和人们需求的无限性的矛盾，导致纠纷在社会中随处可见。从纠纷解决方式的演进可以看出，纠纷的解决方式是一个从简单到复杂、从随意到规范的过程。在原始社会，自决是主要的纠纷解决方式，"同态复仇""以眼还眼、以牙还牙"都是原始社会解决纠纷的典型写照，这种通过私力救济解决纠纷的方式是当时比较普遍的做法。随着生产力和社会文明的不断发展，采取自决解决纠纷的情形越来越少，人们对待纠纷更趋理性，不再采用简单粗暴的方式，而是通过双方协商解决或者委托第三方从中调解予以解决，于是，和解和调解解决纠纷的方式应运而生。和解是双方当事人相互妥协，最终解决纠纷的一种方式，是在双方当事人平等自愿的基础上达成的合意，

━━━━━━━━━━━
〔1〕 谢晖："独立的司法与可诉的法"，载《法律科学（西北政法学院学报）》1999 年第 1 期。

是双方妥协的结果。调解是双方当事人在中立的第三方的主持、调停疏导下解决纠纷的一种方式，人民调解委员会和法院调解是最主要、最常见的纠纷解决方式。时至今日，和解和调解在纠纷解决中依然发挥重要作用，只要不违反法律法规、侵害社会公共利益和他人合法权益，和解和调解就会对双方产生约束力。和解和调解须是在自愿的前提下达成和（调）解协议，但在双方争议较大、谁也不愿让步的情况下，是很难达成一致意见的，所以，就要诉诸权威的第三方来处理其争议。仲裁和诉讼就成为解决纠纷的最后保障。其中，"诉讼是社会冲突不能和解并经过其他方法也不能解决的最终、最有效的解决途径"。[1] 同时，诉讼也是人们最为信任，也是最权威的纠纷解决方式，一切法律纠纷都可以起诉至法院裁判。

法院最初解决的纠纷较为简单，主要是个体与个体之间因为人身、财产等原因引起的纠纷，也有行政主体在行政管理过程中与相对人所发生的纠纷，这些纠纷较为简单、封闭，一般不会涉及其他人。但随着工业化城市的不断推进以及经济的高速发展，人与人之间的依赖程度越来越高，社会逐渐形成一个利益整体，社会纠纷已不再局限于个体与个体、行政主体与相对人之间，而是出现侵害不特定多数人的利益，致使社会整体经济利益受损的新型纠纷，例如，产品责任侵权纠纷、环境污染侵权纠纷等，这类纠纷涉及面广、影响较大、损害后果严重，成为当今我们亟须解决的纠纷之一，而经济纠纷就是这种纠纷的典型代表。

本书所指的经济纠纷（也有学者使用"经济法纠纷"的称谓）特指违反经济法义务所引起的纠纷，与个体之间财产类纠

---

[1]　孟庆瑜：《经济法基本问题研究》，人民出版社2017年版，第234页。

纷不是同一含义。

（一）经济纠纷的界定

马克思曾指出："在商品经济社会，人们奋斗的一切都与他们的利益有关。"[1]"利益是权利的核心，一切纠纷均与利益有关"，同时，主体利益之间的冲突也是法产生的重要原因。"利益和权利一样是贯穿于法的运动过程始终的法律现象，是最核心的法律要素。"[2]经济纠纷也是因为利益冲突而产生，对它的理解首先应当从利益的相关内容去探究。

1. 利益的基本含义

"通俗地讲法，利益就是好处。或者说就是某种需要或愿望的满足。"[3]庞德在论述法的任务和作用时将利益表述为"人类个别地或在集团社会中谋求得到满足的一种欲望或要求，因此人们在调整人与人之间的关系和安排人类行为时，必须考虑到这种欲望或要求"[4]根据庞德对利益的描述，可以将利益定义为人或人的集合体的需求和愿望。利益本身具有多元性，依据不同的标准可以对利益作不同的划分。由于利益是主体的需求和愿望，离开主体谈利益，就如同离开民事主体谈论民事权利一样毫无意义。因此，理论界和实务界往往对以主体为标准划分利益倾注更多的关注。例如，庞德将利益分为个人利益、公共利益和社会利益，进而指出个人利益"直接包含在个人生活中并以这种生活的名义而提出的各种要求、需要或愿望"；公

---

[1] 中共中央马克思、恩格斯、列宁、斯大林著作编译局编译：《马克思恩格斯全集》（第一卷），人民出版社1956年版，第71页。

[2] 李祖军："利益保障目的论解说——论民事诉讼制度的目的"，载《现代法学》2000年第2期。

[3] 沈宗灵："法　正义　利益"，载《中外法学》1993年第5期。

[4] [美] 罗·庞德：《通过法律的社会控制——法律的任务》，商务印书馆1984年版，第55页。

共利益是"包含在一个政治组织社会生活中并基于这一组织的地位而提出的各种要求、需要或愿望";社会利益是"包含在文明社会的社会生活中并基于这种生活的地位而提出的各种要求、需要或愿望"。[1]有的学者将利益分为个人利益和公共利益,公共利益又分为人类利益、国家利益、民族利益、阶级利益、集体利益、家庭利益等。[2]除了上述对利益的研究,还有学者根据主体不同,对利益作出不同分类,由于内容大同小异,本书在此不再一一罗列。

学者从不同角度对利益作出不同的分类,有助于我们全面理解利益主体的多元化,清晰地了解利益主体之间的区别。本书认为,阶级利益和民族利益属于政治学和民族学的概念,集体利益和家庭利益其实是个体利益的简单相加,其本质还是个体利益。因此,从法学角度来看,按照利益的主体分类,主要将利益分为个体利益、国家利益和社会利益。

个体利益是利益主体中最基本的利益表现形式,是其他利益存在的基础。因为无论是国家利益还是社会利益,最终都是为个体利益服务,缺少个体,利益也就成为无源之水。个体利益既包括个人利益,也包括企业或其他组织的利益。个体利益内容非常丰富,包括人格利益(法人享有部分人格利益)、政治利益、精神利益、物质利益等。人格利益是最基本的利益形式,是人之所以被称为人所必须具有的利益,其他利益都是在人格利益的基础上发展而来的利益形式;政治利益是个人参与社会管理,行使参政议政权利所体现的利益;精神利益是因个人精神生活需要而享有的利益,如价值观念、宗教信仰等;物质利

─────────────

〔1〕　[美]罗斯科·庞德:《通过法律的社会控制》,沈宗灵译,商务印书馆2010年版,第41页。

〔2〕　孙国华主编:《法理学教程》,中国人民大学出版社1999年版,第86页。

益是以财物体现的，也是利益最本质的体现，是人生存和发展必备的利益。生产关系表现为生产过程中人与人的关系，但这个关系归根结底还是以物质利益关系为前提。[1]人们参与社会活动，更多的是为了寻求物质利益，进而满足自身的需求和愿望。企业一般以营利为目的参与经济活动，物质利益是其主要利益。其他组织包括营利性组织和非营利性组织，营利性组织同企业相同，以谋求物质利益为目的，参与经济活动，而非营利性组织不以营利为目的，主要以促进社会整体利益提升为其目标，常见的有公益类社团组织，如绿色环保组织、消费者权益保护团体等，根据社团组织的成立目的不同，对所涉及的领域承担不同的社会责任。

社会由个体组成，个体是社会最基本的组成单位。无论是调整国家之间关系的国际法，还是保护社会秩序、社会安全的国内法，其出发点和落脚点都是保障个体利益，尤其是作为万法之母的民法，其核心就是以维护个体利益为价值目标。

国家利益有两层含义：一是指国际政治范畴中的国家利益，指的是一个民族国家的利益，与之相对应的概念是集团利益、国际利益或世界利益；二是指国内政治意义上的国家利益，指的是政府利益或政府代表的全国性利益。[2]庞德也有类似的表述，其认为，在法律中，公共利益（笔者注：本书认为此处庞德指代的应该是国家利益）可以分为作为法人的国家利益和作为社会利益监管者的国家利益。[3]作为法人的国家利益包括：①国格，涉及国家完整、行动自由、荣誉或者尊严的利益；

---

[1] 焦娅敏：《利益范畴与社会矛盾》，复旦大学出版社2013年版，第99页。

[2] 阎学通：《中国国家利益分析》，天津人民出版社1997年版，第4页。

[3] ［美］罗斯科·庞德：《法理学》（第三卷），廖德宇译，法律出版社2007年版，第181—182页。

②政治组织社会作为一个财产实体的请求权，以集体目的而取得与持有。从上述内容可以看出，国家利益既包括在世界之中独立的"国家"利益，也包括一个国家内部履行管理职能的"国家"利益。如果将两者兼具的国家利益称为广义上的国家利益，那么可以将第二层含义的国家利益称为狭义的国家利益。我国立法主要从狭义层面来讲国家利益，如我国《民法典》第132条规定禁止民事主体滥用民事权利损害国家利益，第534条规定对当事人利用合同实施危害国家利益行为的，相关部门负责监督处理。

在一国之内，国家只是一个抽象的概念，一般由政府代表其行使国家权力。国家的主要职能是社会公共管理，通过国家在各项管理工作中的职能配合，维护正常的公共秩序。"这种社会公共职能是国内全体公民的正常生活和工作所必需的，满足这种社会公共需求也就是实现某种独立于各阶级利益的国家利益。"[1]政府在社会中依法履行公共管理职能，为社会个体的充分发展提供安全、有序的社会环境，确保国家各项事业有序推进。狭义的国家利益是国家为了履行行政管理职能，由政府代表国家实施保障国内社会安全、秩序、经济发展等一系列行政行为，从这一角度来说，狭义的国家利益也可以称为整体行政利益。整体行政利益是国家创造良好的发展环境，实现社会管理目的的最高利益，只有整体行政利益得到维护，社会才能井然有序、长治久安，个体才能在安全、有序的社会环境中生存和发展，国家各项事业才能稳步推进。

社会利益是随着市民社会发展而产生的利益形态。"社会利益乃经由不确定多数之个体利益的协调与平衡而落实于具体、

〔1〕　徐卉：《通向社会正义之路——公益诉讼理论研究》，法律出版社2009年版，第53页。

现实的利益。"[1] 社会利益和国家利益不是一个概念，是存在区别的。"过去只讲国家利益，而将社会利益包含于国家利益之中，这是过去'国家-社会'一体化的政治经济体制的反映。"在资本主义产生之前，市民社会和政治国家是融为一体的，它们之间没有明确的界限，政治国家包揽一切。随着资本主义的发展，资本市场要求新兴的市场经济，人们在商品生产、交易的过程中迫切需要摆脱政治国家的干预，于是，在生产力的发展下，市民社会和政治国家逐渐分离，形成两个不同的领域：一个是代表政治利益、行政利益的国家，另一个是代表全体市民利益的社会。"在社会与国家高度融合的情况下，社会利益与国家利益是重叠的；在社会与国家分离的情况下，社会利益与国家利益分别代表不同的利益领域，但都从属于公共利益。"[2]

除了个体利益、国家利益和社会利益，立法上比较常见的还有公共利益和社会公共利益。为了更好地理解上述三种利益，有必要对公共利益和社会公共利益进行分析。

公共利益是相对于个体利益而言的。"公共"一词本身就是一个不确定的概念。根据《辞源》的解释，"公"和"私"是相对的概念，具有无私的意思，"公"和"共"连在一起使用时具有"共同"的基本含义。[3] 根据《现代汉语词典》，"公共"是指"属于社会的，公有公共"的意思。[4] 关于公共利益的含

---

[1] 李昌麒、陈治："经济法的社会利益考辩"，载《现代法学》2005年第5期。

[2] 胡锦光、王锴："论公共利益概念的界定"，载《法学论坛》2005年第1期。

[3] 广东、广西、湖南、河南辞源修订组、商务印书馆编辑部编：《辞源》，商务印书馆1979年版，第311、314页。

[4] 中国社会科学院语言研究所词典编辑室编：《现代汉语词典》（第5版），商务印书馆2005年版，第472页。

义，学界已有非常多的研究，其中，比较有影响力的当数纽曼提出的"不确定多数人理论"。"如纽曼所揭示的……以受益人之多寡的方法决定，只要大多数的不确定数目的利益人存在，即属公益。故，是强调在数量上的特征。"〔1〕"该理论也符合民主多数决定少数的理念，因此，成为公共的标准之通论。"〔2〕有的学者认为公共利益包含国家利益和社会利益，即"公共利益是上位概念，社会利益与国家利益同为并列的下位概念"。〔3〕公共利益是一个内涵非常丰富、外延非常广泛的概念，它涵盖的利益范围较大，从主体和内容来看，不仅包括国家利益、社会利益等，还包括文化利益、精神利益等，总之，一切具有"公共"性质的利益，都属于公共利益的范畴。由此可以看出，公共利益是一个典型的不确定的法律概念。这种不确定性，可以表现在其利益内容的不确定性及受益对象的不确定性两个方面。〔4〕不管国家利益还是社会利益，均具有这种特性，都体现的是不特定多数人的利益。而且，从个体与整体之间的关系来看，国家利益与社会利益都是整体利益。立法中，"公共利益"的表述散见于《宪法》第 10 条、第 13 条，《民法典》第 117 条、第 243 条、第 358 条，《刑法》第 20 条、第 21 条，《行政

---

〔1〕　陈新民：《德国公法学基础理论》（上册），山东人民出版社 2001 年版，第 186 页。

〔2〕　胡建淼、邢益精："公共利益概念透析"，载《法学》2004 年第 10 期。还有学者做过类似表述："所谓公共利益，乃是不确定的多数人的利益，这个概念，直至目前仍然是在一般情况下广为人们承认的标准。"刘丹："公共利益的法律解读与界定"，载《行政法学研究》2005 年第 2 期。

〔3〕　颜运秋：《公益诉讼理念研究》，中国检察出版社 2002 年版，第 17 页。也有学者作出类似论述。参见付子堂："对利益问题的法律解释"，载《法学家》2001 年第 2 期。胡锦光、王锴："论公共利益概念的界定"，载《法学论坛》2005 年第 1 期。

〔4〕　陈新民：《德国公法学基础理论》（上册），山东人民出版社 2001 年版，第 182 页。

处罚法》第 1 条、第 83 条等法条中。

此外，立法也经常将社会和公共利益合并，使用"社会公共利益"的表述，这种表述散见于《民法典》第 132 条、第 185 条、第 534 条，《民事诉讼法》第 215 条，《进出口商品检验法》第 1 条等法条中。

从"公共利益"和"社会公共利益"在法律中的使用情况可以看出，我国立法对公共利益的内涵做了缩小解释，认为它和社会公共利益的含义基本相同，都是相对于个人利益及国家利益而言的某一时期全社会不特定多数人的利益，其内容包括政治、经济、道德和文化等多方面物质及精神的利益。[1]由于"社会公共利益""公共利益""社会利益"等用语在立法中经常混用，有的学者也认为三者在本质上并无区别，均为社会全体成员的共同的、整体的利益。[2]本书认为，为了避免法律术语的滥用，树立法律的权威，可以用"社会整体利益"指代"社会公共利益""公共利益""社会利益"。下面仅以公共利益为例，阐述将"公共利益"替换为"社会整体利益"的必要性和合理性。

虽然立法已经广泛使用公共利益这一概念，学界对公共利益的含义也形成较为一致的认识，认为公共利益就是不特定多数人的利益[3]，但本书认为这一概念过于抽象，在司法实践中容易引发以下三个方面的问题：

第一，如同学者所言，"何为公共利益，因非常抽象，可能

〔1〕 符启林、罗晋京："论社会公共利益和经济法"，载《河北法学》2007 年第 7 期。

〔2〕 颜运秋、石新中："论法律中的公共利益"，载《中国人民公安大学学报》2004 年第 4 期。

〔3〕 参见胡鸿高："论公共利益的法律界定——从要素解释的路径"，载《中国法学》2008 年第 4 期。

言人人殊"。〔1〕公共利益的抽象性导致公共利益在实践中被随意乱用,成为侵害个体权利的工具。

第二,"公共"体现的是一种公有、公用的状态,一般与场所、设施等词语联系,表示人们可以免费使用而不需要付出成本,提供场所和设施的主体也不能收取任何费用。可以说,这是生活中的常识。而公共与利益结合,难免也会让人联想到非营利、社会服务性等特征,以至于有的学者认为如果是以营利为目的的事业,即使客观增加社会公共利益总量,也不能以"公共利益"来认定。换言之,公共利益须为非营利性。〔2〕可以说,这种观点不是个例,这和我国社会主义国家的经济制度密不可分。我国是社会主义国家,生产资料归全民所有,多年的教育理念都是提倡为社会多做贡献,不求回报。在这样的社会环境下,个人利益和社会整体利益经常被置于对立面,认为如果以追求自身利益为目的,即使客观上提高了社会整体利益,也被视为非公益性的,而"公共利益"的表述更加深了这种思想,导致人们从目的论出发,人为割裂个体利益与社会整体利益的联系。殊不知,个体利益和社会整体利益是密切联系的。"一般来说,单个的个人实际上既没有增进公共利益的打算,也不知道他的行为增进了多少公共利益……通过追逐自身的利益,他对社会利益的不断的促进作用甚至比他想要这么做时更有效。"〔3〕

第三,公共利益的概念无法体现社会整体财富的变化。公

---

〔1〕　陈锐雄:《民法总则新论》,三民书局1982年版,第913页。

〔2〕　范进学:"定义'公共利益'的方法论及概念诠释",载《法学论坛》2005年第1期。

〔3〕　[英]亚当·斯密:"劳动管制与进口管制",载[美]詹姆斯·L.多蒂、德威特·R.李编著:《市场经济——大师们的思考》,林季红等译,江苏人民出版社2000年版,第47页。

共利益是没有价值权衡含义的概念，无法体现出行为的效用。以修建公路为例，政府在修建公路的过程中需要征收部分住户的房屋，如果从"为了不特定多数人的利益"出发，政府修建公路的行为显然是为了公共利益，拟被征收房屋的所有权人理应在与政府达成补偿协议后迁出此地。但假如该片区住户较多，政府为此花费的代价比重新规划新的路线花费的代价还要大，那么，政府的征收行为就不能称为"为了公共利益"。由此可以看出，"公共利益"不能体现社会整体财富的变化。

基于以上问题，本书认为，用"社会整体利益"取代"公共利益""社会公共利益"等称谓较为合适，理由如下：

第一，社会整体利益是社会经济逐渐形成一个整体而出现的一种新型利益形式，整体性和不可分割性是社会整体利益的最大特征。使用"社会整体利益"更能凸显社会作为一个有机系统，为人类发展提供安全、有序、和谐的环境保障，有利于人们从事社会活动时能从"人类命运共同体"的大局观出发，减少或避免实施损害社会整体利益的行为。

第二，公共利益体现的是公共性、共有性，重点在于利益之间的重合部分，该利益能否代表全社会的利益，是值得商榷的。而社会整体利益体现的是利益的整合，重点强调的是将多种利益整合成一个利益，整合后的利益更能彰显"超越个体、超越局部、超越地方、超越眼前、超越当代的全局性和长远性，更能反映这种形态的利益在形成过程中的整合机制"。[1]经过整合的利益，势必会形成全社会共同的利益。

第三，从司法裁判的方法论来看，"社会整体利益"比"公共利益"更具可操作性。社会整体利益是相对于个体利益而言

————————
〔1〕 卢代富："经济法对社会整体利益的维护"，载《现代法学》2013 年第 4期。

的，但不代表社会整体利益和个体利益存在对立性，在一般情况下，个体利益最大化有助于社会整体利益最大化，社会整体利益最大化也有助于个体利益的增长，两者是相辅相成的。但在一些特殊情况下，个体发展过程中迫不得已会损害其他个体或者集体的利益，此时，应当如何平衡这两种利益是一个必须面对的问题。以前述修建公路为例，暂不考虑其他因素，仅从经济方面考虑，如果征收土地所付出的代价比修改线路所付出的代价还要大，那么，这种行为就是不利于社会整体利益的，应当禁止；反之则有利于社会整体利益，应当允许。"法律上的利益选择应遵循获价最大和代价最小相统一的原则。"[1]如果从公共利益的角度来看，很难做出如此清晰明确的评价。

第四，目前"公共利益"和"社会公共利益"的使用较为混乱，如前所述，立法中不同法律之间有的使用"公共利益"，一定程度影响了法的权威性。为了立法的统一性和严肃性，应当用"社会整体利益"取代"公共利益"和"社会公共利益"，便于法律的统一适用。

第五，"社会整体利益"的表述已经在学界产生一定影响力，不少经济法学者都在其著作中从社会整体利益的角度研究经济法，社会整体利益的表述已经成为学界的公用名词，为我们使用该术语提供了良好的学术氛围。例如，有学者认为经济法的理念是"在社会整体利益优先的基础上保护、分配和促进社会整体经济利益"[2]；有学者认为"经济法是维护社会整体利益之法"[3]；有学者认为"经济法从其产生之日起，就以

---

〔1〕　孙国华、黄金华："论法律上的利益选择"，载《法律科学》1995年第4期。

〔2〕　李曙光主编：《经济法学》（第二版），中国政法大学出版社2013年版，第42页。

〔3〕　冯果、万江："社会整体利益的代表与形成机制探究——兼论经济法视野中的国家与政府角色定位"，载《当代法学》2004年第3期。

'社会本位'作为自己的思想基础，旗帜鲜明地追求社会整体利益"[1]；还有学者认为"社会整体利益是经济法的基本范畴，是社会作为一个系统所具有的独立的利益"[2]等，而且一些学者也认为"公共利益""社会公共利益"与"社会整体利益"的意思相近，可以用"社会整体利益"一词概括[3]。

综上，本书认为，应当使用"社会整体利益"来指代"公共利益""社会公共利益"等称谓，这样可以更好地保护和促进社会整体利益发展。"整体"是相对于"个体"来说的，"整体是某种不同于其部分之和的东西，它具有某种独特的规则，这个规则，如果我们只是单单注意整体的各个部分，是无法被揭示出来的"。[4]整体是一种超个体的独立存在，其有自己特有的利益，它的利益不是个体利益的简单相加。需要说明的是，社会整体利益与国家利益既有联系又有区别。国家产生的根源就是维护阶级统治和社会整体利益，它们之间存在重合部分。一般情况下，国家利益和社会整体利益是相辅相成、互为促进的，国家利益是社会整体利益发展的保障，而社会整体利益的良性发展会反作用于国家利益，为国家利益的发展提供持续动力。但国家一般由政府及其工作人员作为代表，行使国家行政管理的权力，在维护行政利益的同时，"作为凌驾于社会之上的政府

---

[1] 参见蒋悟真、李晟："社会整体利益的法律维度——经济法基石范畴解读"，载《法律科学（西北政法学院学报）》2005年第1期。

[2] 李友根："社会整体利益代表机制研究——兼论公益诉讼的理论基础"，载《南京大学学报（哲学·人文科学·社会科学版）》2002年第2期。

[3] 参见李友根："社会整体利益代表机制研究——兼论公益诉讼的理论基础"，载《南京大学学报（哲学·人文科学·社会科学版）》2002年第2期。参见蒋悟真、李晟："社会整体利益的法律维度——经济法基石范畴解读"，载《法律科学（西北政法学院学报）》2005年第1期。

[4] 参见张文显：《二十世纪西方法哲学思潮研究》，法律出版社1996年版，第129页。

又具有自己独立的利益"[1]，这种独立的利益有时可能又会侵害社会整体利益。因此，国家利益和社会整体利益是有区别的。

2. 社会整体经济利益的含义

社会整体利益是伴随着二元社会的融合而产生的新的利益。按照古罗马著名法学家乌尔比安的公私法划分理论，"公法是有关罗马国家稳定的法，私法是涉及个人利益的法"。[2]公私法划分对后世法学的发展产生重大影响，第一次工业革命以前，法学的发展基本都是按照非公即私的模式构建的，直到第一次工业革命后，公私领域联系日渐紧密，才逐渐形成有别于国家和个人的第三种利益，即社会整体利益。

虽然社会整体利益不是一个立法中的术语，但也得到了官方文件的认可。国务院发表的《中国特色社会主义法律体系》白皮书将经济法定义为"调整国家从社会整体利益出发，对经济活动实行干预、管理或者调控所产生的社会经济关系的法律规范"。此外，类似的表述也在法律中不断出现，例如，2015年修正的《立法法》第4条规定："立法应当依照法定的权限和程序，从国家整体利益出发，维护社会主义法制的统一和尊严。"《澳门特别行政区基本法》第51条规定："澳门特别行政区行政长官如认为立法会通过的法案不符合澳门特别行政区的整体利益，可在九十日内提出书面理由并将法案发回立法会重议……"

社会整体利益作为一种独立的利益形态，逐渐引起学界的重视，相关学术研究也日益增多。有的学者将社会整体利益界定为"一定国家或社会中法律承认和保护的全部利益，从政治

---

[1] 李友根："社会整体利益代表机制研究——兼论公益诉讼的理论基础"，载《南京大学学报（哲学·人文科学·社会科学版）》2002年第2期。

[2] [意]桑德罗·斯奇巴尼选编：《正义和法》，黄风译，中国政法大学出版社1992年版，第35页。

上看，整体利益也就是反映到法律中的人民（国民）的全部利益"。也有学者认为："'社会整体利益'尽管是一个迄今仍未形成一致公认的概念……但将'人类社会整体生存和发展的各种需要及其满足'视为其基本内涵，这在学界几无争议。"[1]从上述研究可以看出，虽然学者对社会整体利益的表述不同，但认识基本一致，都认为社会整体利益是人类社会生存和发展的所需及其满足。社会整体利益的表现形式多样，包括但不限于公共安全、家庭、政治权利等制度安全和公共道德、资源保护、经济发展、政治发展、文化发展等利益。按照马克思主义理论，经济基础决定上层建筑，经济发展利益是最基础、最主要的利益，只有经济发展起来，社会才会不断向前推进。类似于个体经济利益是个体利益的一种，社会整体经济利益也是社会整体利益的重要组成部分，在社会整体利益中占据重要地位。

经济法维护社会整体利益不仅得到《中国特色社会主义法律体系》白皮书的确认，在经济法学界也基本形成共识，但更多的学者认为经济法主要以维护社会整体经济利益为价值目标。例如，经济法"就是以整体经济利益为价值目标，用来调整整体经济关系的被社会普遍承认的法学规范的总和"[2]；"经济法是法的一个组成部分，其理念就是在社会整体利益优先的基础上保护、分配和促进社会整体经济利益"；[3]经济法的"核心内容是社会整体经济利益的实现"[4]；在保障社会整体经济

---

〔1〕 卢代富："经济法对社会整体利益的维护"，载《现代法学》2013年第4期。

〔2〕 刘少军：《法边际均衡论——经济法哲学》，中国政法大学出版社2007年版，第123页。

〔3〕 李曙光主编：《经济法学》（第二版），中国政法大学出版社2013年版，第42页。

〔4〕 史际春、李青山："论经济法的理念"，载《华东政法学院学报》2003年第2期。

利益的过程中，经济法起到了根本性的作用，并成为唯一以维护社会整体经济利益为目标的法律形式；[1]"在个体利益和社会利益发生冲突的过程中，经济法最终被选择并被赋予了抑制个体利益的滥用，实现社会整体经济利益的使命。"[2]本书赞同经济法维护社会整体经济利益的观点，理由有如下三点：其一，从经济法的起源来看，自工业革命以后，产业部门之间的联系日趋紧密，逐渐形成一个经济整体，而市场主体在追求自身利益的过程中，为了利益最大化，严重侵害社会整体经济利益。法律并不创造或发明利益，而是对社会中的利益关系加以选择，对特定的利益予以承认或者拒绝承认特定的利益。[3]为了保护社会整体经济利益，经济法应运而生。正如德国法学大师拉德布鲁赫所说，"如果要用法律语言来表述我们所见证的社会关系和思潮的巨大变革，那么可以说，由于对'社会法'的追求，私法与公法、民法与行政法、契约与法律之间的僵死划分已越来越趋于动摇这两类法律逐渐不可分的渗透融合，从而产生了一个全新的法律领域，它既不是私法，也不是公法，而是一个崭新的第三类：经济法与劳动法"。[4]其二，从经济法的目标来看，经济法自产生之日就肩负维护社会整体经济利益的重任。在自由资本主义向垄断资本主义转化过程中，经济个体为了谋求更大的经济利益，通过雄厚的经济实力来收购、兼并其他具

---

〔1〕 冯果、万江："社会整体利益的代表与形成机制探究——兼论经济法视野中的国家与政府角色定位"，载《当代法学》2004年第3期。

〔2〕 郭琛："论社会整体经济利益的权利化"，载《甘肃政法学院学报》2010年第3期。

〔3〕 吴文嫔："论私权的诞生"，载《郑州大学学报（哲学社会科学版）》2008年第4期。

〔4〕 ［德］拉德布鲁赫：《法学导论》，米健译，中国大百科全书出版社1997年版，第32页。

有竞争力的企业，从而实现市场的垄断，然后通过降低商品质量、节约生产成本、抬高商品价格的方式损害广大消费者的合法权益，严重扰乱了市场经济秩序。经济法的出现首先被运用到打击市场垄断、维护市场经济秩序的活动中。随着侵害社会整体经济利益的领域不断增多，经济法被广泛运用在打击其他损害社会整体经济利益的活动中，维护社会整体经济利益成为经济法的核心价值目标。其三，从社会整体角度来看，社会整体利益是社会所有利益的综合体，涉及面非常广泛，其包含的利益内容不仅有经济利益，还包含政治利益、行政利益、文化利益等非物质利益。对社会整体利益的保护，既涉及经济法，又涉及宪法、行政法、刑法等法学学科。因此，经济法应当着眼于维护社会整体经济利益，即涉及市场竞争、金融安全、消费者保护、宏观经济发展等内容，不宜将保护范围任意扩大。正如学者所言，"经济法不应'求大求全'而将整个社会公共利益作为自己调整的范围，否则，经济法也将不堪重负，不能实现其所预期达到的目标"。[1]因此，经济法应当以维护社会整体经济利益为己任。

从以上分析可以看出，经济法主要维护社会整体经济利益，对于社会整体经济利益的含义，学者却莫衷一是。有的学者认为：社会整体经济利益是由社会一定范围内，全体个体普遍需要的只有通过经济主体才能较好满足的整体社会财富创造能力的利益。[2]有的学者认为："所谓维护社会整体经济利益是指保障社会整体的财富总额得以平稳协调的增长，从而带动全社会所

---

〔1〕 符启林、罗晋京："论社会公共利益和经济法"，载《河北法学》2007年第7期。

〔2〕 参见刘少军：《法边际均衡论——经济法哲学》（修订版），中国政法大学出版社2017年版，第112页。

有成员个人财富的增长。"〔1〕有的学者认为: "社会整体经济利益,是指当经济社会成为与市民社会、国家社会相并列的第三元社会建构之时,作为主体的社会在经济方面所具有的利益。"〔2〕学者从不同角度对社会整体经济利益进行了阐述,为我们深入研究该概念提供了丰富的理论成果。虽然学者们对该概念认识不一,但多数学者的观点都表达了财富总额的创造(增长)的含义,这种认识紧紧抓住了整体经济的核心。本书认为,社会整体经济利益和公共利益一样抽象,而抽象性词语的最大特点就是其在不同的语境下会存在不同的含义,与其对这类抽象的名词进行理论上的研究,不如牢牢把握社会"创造财富的能力"和"财富总额"这一核心,然后根据具体情况再做具体解释(对社会整体经济利益的认定规则见下文)。

如上所述,经济法以维护社会整体经济利益为主要价值目标,主要确认和保护社会整体经济利益,当社会整体经济利益受到侵害而引发纠纷时,经济法应当作为解决纠纷的实体法依据。

3. 经济纠纷的界定

通过对利益的概念及分类进行分析,可以看出不同的利益具有不同的主体和内容。基于这样的特点,不同的利益需要不同的法予以保障。其中,个体利益须由民商法保障,行政利益须由行政法保障,社会整体经济利益须由经济法予以保障。

法的功能之一就是定分止争,每一部法律都有主要解决的纠纷。实践中,民事纠纷一般适用民商法解决,行政纠纷一般适用行政法解决,经济纠纷一般适用经济法解决。由于经济法

---

〔1〕 冯果、万江: "求经世之道 思济民之法——经济法之社会整体利益观诠释",载《法学评论》2004年第3期。

〔2〕 李曙光主编:《经济法学》(第二版),中国政法大学出版社2013年版,第43页。

在我国产生较晚，在早期的研究中，经济法学者主要把精力放在经济法独立性的证成方面，对于经济法解决何种纠纷，学界虽有研究，但主要还是从部门法的调整对象理论来进行研究。如前文所述，此种对法的划分标准已经远远不能适应经济社会及法学的发展，应当以法的价值追求为导向，重新认识经济纠纷。

虽然"经济纠纷"的称谓在学术文献中屡见不鲜，但对其内涵尚未形成共识。有的学者认为经济纠纷是与民事纠纷、行政纠纷并列的法律概念，进而将经济纠纷定义为"国家经济调节中出现的法律纠纷"[1]。有的学者对经济纠纷的认识与该观点大致相同，认为经济法是国家调节经济之法，国家经济调节中出现的法律纠纷被称为经济纠纷。[2]有的学者受"经济法是与经济有关的法"思想的影响，认为经济纠纷包括平等主体之间的以财产权利义务为内容的争议以及国家在经济管理中与行政相对方发生的争议。[3]也有学者认为经济纠纷是发生在经济调节过程中的经济权利和义务间的争议，是在纠纷双方经济实力、社会地位不对等的情况下产生的纠纷。[4]

本书认为，上述研究成果从不同角度对经济纠纷的概念进行了深入分析，可以看出，它们都是从经济法的概念出发来定义经济纠纷的，既认识到经济法与民商法、行政法之间的区别，又认识到经济法的社会本位属性和调节社会经济的作用。在民

---

〔1〕 漆多俊、王新红："接近司法——经济法的诉讼问题"，载漆多俊主编：《经济法论丛》（第7卷），中国方正出版社2003年版，第337页。注：作者所用的是"经济法纠纷"的表述。

〔2〕 颜运秋等：《经济法实施机制研究——通过公益诉讼推动经济法实施》，法律出版社2014年版，第109页。

〔3〕 参见杨凌主编：《经济法》，暨南大学出版社2012年版，第285页。

〔4〕 参见杨琴主编：《经济法学》，贵州大学出版社2016年版，第446页。

事纠纷、行政纠纷作为学界一致认可的"两大纠纷"的学术环境下，上述研究成果提出了新的纠纷类型，进一步丰富和完善了法学理论，对解决司法实践问题具有重要意义。虽然学者对经济纠纷进行了多方位的研究，但上述研究成果也存在一定不足。他们都是从法律的层面来认识经济纠纷的内涵，而不是从法的层面揭示经济纠纷的内涵。正如前文所述，法和法律不是一个层面上的内容。上述研究没有认识到经济法维护社会整体经济利益这一价值追求，也就不能准确把握经济纠纷的内涵。以学界影响较大的"国家经济调节中出现的法律纠纷"即为经济纠纷的观点为例，该观点认为在国家调节社会经济的过程中发生的纠纷才是经济纠纷，如果这样解释经济纠纷，势必会人为地缩小经济纠纷的范围，而且也很难解释为什么与国家经济调节关系不大的《消费者权益保护法》被归类为经济法律法规。经济纠纷作为经济法的重要概念之一，应当与经济法追求社会整体经济利益的价值目标相一致。本书认为，经济纠纷是社会整体经济利益被侵害时，社会整体经济利益的维护者与侵害社会整体经济利益的行为人之间产生的纠纷。社会整体经济利益的维护者包括经济监管机关、社会团体、检察机关和无利害关系的公民个人。侵害社会整体经济利益的行为人既包括行政机关，也包括个人、企业或其他组织。严格地说，经济纠纷还只是一个学术概念，法律、法规或者规范性文件中还没有出现经济法意义上的经济纠纷的表述，值得欣喜的是，一些法律文件已经含有经济纠纷的内容，只是没有明确将其定义为经济纠纷。例如，《民事诉讼法》第58条明确规定对于生态环境和资源保护、食品药品安全领域侵害众多消费者合法权益等损害公共利益的行为，法定的机关、有关组织及人民检察院可以提起民事公益诉讼；《行政诉讼法》第25条规定，人民检察院在履行职责中发现生态环境和资源保护、食品药品安全、国有财产保护、国有土地使用权出让等领域负有监督管理职责的行政机关违法行使职权或者不作为，致使国家利益或社会公共利益受到侵害的，应当向行政机关提出检察建议，督促其依法履行职责。行政机关不依法履行职责的，人民检察院可以提起行政公益诉讼。从以上法律可以看出，经济法意义上的经济纠纷已经存在，并且已经得到立法上的回应。

经济纠纷是在社会整体经济利益被侵害时所产生的纠纷，理解经济纠纷的核心在于如何把握社会整体经济利益。如前文所述，社会整体经济利益也是一个抽象的概念，就像学者谈到公共利益的概念时所说，"公益之概念只能被描述而无法定义"。[1]针对公共利益从理论上无法形成统一认识的现实，有的学者甚至还提出，"与其挖空心思地界定公益概念，不如将视线转移到对公益概念适用时所应当遵循的一些规则进行研究"。[2]本书赞同这种观点，毕竟法学是应用性非常强的社会科学，"法律的生命不在逻辑，而在经验"[3]。所有法学理论都是为了指导司法实践，而司法实践也将为法学理论的充实和完善提供经验支持。基于"社会整体经济利益"这一概念具有抽象性，为了更好地理解社会整体经济利益，进而解决经济纠纷，本书认为认定是否侵害社会整体经济利益时需要把握以下五个方面的内容：

第一，如前文所述，利益按照不同的标准可以作不同的分类。社会整体利益也一样，不仅包括社会整体经济利益，而且包括社会整体政治利益、社会整体行政利益、社会整体文化利

---

[1]　参见蔡志方：《行政救济与行政法学》（三），学林文化事业有限公司1998年版，第526页。

[2]　刘莘、陶攀："公共利益概念辨"，载《岳麓法学评论》2005年。

[3]　严存生主编：《西方法律思想史》，法律出版社2015年版，第270页。

益等，社会整体经济利益只是社会整体利益的一种形式，整体性和经济性是社会整体经济利益的重要特征。社会整体经济利益是全社会所有人共享的利益，它不能被分割，只有社会整体经济利益受到侵害的时候，在保护社会整体经济利益的同时，才可以附带保护受侵害的个体利益，以此充分保障社会整体经济利益共享下的个体利益。需要强调的是，在判断是否侵害社会整体经济利益时，还应当考虑侵害行为和结果的负外部性。这种案件类型一般出现在经济纠纷与民事纠纷的中间地界，也就是有可能是经济纠纷，也有可能是民事纠纷，例如，反不正当竞争和消费者权益保护领域，"如果不正当竞争行为的外部性很弱，范围很窄，则由民法的侵权法进行处理并无不当"，"但若不正当竞争行为具有很强的负外部性，不仅严重危害直接受害者的利益，同时也使社会上较多的主体承受过多的防御性成本，从而导致市场秩序的混乱"[1]。前一种应当认定为民事纠纷，后一种应当认定为经济纠纷。此外，社会整体经济利益的保护关乎国家安全、社会经济稳定以及公民的人身安全和身体健康等，是一种基本利益，在理解时不宜做限缩解释，但也不能扩大理解，只要侵害或可能侵害经济秩序和众多不特定的公民的人身安全、健康，即可认定是侵害了社会整体经济利益。这里需要强调的是，被侵害的利益主要是经济利益，与人身安全、健康息息相关的利益也应当被纳入经济法的保护范围，因为人是社会的重要主体，而生命、健康是人所具备的基本条件，只有不特定多数人的生命、健康得到保护，社会整体经济利益才具备提升的基础，离开人而谈社会整体经济利益则显得毫无意义。

---

〔1〕　应飞虎、王莉萍："经济法与民法视野中的干预——对民法与经济法关系及经济法体系的研究"，载《现代法学》2002 年第 4 期。

第二，对于侵害众多不特定多数人经济利益的，一般应认定为侵害社会整体经济利益。首先，本书认为"侵害众多不特定多数人的经济利益"应当是侵害多数人利益，如果侵害的是一人或者几个人的利益，则不认为是侵害社会整体经济利益，应适用民事法律解决。其次，该"多人"应当是不特定的主体。"不特定主体是指它既不特定是哪个组织的，也不特定是国家的，更不特定是哪个个体的利益，而是一种不特定的，为社会所公共享有的利益。"〔1〕也就是被侵害主体具有开放性，任何人都有可能是被侵害的主体。最后，侵害不特定多数人经济利益的行为须具有重大性。重大性主要表现在侵害范围广泛、社会影响较大、人数较多且造成财产损失较大，可能涉及公共政策的修改和完善。如果侵害的后果只是局限在很小的范围，且金额也不大，则不能认定侵害了社会整体经济利益。

第三，善于运用"成本－收益"方法辨别是否侵害了社会整体经济利益。社会整体经济利益具有经济性，"成本－收益"方法是衡量社会整体经济利益最便捷的经济方法。"对公平正义的追求，不能无视代价。"〔2〕所谓代价，通俗地讲就是人们为了得到一样东西所要付出的金钱、时间和精力。在法律经济学中，一般用成本和收益来衡量代价是否带来了正效应。"称职立法者应当这样：坚持利大于害的选择，追求容小害图大利，消除有利无害、一本万利的幻想性选择，在表达利益要求时，决不可回避利益冲突。"〔3〕任何法律行为都是具有成本的，一般情况下，成本越低，创造财富的能力或者财富总额越高，那么这种行为就有利于社会整体经济利益，应当予以肯定。反之，则属

〔1〕 张卫平：《民事诉讼法》（第四版），法律出版社2016年版，第339页。
〔2〕 熊秉元：《正义的成本》，东方出版社2014年版，第22页。
〔3〕 付子堂："对利益问题的法律解释"，载《法学家》2001年第2期。

于侵害社会整体经济利益的行为，应当予以制止。

第四，不得非法剥夺少数人的利益。"每个人都拥有一种基于正义的不可侵犯性，这种不可侵犯性即使以社会整体利益之名也不能逾越。"一般情况下，社会整体经济利益和个体利益都是正相关的，个体利益的增长会促进社会整体经济利益的提升，社会整体经济利益的提升也会带动个体利益的增长，两者是相互促进、共同提升的关系。但在一些特殊情况下，社会整体经济利益的提升需要限制个体利益，如为实现财政收入，需要公民依法纳税；为维护正当的市场竞争秩序，需要限制实力强大的企业兼并其他企业等。为维护社会整体经济利益，适当限制少数人的利益是必要的，但不能限制其基本权利以及非法剥夺其利益，不能以维护社会整体经济利益为名，行非法剥夺他人利益之实，而且也不能限制其基本权利。法律上限制的个体权利应当是基本权利以外的延展权利，即不会影响生存的权利，个体只有延展权利才会被限制。"在可以选择的权利之间，存在着权利被限制或被剥夺的利益回报问题，只有利益回报大于或等于被限制或被剥夺的权利总和，这种限制或剥夺才是可以接受的，也才是符合基本的法理的。"[1]

第五，侵权行为与损害后果应为直接因果关系。经济纠纷与民事纠纷不同，民事纠纷是由个体利益被侵害所引起的，经济纠纷是由社会整体经济利益被侵害所引起的。严格地说，某些侵害个体利益的行为有可能也会成为侵害社会整体经济利益的行为，如侵害员工众多的公司的行为。公司由于不法行为受到侵害，最直接的受害者就是公司的股东，股东将为此蒙受损失，但如果公司受损较为严重，已经影响到公司的正常经营，

---

〔1〕 刘少军：《法边际均衡论——经济法哲学》（修订版），中国政法大学出版社 2017 年版，第 160 页。

甚至导致公司破产，那么，公司的广大员工及与公司有利害关系的企业、债权人等将面临风险，这是实践中经常发生的情形。如果将这类无直接因果关系的案件也认定为经济纠纷，那么经济纠纷的范围就太宽泛了。由此可以看出，必须对侵害行为与损害结果的因果关系进行界定。本书认为，只有侵害行为与社会整体经济利益受损具有直接因果关系才能认定为经济纠纷，否则只能认定为其他纠纷。如上述事例，侵害行为与公司受损具有直接因果关系，属于两个个体之间的民事纠纷，应当适用民商法相关规定进行处理，但与公司有利害关系的企业、债权人等受损与侵权人的行为没有直接因果关系，不应当以此认定为侵权人侵害了不特定多数人的利益，进而认定为经济纠纷，否则就泛化了经济纠纷的适用范围，出现经济纠纷吸收民事纠纷的情形，不利于解决社会纠纷。因此，在认定经济纠纷时，应当注意以直接因果关系来界定。当然，对于银行、保险公司、证券公司等吸收公众存款、保险金、证券资金的公司，应当予以特别对待。这些公司以收取不特定多数人的资金为业务，关系到金融安全和社会稳定，符合金融整体利益的特征，如果出现侵害上述公司的行为，而公司或者股东及其他管理人等都不提起诉讼维护公司权利，则应当适用经济纠纷的解决方式。

总之，社会整体经济利益比较抽象，上述认定方法只是根据现阶段社会整体经济利益出现的问题所做的初步总结。由于社会是纷繁复杂的，本书无法将社会整体经济利益的全部内容和认定原则一一罗列，就如同"公共利益"这个概念自提出以来，历经几十年，行政法学界一直想要准确地概括其含义，但至今尚未达成共识一样。本书认为，在把握社会整体经济利益时，可以遵循"任何有利于整体经济利益的行为，它都视为合理性行为，都是法律所应努力保护和适当鼓励与刺激的行为。

任何不利于整体经济利益的行为，它都视为不合理行为，都是法律所应努力限制或禁止的行为"[1]这一原则，具体案件具体分析，这样才能真正掌握社会整体经济利益的内涵，进而解决经济纠纷。

（二）经济纠纷出现的原因

对于人类社会的发展历程，从经济的角度可以将社会分为个体经济时代和整体经济时代。个体经济时代包括家庭经济阶段和企业经济阶段。"个体经济是指经济活动以个体经济利益为中心，由单个的个体独立组织完成的经济组织形式。"其中，"家庭经济是经济活动以家庭为经济利益中心，由单个的家庭独立完成的经济组织形式"，"企业经济是经济活动以企业经济利益为中心，具体由单个的企业独立完成的经济组织形式"。[2]个体经济时代是市场经济的初级阶段，个体经济是最原始、最基础的经济形态。由于当时的生产力水平较低，市场化程度不高，社会化的高风险行业也不多，社会经济发展较为简单，主要还是以简单的贸易为主，市场唯利性问题尚不突出。自18世纪60年代，第一次工业革命在英国首先开始以后，机器生产被广泛运用到生产实践中，人类进入机器时代。随着第二次工业革命的到来，电力被广泛运用到工业生产，生产社会化程度急剧上升，新的生产部门不断出现，社会分工更加精细，社会协作日益加强，社会经济逐渐形成完整、统一的利益整体。在这一利益整体的内部，人们的行为影响力已经不再局限于个人和个人或者个人和企业之间，而是扩大到不特定的多数人，甚至是整

---

〔1〕 刘少军等：《经济本体法论——经济法律思想体系研究》，中国商业出版社2000年版，第9页。

〔2〕 刘少军等：《经济本体法论——经济法律思想体系研究》，中国商业出版社2000年版，第2—3页。

个经济社会。人们在追求利益时，难免会发生冲突。"各种利益之间之所以产生冲突或竞争，就是由于个人相互间的竞争，由于人们的集团、联合或社团相互间的竞争，以及由于个人和这些集团、联合或社团在竭力满足人类的各种要求、需要和愿望时所发生的竞争。"[1]各主体为了谋取私人利益最大化，不惜以损害社会环境、破坏社会经济秩序为代价，在获取个人利益的同时，使社会整体经济利益受到损害，严重阻碍了社会进步。例如，一些经济实力雄厚的企业通过不当竞争排挤竞争对手，实现垄断后提高服务价格，损害全体消费者的利益。再如，一些企业在生产过程中，只顾个体利益和眼前利益，忽视环境保护，为了个体利益损害人类共同的环境利益，增加了国家整治环境污染的经济负担，减损了社会整体经济利益。

在上述历史发展的背景下，新的法律纠纷——经济纠纷——随之产生。经济纠纷是社会经济高度发展的产物。当社会经济由个体经济转向整体经济后，社会纠纷也随之变得复杂化。在个体经济时代，法律纠纷多数情况下表现为民事纠纷，是个体与个体之间"一对一"的纠纷。在社会整体经济时代，不仅存在"一对一"的民事纠纷，而且存在"一对多"的经济纠纷，这种纠纷体现为损害社会整体经济利益的行为人与社会整体经济利益的维护者之间的纠纷。为维护社会整体经济利益，社会整体经济利益的维护者对损害社会整体经济利益的行为人提起诉讼，由法院对这一纠纷进行裁决，以此维护社会整体经济利益。

---

[1] [美] 罗斯科·庞德：《通过法律的社会控制》，沈宗灵译，商务印书馆2010年版，第40页。

二、经济纠纷的特征和类型

（一）经济纠纷的特征

1. 整体性

整体性是经济纠纷的最大特征。经济纠纷不是个体之间的纠纷，而是个体与社会整体经济利益维护者之间的纠纷，这种纠纷具有整体性。整体性主要体现在经济纠纷着眼于社会经济整体，一经产生即意味着社会整体经济利益受到威胁和侵害。该整体不是个体利益的简单相加，个体利益之和只会小于社会整体经济利益，而不可能等于或大于社会整体经济利益。社会整体经济利益是不可分割、超越一般个体、能够为个体带来普遍影响的利益形态，这种影响既有积极影响，又有消极影响。如果社会整体经济利益提升了，能为个体利益的发展带来良好的经济环境，也会带动个体利益普遍增长；如果社会整体经济利益被侵害，将会为个体利益的发展带来消极影响，不利于个体利益的发展。

2. 经济性

"法律意义上的经济，是指人们利用各种资源进行生产、交换、分配、消费以及相关服务等一系列活动的总称。"[1]社会整体经济利益是在经济活动中形成的利益，"是把个人或者小群体的那些分散的、零碎的利益要求集中、归纳和提炼成为整体的、全面的利益要求"[2]。在经济利益进行整合的过程中，个体为了自己的经济需求而侵犯作为整体的经济利益，由此产生经济纠纷。社会整体经济利益是否被侵害是衡量经济纠纷是否存在

---

〔1〕 薛克鹏：《经济法基本范畴研究》，北京大学出版社 2013 年版，第 77 页。

〔2〕 李曙光主编：《经济法学》（第二版），中国政法大学出版社 2013 年版，第 44 页。

的重要依据，如果行为人没有对社会整体经济利益实施侵害行为，且不存在侵害的危险，那么即使发生法律纠纷，也不属于经济纠纷，应适用其他法律程序解决。

3. 义务的消极性

经济法以维护社会整体经济利益为其价值目标。促进社会整体财富总额的增长是经济法的主要目标。一般来讲，社会整体财富的创造都是市场主体的积极行为成就的。只有市场主体积极参与经济活动，才能在获取利益的同时，促进社会整体经济的增长。社会整体经济的增长需要市场主体的积极行为，而对社会整体经济的保护，则需要市场主体（负责社会整体经济利益监管的经济监管机关除外）的消极行为。"经济法基本上是由义务规范构成，义务是经济法的主要甚至全部内容。"[1]经济法上的义务一般都是消极义务，只要行为人不实施禁止的行为，就不会产生相应的经济纠纷。

4. 主体广泛性

主体广泛性体现在侵害主体和保护主体均较为广泛：其一，经济纠纷的侵害主体可以是个人，也可以是企业等其他社会组织，甚至行政机关也可能成为损害社会整体经济利益的主体。其二，经济纠纷的保护主体既可以是维护社会整体经济利益的监管机关，也可以是检察机关、社会团体、公民等。

（二）经济纠纷的类型

经济纠纷主要产生于经济领域，由社会整体经济利益被侵害而产生。学者根据经济领域的基本功能，将经济法分为产业经济、金融经济、财政经济、市场经济等领域，经济法在这些领域的具体价值目标是整体产业利益、整体金融利益、整体财

---

〔1〕 薛克鹏：《经济法基本范畴研究》，北京大学出版社 2013 年版，第 261 页。

政利益和整体市场利益，进而对各利益内容进行界定，认为整体产业利益是指以营利为目的，在生产经营活动中，向社会提供各种商品和服务的各种经济行业共同享有的利益；整体金融利益是指以营利为目的，在货币流通和货币融通业务中，向社会提供各种金融服务的行业共同享有的利益；整体财政利益是指以国家收入和支出为基本业务，为国家机构提供资金收支管理所享有的共同利益；整体市场利益是指以市场主体之间的供给与需求为基础，为保障市场经济正常运行所共同享有的利益。[1]由于经济纠纷是社会整体经济利益受到侵害所引发的，相应地，应包括整体产业利益受侵害引发的纠纷、整体金融利益受侵害引发的纠纷、整体财政利益受侵害引发的纠纷和整体市场利益受侵害引发的纠纷。

　　本书认为这种分类紧紧围绕经济性这一最大特征，对经济法维护的社会整体经济利益进行了较为细致的划分，但是由于经济领域的复杂性，其发展不仅需要经济市场内部形成和谐稳定有序的环境，而且需要提供良好的外部条件，有时甚至外部条件会对经济发展起到决定作用。例如，生态环境对经济的发展会产生重要影响，良好的生态环境是人类生存的基本条件，也是整体经济发展的必备条件。良好的生态环境能够促进社会整体经济快速发展，社会整体经济发展到一定程度会为生态环境的发展提供强大的经济基础。而恶劣的生态环境除了先天自然条件的因素，一般都是工业化发展的附随物，"人类面临的环境问题其实都是由人类的经济活动造成的"[2]。自然资源造成损害通常会引起生态系统混乱，从而影响自然资源产品和环境

---

〔1〕 参见刘少军、王一鹤：《经济法学总论》，中国政法大学出版社 2015 年版，第 40—41 页。

〔2〕 薛克鹏：《经济法基本范畴研究》，北京大学出版社 2013 年版，第 104 页。

生态服务功能的供给，自然资源享有开发利用权的主体将因此遭受财产损失，不特定多数人因环境生态服务功能下降而可能遭受物质性或财产性不利益。[1]个体出于对经济利益的盲目追求，为了经济利益最大化，忽略企业的社会责任，违规大肆乱采自然资源，乱砍滥伐林木，违规超标准排放有毒有害气体，严重影响社会整体经济利益，甚至威胁到人类的生存和发展。值得庆幸的是，环境污染问题已经得到多方关注，从我国近年来提起的经济诉讼来看，整体环境利益诉讼在所有的经济诉讼中所占比重最大。从某种角度来看，环境污染纠纷已经成为影响我国和谐发展的主要制约因素，它不仅影响人们的身心健康，也影响社会经济的发展，从党中央提出的"绿水青山就是金山银山"这一科学论断就足以看出，生态环境对社会经济的发展是多么的重要。整体环境利益是人类生存和发展的必要条件，一旦环境遭受污染，当地居民的健康权将会受到重大威胁，如果环境污染严重，国家不得不使用大量资金治理环境，客观就减损了社会整体经济利益。从这一角度来讲，整体环境利益受侵害引发的纠纷也应当属于经济纠纷。

当然，上述对经济纠纷的分类并没有穷尽经济纠纷的全部类型。经济纠纷是社会整体经济利益受到侵害而引起的，其侵害主体具有广泛性，侵害行为具有多样性，而社会又是不断发展变化的，要概括所有的经济纠纷类型是非常困难的。因此，应当用发展的眼光看待经济纠纷的类型，并结合具体情况，运用前述认定社会整体经济利益应注意的问题，这样才能准确辨别纠纷的性质，从而找到合适的纠纷解决办法。

---

〔1〕 肖建国："利益交错中的环境公益诉讼原理"，载《中国人民大学学报》2016年第2期。

三、经济纠纷与其他纠纷的关系

（一）经济纠纷与民事纠纷的关系

"所谓民事纠纷，又称为民事争议或民事冲突，是指平等主体之间因侵权、违约或其他事由而发生的，以民事权利义务为内容的法律纠纷。"[1]也有学者认为民事纠纷又称为民事冲突、民事争议，是私法纠纷（私权纠纷），具体是指"平等主体之间发生的以民事权益、义务或民事责任为内容的法律纠纷"。[2]综观学者们对民事纠纷的认识，可以看出虽然他们表述不尽相同，但内容大同小异，都认为民事纠纷是平等主体之间所产生的民事争议，其与经济纠纷存在明显区别：其一，民事纠纷是平等主体之间产生的纠纷。这种平等性主要体现在当事人民事权利平等、诉讼权利平等，经济纠纷可能是平等主体之间产生的纠纷，也可能是非平等主体之间产生的纠纷。如果是个人、社会团体基于维护社会整体经济利益而提起诉讼，则为平等主体之间的纠纷；如果是经济监管机关、检察机关提起诉讼，则属于非平等主体之间的纠纷。需要说明的是，此处非平等主体并不是指诉讼权利的不平等或者法律地位的不平等，而是就证据搜集的能力和社会资源的调配能力等方面而言，经济监管机构、检察机关比侵害行为人更具优势。其二，经济纠纷仅仅包含经济利益，民事纠纷不仅包含财产等经济利益，还包含人身利益。其三，经济纠纷的危害程度比民事纠纷的危害程度大。经济纠纷是实施侵害社会整体经济利益的行为所引发的纠纷，对社会经济的危害较大，民事纠纷是个体之间的人身关系和财产关系的纠纷，危害范围有限。其四，经济纠纷涉及面较广，关系到

---

〔1〕　王福华：《民事诉讼法学》（第二版），清华大学出版社2015年版，第3页。

〔2〕　邵明："民事纠纷及其解决机制论略"，载《法学家》2002年第5期。

社会整体利益，适用调解、和解时有一定限制条件；民事纠纷属于个体之间的利益纷争，当事人可以通过多种方式解决。其五，可处分性不同。经济纠纷中维护社会整体经济利益的主体不能自由处分自己的权利，一旦其放弃权利，其他有责任维护社会整体经济利益的主体应当承担起该权利和义务。民事纠纷是主体之间的民事权利义务的争议，民事实体法实行私法自治原则，民事主体可以自由处分其民事权利，甚至可以放弃权利。[1]

民事纠纷和经济纠纷不是相互割裂的，其也有紧密联系。民事纠纷在一定条件下可以转化为经济纠纷，而经济纠纷的圆满解决有利于预防和解决民事纠纷。

（二）经济纠纷与行政纠纷的关系

经济纠纷与行政纠纷也存在不同。行政纠纷又称为行政争议，"是指行政法律关系双方当事人之间的争议，通常是指行政相对人和行政主体之间的外部行政争议"。[2]其不同之处体现在：其一，纠纷的产生原因不同。经济纠纷是社会整体经济利益受到损害时，基于保护社会整体经济利益而发生的纠纷。行政纠纷是国家履行公共管理职能过程中与行政相对人或第三人发生的纠纷，如交警维护交通秩序、行政机关作出行政许可的行为。其二，主体不同。经济纠纷的双方主体非常广泛，其中，维护社会整体经济利益的主体既包括经济监管机构、检察机关等公权力机关，也包括社会团体、个人等私主体。任何机关、组织、个人都可能成为侵害社会整体经济利益的主体。行政纠纷的主体特定，只能是行政机关或受法律法规授权的组织与行

---

[1] 江伟主编：《民事诉讼法学》（第五版），中国人民大学出版社 2011 年版，第 8 页。宋朝武主编：《民事诉讼法学》（第四版），中国政法大学出版社 2015 年版，第 1 页。笔者注：有关人身关系的民事纠纷一般不具可处分性，如赡养、抚养引发的纠纷。

[2] 姜明安：《行政诉讼法》（第二版），法律出版社 2007 年版，第 72 页。

政相对人（或第三人）。其三，行为方式不同。经济纠纷一般由侵害人的积极行为所致，如多个企业签订垄断协议破坏正常的市场秩序、产品生产者生产有缺陷的产品并投入市场等行为，而行政纠纷既可能因为行政机关的积极行为，也可能因为消极行为而产生，如行政机关对行政相对人作出处罚决定，行政相对人不服处罚决定所引起的纠纷，以及行政机关怠于履行法律职责引起的纠纷。

经济纠纷与行政纠纷既有区别，也有联系。行政纠纷的解决有利于提高行政机关的工作质量和效率，进而为预防经济纠纷营造良好的社会环境。经济纠纷的解决有利于为社会发展提供良好的经济基础，进而改善社会公共管理制度。

第三章

民事诉讼法解决经济纠纷存在的问题

　　《法国民事诉讼法典》对诉讼的定义最为形象，即"诉讼是一种权利，对提出请求的一方而言，即就请求内容接受听审，以便法官能够宣告该请求是否是理由充分的权利。对相对方而言，诉讼是就请求的理由是否充分质疑的权利。"[1]民事诉讼作为诉讼程序的一种类型，与民法密不可分。从实体法与程序法的划分来看，民法属于典型的实体法，而民事诉讼法则属于典型的程序法，民法的司法实施需要民事诉讼法来规范和保障，可以说，民事诉讼的过程就是民事权利实现和保障的过程。

　　民事诉讼活动对保障民事权利具有重要意义。那么，何为民事诉讼？学界对民事诉讼表述各不相同，有的学者认为："民事诉讼是指法院、当事人以及其他诉讼参与人，依据民事诉讼法和适用民事实体法等解决民事案件的过程中，所进行的各种诉讼活动（或诉讼行为），以及由此而产生的各种诉讼法律关系的总和。"[2]有的学者认为民事诉讼就是"人民法院根据当事人的请求，确定其权利存在与否，以保护当事人的权利或利益

---

　　〔1〕　N. c. p. c.，art. 30.

　　〔2〕　邵明："民事纠纷及其解决机制论略"，载《法学家》2002 年第 5 期。

的法定程序"。〔1〕此外，国外民事诉讼法学者认为民事诉讼是指"法院为了从法律上解决民事纠纷和利害冲突，在与此有利害关系的当事人参与下，进行审理和裁判的程序"〔2〕；"一个人通过民事程序和审判据以寻求对另一方当事人主张权利、制止其非法侵害行为，或从对方获得法定补偿的法律程序"〔3〕。从以上观点来看，尽管学者表述不尽一致，但他们的核心思想基本相同，即认为民事诉讼就是法院在一方当事人的申请下，启动审判程序依法解决民事法律纠纷的程序。前文在分析经济纠纷与民事纠纷的区别时，已经对民事纠纷作了简单介绍，民事纠纷是平等主体之间因人身关系和财产关系而产生的纠纷，相应地，民事诉讼法就是解决平等主体之间的人身纠纷和财产纠纷的法律规范。民事主体因人身关系和财产关系产生纠纷，任何一方均有将民事纠纷诉诸法院的权利。本章主要以民事诉讼法解决经济纠纷存在的问题为主线，论证民事诉讼法不适合解决经济纠纷。

一、民事诉讼法解决纠纷的目标

（一）民事诉讼法的目的

新功利主义（目的）法学派创始人耶林指出："目的是全部法律的创造者，每条法律规则的产生都源于一种目的，即一种事实上的动机。"〔4〕民事诉讼法也不例外，日本著名民事诉讼法

〔1〕　王锡三：《民事诉讼法研究》，重庆大学出版社1996年版，第3页。

〔2〕　[日] 兼子一、竹下守夫：《民事诉讼法》（新版），白绿铉译，法律出版社1995年版，第4页。

〔3〕　[英] 戴维·M.沃克：《牛津法律大辞典》，光明日报出版社1988年版，第15页。

〔4〕　[美] E.博登海默：《法理学——法哲学及其方法》，邓正来、姬敬武译，华夏出版社1987年版，第104页。

学者新堂幸司教授指出："将民事诉讼的目的作为民事诉讼法理论的出发点来加以议论所具有的实用性，在于主张将民事诉讼制度应实现的最高价值奉为解释论、立法论的指导坐标。"[1] 由此可以看出，民事诉讼法的目的对于民事诉讼制度的设置和完善起到根源性的指导作用，不仅关系到民事诉讼的功能定位，还关系到民事诉讼制度的体系架构、内容安排和运行效果，对民事诉讼的立法和司法实践均具有指导作用。

研究民事诉讼的目的是我们了解民事诉讼法的起点。国外学者对此问题关注较多，主要代表学说有权利保护说、法秩序维持说、纠纷解决说[2]。

权利保护说认为民事诉讼的目的在于保护私人的权利。其理由是私人原本可以通过"自力救助"方式来保护和恢复自己的权利，但国家出于维护自身统治的需要，限制社会成员以"自力救助"方式实现自己的权利。于是国家作为"自力救助"的替代，承担了保护私权的任务，而社会成员则享有了国家保护其私权的请求权（诉权）。因此，国家设置民事诉讼制度的目的是保护社会成员的私权。

法秩序维持说认为国家设置民事诉讼制度虽然在客观上起到了保护私权的作用，但更重要的是：国家设立民事诉讼制度的目的在于满足社会公共整体需要。换言之，该说主张：国家通过制定法律维持自己设定的社会秩序，并通过自己的强制力保障制定法实施，民事诉讼旨在确保制定法规范社会秩序效力的发挥。这种学说侧重于公益性立场，将民事诉讼作为服务于

---

〔1〕 [日] 新堂幸司："民事诉讼制度的目的论的意义"，载《法学教室》第1号。

〔2〕 参见 [日] 木川统一郎、中村英郎：《民事诉讼法》（改订），青林书院新社1983年版，第8页以下。

国家意志的制度，从而得出权利保护只是国家维持法秩序的反射性结果这一结论。

纠纷解决说认为，解决私人之间的纠纷是民事诉讼制度的目的，而保护私权和维持法秩序不外乎是解决纠纷所得出的结果。深言之，在私法完备以前已出现了裁判制度，裁判在形成法（诉讼造法）的同时，证明了无法律规定时也要解决纠纷，而私法法规不仅是社会生活规范，而且也是裁判的根据。

此外，学界还有程序保障说〔1〕、目的多元说〔2〕等学说。

以上各学说从不同角度对民事诉讼的目的进行阐述，为我们全面认识民事诉讼的目的提供了丰富的理论成果。我国的民事诉讼目的论研究还处于起步阶段，目前尚未形成共识。〔3〕在此，本书无意对上述各种学说进行评述，也无意提出一种新的民事诉讼目的观点，而是重点考察上述观点中的共同之处，希望从学者们的共识中找寻民事诉讼的目的，进而揭示民事诉讼解决纠纷的界限。

综合分析上述具有代表性的观点可以发现，不论是权利保护说、法秩序维持说还是纠纷解决说，其重点都是围绕私权这一核心概念展开的，私权在民事诉讼中占有举足轻重的地位。权利保护说认为民事诉讼的目的是保护私权；法秩序维持说认

〔1〕 该说认为，民事诉讼以程序保障当事人双方在程序过程中法律地位的平等，并在诉讼构造中平等使用攻防武器，各拥有主张、举证的机会。参见李祖军、田毅平："民事诉讼目的论纲"，载《现代法学》1998年第5期。

〔2〕 该说认为，对于诉讼目的的认识，应当站在制度设置、作为运作者的国家和作为制度利用者的国民的双重立场上进行。纠纷的解决、法律秩序的维护及权利的保护都应当视为民事诉讼制度的目的，可以依照具体情况的不同而随时在立法、解释及司法运作上进行调整并有所侧重。参见李祖军、田毅平："民事诉讼目的论纲"，载《现代法学》1998年第5期。

〔3〕 参见江伟主编：《民事诉讼法》（第五版），中国人民大学出版社2011年版，第12页。

·085·

为当事人可以请求国家保护其私权，以此维护社会秩序；纠纷解决说认为解决私人之间的纠纷是民事诉讼的目的。可以看出，私权在民事诉讼中占有极其重要的地位。那么，何为私权？提及私权，不得不从公私法划分理论说起。公私法划分理论在大陆法系广泛流行，最为经典的表述当数古罗马法学家乌尔比安在《学说编纂》中的论述："公法调整政治关系以及国家应当实现的目的，'有关罗马国家的稳定'；私法调整公民个人之间的关系，为个人利益确定条件和限度，'涉及个人福利'……他们有的造福于公共利益，有的则造福于私人。"〔1〕查士丁尼的《法学阶梯》进一步肯定了公私法的划分，指出："法律学习分为两部分，公法与私法。公法涉及罗马帝国的政体，私法则涉及个人利益。"〔2〕

自公私法划分理论提出以后，大陆法系国家的学者展开了激烈的讨论，对于公私法划分标准形成了不同的学说，有利益说、主体说、权力服从说、综合说等。学界对公私法划分尚没有形成统一的观点，但不少学者倾向于综合说。以高等院校使用频率较高的《法理学》为例，该书认为："凡涉及公共权力、公共关系、公共利益和上下服从关系、管理关系、强制关系的法即为公法，而凡是涉及个人利益、个人权利、自由选择、平权关系的法即为私法。"〔3〕从该划分标准可以看出，公法与公共权力、公共利益有关，私法与平等自愿、个体利益有关。基于这样的认识，我们可以更好地了解私法，进而了解私权。

德国学者拉伦茨对私法作出阐述："私法是整体法律制度的

〔1〕［意］彼德罗·彭梵得：《罗马法教科书》，黄风译，中国政法大学出版社1992年版，第9页。

〔2〕［罗马］查士丁尼：《法学总论——法学阶梯》，张企泰译，商务印书馆1995年版，第5—6页。

〔3〕张文显主编：《法理学》，高等教育出版社1999年版，第57页。

一个组成部分，它以个人和个人之间的平等和自觉（私法自治）为基础，规定个人和个人之间的关系。"[1]民法是典型的私法，其主体都具有平等性，保护的也是具有平等关系的人身关系和财产关系，民事权利即私权是其核心内容。

私权是与公权相对应的法律概念。"公权和私权是法治社会的两大基本权利范畴。法治社会的一切问题都要围绕这两个范畴展开。"[2]而"在整个权利体系中，私权处于核心地位，是一切权利的出发点和落脚点，其他权利渊源于私权，决定于私权，服务于私权"。[3]正如卢梭的至理名言所说："人性的首要关怀，是对其自身应有的关怀。"[4]私权正是这种关怀在权利体系中的体现，私权是一切权利的基础，只有私权得到保障，才能为个体提供更多的发展机会。一般认为，私权就是为了维护个体利益而设定的权利。"就我国国内学界对私权问题的研究来看，'私权'一词常被用于泛指非公共权利性质的私人权利。私权有广义和狭义之分，狭义的'私权'即是指与私法相联系的权利，而广义的'私权'所涉及的范围则极为广泛——凡是与公民的人身、健康、荣誉、财产及其私人的经济、民事活动，以及与民营企业的活动相联系的权利，均属于私权领域。"[5]

通过以上分析，可以看出民事诉讼的目的就是解决个体（私人）在民事活动中与他人之间发生的纠纷，通过解决纠纷保

---

〔1〕　［德］卡尔·拉伦茨：《德国民法通论》（上册），王晓晔等译，法律出版社 2003 年版，第 1 页。

〔2〕　王利明："走向私权保护的新时代——侵权责任法的功能探讨"，载《社会科学战线》2010 年第 9 期。笔者注：原文为"……法治社会的一切问题一切都要围绕这两个范畴展开。"笔者认为"一切"二字多余，所以引用时删去。

〔3〕　邱本："认真对待私权"，载《吉林大学社会科学学报》1998 年第 6 期。

〔4〕　［法］卢梭：《社会契约论》，何兆武译，商务印书馆 1980 年版，第 9 页。

〔5〕　林喆："论私权保护和公共责任观念的建立"，载《政治与法律》2001 年第 6 期。

护私权，进而保障民事法律有效实施。明确民事诉讼法的目的，对我们进一步了解民事诉讼解决纠纷的范围具有重要指导意义。

（二）保障个体的人身和财产利益

民事诉讼法是民法的程序法，以保障民法内容的实现为其最终目标。民法是维护个体利益的法，个体既包括个人，也包括法人、其他组织，还有以私主体身份参与民事活动的国家机关、事业单位等。个体利益纠纷的表现形式非常多样，既可以表现为个人与个人之间、个人与企业之间、企业与企业之间等单个主体之间因民事权利义务产生的纠纷，也可以表现为个人与多人之间产生的民事纠纷，例如，个人同类型利益纠纷。个人同类型利益是个人利益的集合，由于个人之间利益类型相同或者相似，为了节省司法资源，提高诉讼效率，将这些利益纠纷通过一定程序一次性解决，其实质解决的还是个体利益纠纷。以借贷纠纷为例，甲公司为了扩大再生产，分别向乙、丙等10个人借款，后无力偿还，乙、丙等人均对甲公司提起民事诉讼，法院经过法定程序合并审理。虽然有多个当事人对一个个体提起诉讼，但实质还是属于个体之间的纠纷，只是通过一个审判程序将数个纠纷合并处理，以节约诉讼资源。

需要指出的是，个体利益纠纷在一定条件下可以转化为整体利益纠纷，而民事诉讼法主要解决个体利益纠纷。一般情况下，个体利益纠纷具有封闭性，仅仅在个体之间产生影响，不会波及社会整体，但在一些特殊情况下，个体的行为不仅损害其他个体的利益，还损害社会整体利益，如个体污染环境的行为，生产、销售假冒伪劣产品的行为等，都有可能危及不特定多数人，在一定程度上对社会整体利益造成严重影响。民事诉讼程序根据个体的诉讼申请而启动，以此维护其利益，但不会主动保护受到损害没有提起诉讼的个体，这是民法中私法自治原则和自愿平等原则在民事诉讼程序中的重要体现。因此，民事诉讼程序应当严格遵守民事实体法的精神，将解决的纠纷范围限制在个体之间。

民事诉讼解决个体之间的纠纷，但不是所有的个体之间的纠纷都由民事诉讼解决，民事诉讼只解决平等主体之间人身和财产方面的纠纷。民法属于私法，与行政法中行政机关和行政相对人法律地位不平等不同，民事主体参与民事活动时法律地位平等，他们之间无隶属、制约关系，任何一方当事人参与民事活动都是基于自由意志，平等行使民事权利。民法作为母法，涉及的范围非常广泛，几乎涵盖个体的所有活动，其他法律都是在民法的基础上发展而来。正如法国学者勒内·达维德曾指出的："民法在我们的各类法律中起了基础学科的作用，法的其他门类曾以其为模式（行政法）或为某些类的关系使之完善劳动法。"[1]民法的核心是"平等主体"，每个民事主体都被抽象为平等的个体，个体被赋予平等的民事权利和民事义务，这种平等既不是实体方面的平等，也不是民事活动中的均等。事实上，民事主体尤其是个人在参与民事活动时，由于经济基础、受教育背景、所处的社会环境等因素影响，个人在民事活动中不可能与其他主体完全平等，有可能在某一民事活动中占据优势，而在另一民事活动中则处于弱势。例如，在供方市场中，销售方占据明显的优势，具有较强的议价能力，甚至会抬高价格赚取高额利润；但其作为消费者购买科技含量较高的产品时，由于欠缺专业知识，对产品不甚了解，相对于销售者又处于弱势地位。因此，民法中的平等只能是法律地位和机会的平等。"只要社会向人们提供了同等的机会，便做到了平等，换

---

[1] ［法］勒内·达维德：《当代主要法律休系》，漆竹生译，上海译文出版社1984年版，第80—81页。

言之，平等是机会的平等……市民社会的平等观必然是程序的平等观，我国民法中的平等原则，应根据市民社会的要求加以解释。"[1]

我国《民法典》第 2 条规定："民法调整平等主体的自然人、法人和非法人组织之间的人身关系和财产关系。"从该条规定可以看出，民法主要保护平等主体之间有关人身、财产的利益。个体之间的纠纷一般为人身关系和财产关系的纠纷。人身关系是依附于人身、不可与人身相分离且纯属精神上的利益的社会关系。财产关系是指公民或企业在产品的生产、分配、交换和消费过程中形成的具有经济内容的关系。受民法保护客体的影响，民事诉讼法也仅限于保护个体的人身和财产利益，对于社会整体利益或公共利益的保护虽然不是民法所关注的，但并不代表民法不保护社会整体利益或公共利益，一般情况下，它在保护个体利益的同时，也会间接保护社会整体利益或公共利益。例如，在一对一的食品安全侵权纠纷中，消费者起诉经营者出售劣质食品，虽然纠纷在消费者和经营者两个主体之间产生，但是法院裁判的结果将不仅影响他们两个主体，而且对其他潜在的消费者也形成了保护，从这个角度来讲，民法具有保护社会整体利益或者公共利益的功能。此外，为了公共利益的需要，民法中的意思自治、契约自由也会受到一定限制，民事主体从事民事活动时，不得为了个人的利益而损害他人利益或者社会整体利益、公共利益，否则将会受到否定性评价。但本书认为，不能因为民法间接保护社会整体利益或者公共利益就否定民法作为私法的本质属性和保护个体利益这一核心价值取向。如同有学者在论述民法中的契约自由被限制时所说："限

---

〔1〕 徐国栋：《民法基本原则解释——成文法局限性之克服》，中国政法大学出版社 2001 年版，第 61 页。

制不等于否定，修正不等于抛弃。既然是合同法，既然是民法，既然对于社会整体利益或者公共利益是私法，由其固有的品格所决定，'契约自由'就是立法之本，是贯穿始终的灵魂基础。"[1]同理，民法是私法，私法自治始终是民法的灵魂，因此，民法主要保护个体的人身和财产利益。

二、民事诉讼法解决纠纷的特征

如上所述，民事诉讼法是解决私人之间纠纷的程序法，其程序设置须参考民事法律的规定而展开，在民事法律主体平等、私法自治、诚实守信等原则的影响下，民事诉讼法也体现不同的程序特征。

（一）主体自愿平等

由于民事诉讼法解决平等主体之间的民事法律纠纷，自愿平等是当事人参与民事诉讼活动的主要特征。自愿平等原则贯穿民事诉讼活动的始终，首先体现在当事人自愿参加诉讼。民事诉讼程序基于一方当事人的起诉行为而启动。当事人的民事权利受到侵害后，可以选择向法院起诉，也可以选择协商解决，甚至可以选择放弃自己的权利，不追究侵权人的民事责任，这些都是基于民事主体的主观意愿。如果选择诉诸法律，当事人可以选择起诉众多侵权人中的一人或者几个人，也可以选择起诉全部侵权人。当事人的诉讼请求可以是停止侵害，也可以是损害赔偿等。此外，民事诉讼的当事人参加诉讼时也不受法律强制，尤其是被告。除了离婚等具有人身关系的民事纠纷，其他民事诉讼案件，被告均有权决定是否参加诉讼，如果被告放弃自己的诉讼权利，法院经过审理后，可以作出缺席判决。这

---

〔1〕　冯彦君："民法与劳动法：制度的发展与变迁"，载《社会科学战线》2001年第3期。

些都是双方当事人自愿行使诉讼权利的主要体现。

此外，平等原则主要指双方当事人参加民事诉讼活动时诉讼权利平等。当事人诉讼权利平等原则是民事诉讼法的基本原则之一，主要体现在以下三个方面：其一，当事人诉讼地位平等。在民事诉讼中，诉讼主体不论是原告、被告还是民事诉讼第三人，也无论当事人性别、民族、职业、宗教信仰、文化程度、经济状况等差异，诉讼地位一律平等，这也是"公民在法律面前一律平等"这一宪法原则在民事诉讼中的重要体现。诉讼权利平等，同时也是民事权利平等在民事诉讼法中的体现。民法平等保护每个个体的利益，民事权利没有孰优孰劣、高低贵贱之分，如果发生民事纠纷，个体参与民事诉讼活动也处于平等地位，表现在诉讼活动中即是平等地享有诉讼权利和承担诉讼义务。其二，当事人的诉讼权利被同等保护。在诉讼过程中，当事人的示证权、质证权、辩论权、上诉权等诉讼权利受到法院的同等保护，在法庭审理过程中，双方当事人的诉讼权利都是相同的，而且也是受到同等保护的，一方当事人出示证据后，另一方当事人就相应地拥有质证权，反之亦然。任何一方不服裁判结果时都可以提起上诉。其三，当事人在法律适用上一律平等。法院在审理民事案件时，应当统一适用法律，不能因人、因案而任意适用法律，在法院审判过程中，当事人都可以对法律适用提出自己的意见，法院应当充分听取双方当事人的意见，以防错误适用法律。

（二）权利自由处分

处分原则是民事诉讼法中重要的原则之一，是民法私法自治原则在诉讼法领域的延伸。处分原则既包括对诉讼权利的自由处分，也包括对实体权利的自由处分，具体包括以下内容：其一，当事人可以决定是否将民事纠纷提交法院裁判，即使向法院提起诉讼后，当事人如果想放弃自己的诉讼权利，也可以通过撤诉的方式结束诉讼程序。其二，当某一民事法律行为既构成侵权又构成违约时，当事人可以择一事由提起诉讼，并可以在法庭辩论前，随时变更、增加诉讼请求。其三，当事人可以在诉讼过程中放弃自己的诉讼权利和实体权利，除可能损害国家利益、社会公共利益和他人合法权益以外，法院不得干涉。当事人在诉讼过程中可以放弃抗辩、质证等诉讼权利，也可以选择放弃财产所有权等实体权利。

（三）适用法院调解

民事法律纠纷具有封闭性，一般不会损害当事人以外的第三人的利益，因此，民事法律纠纷可以在双方之间合意解决。在民事诉讼过程中，法院调解是化解双方当事人矛盾最有效的方式之一。民事诉讼中，除了当事人明确表示拒绝调解，一般法官都会先对民事纠纷进行调解，只有调解不成功时才会开庭审判。可以说，在民事案件中，法院调解占据重要的地位。司法实践中，法院调解在某种程度已经成为评价法官化解社会矛盾的能力的指标之一。因此，法官非常重视调解工作，一般在立案前、立案后或庭审前，都会主动召集双方当事人进行调解，只要双方当事人在法官的主持下达成和解协议，一般情况下，法官不会审查协议的内容，当事人对纠纷所形成的解决合意将成为调解书中的主要内容。

（四）当事人主导诉讼

除了上述已经阐述的民事诉讼程序因当事人向法院提起诉讼而启动，而且可以在法庭辩论终结前随时增加、变更诉讼请求等，当事人的诉讼请求也直接决定法院的审查范围，法院的审查范围只能围绕原告提起的诉讼请求和被告提起的反诉请求进行审查，"不得主动保护未诉诸司法之权利"。[1]对于法院在审理案件的过程中发现的其他可能影响案件实体审查的事由，如果属于原告没有提出且只涉及原告自身利益的，一般情况下，法院应当严守中立的审判地位，不得主动暗示或明示原告对诉讼请求作出变更。在民事诉讼中，当事人是诉讼活动的掌舵人，掌控诉讼的方向和进程。

（五）纠纷处理事后性

民事诉讼主要是对民事纠纷进行裁决的一种法律活动，具有滞后性。一般情况下，民事纠纷都是民事主体因某种事由所产生的冲突，在双方协商不成后，由一方当事人提请法院进行裁决。如果没有民事纠纷，也就不存在居间裁判民事纠纷的法院。民事诉讼、法院及其审判权的功能主要是公正及时地裁判个案纠纷，其主要是对特定纠纷主体之间已经发生的具体纠纷的事后性解决，以明确法律上的权利、义务、责任的归属和内容。[2]

（六）主张者证明责任

民事纠纷是平等主体之间的法律纠纷，民事主体在纠纷中法律地位平等。双方当事人获取证据的能力大致相当，而且从获取证据的难易程度来看，当事人对自己提出的主张在收集证据方面更具主动性，这样更有利于法院查清案件事实，作出准确的裁判。"谁主张，谁举证"也是从行为人的行为角度来设置的证据规则。在一个民事法律活动中，让一个实施行为的人来证明其曾实施一个行为是非常容易的，而让一个没有实施行为的人来证明其没有从事过某一行为，对他来说却是非常困难的。

---

〔1〕 〔英〕J. A. 乔罗威茨：《民事诉讼程序研究》，吴泽勇译，中国政法大学出版社 2008 年版，第 17 页。

〔2〕 参见〔日〕田中成明：《判断中的法与政治》，有斐阁 1979 年版，第 163 页。

因此，民事诉讼实行"谁主张，谁举证"的证据规则。

（七）个体利益诉讼

民事诉讼是民事个体认为其合法权益受到不法侵害而启动的诉讼程序。与刑事诉讼程序不同，民事诉讼程序须由权利受到侵害的主体向法院提起才会启动，即起诉主体必须与案件有直接利害关系，如果具有直接利害关系的主体或者其法定监护人不提起诉讼，民事诉讼程序就不会启动。法院奉行"不告不理"的审理原则，只能依当事人的请求启动，而在刑事诉讼程序中，除了轻微刑事案件和虐待、侵占、侮辱诽谤等告诉才处理的案件，其他案件都是由检察机关作为公诉人向法院提起公诉。

并非每个人都有权向法院提起民事诉讼，只有具备诉讼能力的主体才可以提起诉讼。"诉讼能力，又称为诉讼行为能力，是指当事人能够以自己的行为亲自行使诉讼权利、履行诉讼义务的能力。"[1]诉讼能力与民事行为能力密切相关。民事行为能力是指公民以自己名义参加民事活动的资格。民事行为能力仅适用于公民，法人和其他组织的民事行为能力和民事权利能力同时产生、同时消灭，只要法人或其他组织具备民事权利能力，其也一定具备民事行为能力，不会产生存在民事权利能力却没有民事行为能力的情形。民事行为能力与人的年龄、智力发育情况、精神状况等因素有关。按照人的年龄、智力、精神状况可以将民事行为能力分为完全民事行为能力、限制民事行为能力和无民事行为能力。完全民事行为能力是指民事主体具有独自行使民事权利、承担义务的能力。我国《民法典》规定，成年人和 16 周岁以上以自己的劳动收入为主要生活来源的未成年

---

〔1〕　江伟主编：《民事诉讼法》（第四版），高等教育出版社 2013 年版，第 108 页。

人属于完全民事行为能力人。限制行为能力，又称为部分民事行为能力或不完全民事行为能力，是指因受年龄、智力、精神状况等因素限制，民事主体只能从事部分民事行为，对部分民事行为行使民事权利，履行民事义务。根据《民法典》的规定，限制民事行为能力人主要包括"8周岁以上的未成年人"和"不能完全辨认自己行为的成年人"。无民事行为能力是指民事主体不能行使民事权利和履行民事义务，只能由其法定代理人代为行使民事权利。根据《民法典》的规定，无民事行为能力人主要包括"不满8周岁的未成年人"和"不能辨认自己行为的成年人"。[1]在民事诉讼中，只有完全民事行为能力人才具有诉讼行为能力，其他人均不能独立提起民事诉讼，必须由其法定代理人代理行使诉讼权利。法定代理人代理行使诉讼权利时，必须以被代理人的名义提起诉讼，在诉讼过程中，应以被代理人的利益合理行使代理权，不得损害被代理人的利益。

三、民事诉讼法解决经济纠纷的困境

经济纠纷是损害社会整体经济利益所引发的纠纷，具有整体性和公共性。经济纠纷的特性决定了其与民事纠纷的解决方式应有所区别，而我国还没有专门解决经济纠纷的法律，现有的经济纠纷都是通过民事诉讼法和行政诉讼法的部分条文来解决。下文首先就民事诉讼法解决经济纠纷存在的困境进行分析，指出经济纠纷不宜由民事诉讼法解决。

（一）容易引起司法混乱

如前文所述，民事诉讼是解决个体（私人）在民事活动中与他人发生的纠纷，进而保护私权，保障民事法律有效实施的

---

〔1〕 参见《民法典》第18条、第19条、第20条、第21条、第22条。

一种法律程序。民事诉讼法的目的决定了民事诉讼法的体系安排和内容设置都须围绕保护私权这一核心展开，而我国现行法律将经济纠纷的解决机制规定在《民事诉讼法》中，违背了民事诉讼程序解决私权纠纷的立法目的，造成法律体系的混乱。

1. 容易引起法条内部自相矛盾的问题

民法和经济法是两个具有不同价值追求的法学范畴，民法以保护个体利益为价值追求，而经济法以保护社会整体经济利益为其价值追求。由于价值追求不同，其法律实现的方式和途径也各不相同。但立法者将两个价值追求不同的实体法内容规定在一部程序法中予以实施，难免造成法律内部自相矛盾。例如，《民事诉讼法》第 122 条对起诉的主体条件有明确的规定，要求必须是与本案有直接利害关系的原告才能提起民事诉讼，并且在起诉的四个条件中也没有规定例外情形，而在该法第 58 条第 1 款又规定对"环境污染、侵害众多消费者合法权益等损害社会公共利益的行为，法律规定的机关和有关组织可以向人民法院提起诉讼"。第 122 条并未对起诉条件作出例外规定，但第 58 条又将作为起诉条件之一的原告主体资格的范围扩大了。民事诉讼法遵循程序法定原则，法院在受理、审判、执行等各个环节均须按照法律明文规定的程序办理案件，不得违反程序法的规定，但《民事诉讼法》第 58 条和第 122 条明显存在矛盾。在同一部法律中出现前后矛盾的规定时，不仅损害法律的权威性，而且损害裁判结果的公信力。

2. 造成司法解释、规范性文件修改法律内容的窘境

我国《立法法》第 45 条明确规定法律的解释权属于全国人大及其常委会，除了全国人大及其常委会，其他主体均无权对法律做出立法解释，而且全国人大及其常委会的法律解释权也是受限制的，只能对法条内容需要进一步明确具体含义和适用

依据的法律做出解释。由此可以看出，我国法律解释权的主体非常明确，法律也有明确规定。但社会生活是纷繁复杂的，为了应对不断发生的经济纠纷案件，司法部门尤其是法院和检察院往往通过制定司法解释或者其他规范性文件来对法律进行完善。这种解释是根据《人民法院组织法》和《人民检察院组织法》的授权作出的，也是合法的，但其解释法律的权限也是受限制的，不能解释所有的法律内容，只有在授权范围内才有权解释。以法院工作为例，《人民法院组织法》第37条规定，最高人民法院只能对法律应用方面的问题做出解释，对于法律原有的结构和内容是不能解释的。如果涉及法律内容和结构的，必须由全国人大及其常委会解释，这也是限制司法机关法律解释权，保证其公正行使司法权的需要。如果授权司法机关对法律做出任意解释，势必会造成其权力的扩张。正如学者所言，司法部门解释法律时，如果喜欢以意志取代判断，势必将以自己的好恶取代立法机关的好恶。[1]以前述为例，《民事诉讼法》已对原告资格作出明确规定，只有与案件有直接利害关系的原告才能提起诉讼，但最高人民法院《关于适用〈中华人民共和国民事诉讼法〉的解释》第282条、最高人民法院《关于审理环境民事公益诉讼案件适用法律若干问题的解释》第1条等司法解释都对民事公益诉讼案件的起诉条件进行修改，删除了《民事诉讼法》中与案件有直接利害关系的规定，增加了社会公共利益受到损害的初步证据。可以说，最高人民法院的司法解释一定程度上适应了司法实践的需要，为保护社会整体经济利益提供了法律保障，但这种用司法解释来修改法律的方式是否合法是一个值得考虑的问题。又如交纳诉讼费用的规定。根据

---

〔1〕 汤德宗：《权力分立新论（卷二）——违宪审查与动态平衡》，元照出版有限公司2005年版，第8页。

《民事诉讼法》第 121 条，只有经济困难的当事人，才可以免交诉讼费，其他当事人在起诉前都必须交纳诉讼费用。换言之，不论是为了自己的利益还是为了社会整体经济利益，交纳诉讼费用都是原告提起诉讼的前提条件，如果不交纳，法院将不予受理。而《人民法院审理人民检察院提起公益诉讼案件试点工作实施办法》第 22 条规定，检察机关在提起经济诉讼时免缴诉讼费，这一规范性文件明显与《民事诉讼法》不一致。

　　或许有人会针对前两部分存在的问题提出自己的完善意见，认为对于法条内部前后矛盾和司法解释、规范性文件修改法律内容的问题可以通过修改法律来解决，例如，可以对提起民事诉讼的条件、诉讼费用的交纳等条款加入例外规定，加强法律内部的和谐统一。本书认为，从节约立法资源和提高立法效率方面来看，这种观点具有一定道理，但是，这种观点没有认识到法和法律之间的区别。法律是一种规范性文件，是法的外在表现形式，法的价值追求都是通过法律体现出来的，仅仅修改法律的确可以解决法律内部的冲突问题，但是无法解决法的价值追求的冲突问题。民事诉讼法以保障私人利益为其核心追求，如果将私人利益以外的社会整体经济利益也纳入民事诉讼法的保护范围，由于两种利益存在本质的不同，以及在某种情况下，可能会出现相互冲突的现象，在同一部程序法中予以规定，很容易导致重视社会整体经济利益而忽略个体利益，违背了设立民事诉讼程序的初衷。因此，本书认为通过修改法律来解决民事诉讼法内部冲突的方法不能从根本上解决经济纠纷。

　　3. 引起实体法与程序法的矛盾和脱节

　　程序法是保障实体法运行的法律，实体法中的诸多理念、原则、规定均需由程序法遵循，以此在程序法中实现实体法的价值，民事诉讼程序也不例外。民法是私法，私法自治、权利自由处分等原则都是民法的核心和灵魂,"民法调整的社会关系的性质决定了民事诉讼的特性,即平等主体之间的争议解决过程。实体法领域中的'公理性原则'也必然要在民事纠纷解决领域中得到具体体现和延伸"。[1]民事诉讼法以特定的个人(或者多人)为民事主体,以私法自治为主要原则,处分原则是私法自治原则在民事诉讼中的具体体现,贯穿诉讼全过程。当事人通常可以自由行使和处分自己的诉讼权利和实体权利,可以和解和反诉,这是民法私法自治原则在民事诉讼法中的体现。与民事诉讼的启动主体是为了自己的利益不同,经济纠纷是由社会整体经济利益受到侵害而引起的纠纷,社会整体经济利益的维护者是基于保护社会整体经济利益的目的向法院提起诉讼。因此,把经济纠纷的解决程序规定在民事诉讼法中,既与民事诉讼程序的理念相悖,也会造成法律内部的混乱。例如,和解和反诉是民事诉讼主体双方的权利,但在经济纠纷中,社会整体经济利益的维护者不是纠纷的直接利害关系人,其只是在法律的授权下代表国家行使权利。为了防范维护者在保护社会整体经济利益的同时,通过与侵权人私下达成和解协议谋取私利,一般应当对和解协议的内容进行审查,确定其是否达到保护社会整体经济利益的目的。而民事诉讼双方当事人只要达成和解协议,一般情况下,法院只需进行确认并制作调解书,不会干涉协议的内容,即使协议中权利义务明显失衡,只要是双方当事人自愿达成的协议且内容不违法,法院都不能也不会去干涉,这也是私法自治原则在民事诉讼中的反映。这也适用于反诉,民事诉讼是具有直接利害关系人之间的诉讼活动,他们可以自主决定是否提起反诉。经济纠纷则不能提起反诉,由于社会整

---

〔1〕 张卫平:《民事诉讼法》(第四版),法律出版社 2016 年版,第 20 页。

体经济利益的维护者与案件没有直接利害关系，其只是代表国家行使诉讼权利，侵权人不能对其提起反诉，这是由经济纠纷的特殊性决定的。综上，如果把经济纠纷规定在民事诉讼法中，将会导致民法与民事诉讼法的冲突，不利于法体系的发展。

（二）不能圆满解决纠纷

民事诉讼是解决个体之间纠纷的诉讼程序，现有解决经济纠纷的程序被规定在民事诉讼法中，主要是通过民事公益诉讼和代表人诉讼来解决经济纠纷，但这两个程序都不是解决经济纠纷的最佳程序。

1. 民事诉讼法主要解决个体之间的纠纷

个体利益具有单独性、封闭性以及危害的有限性等特点，这就决定个体利益的损害对社会整体利益不会造成太大影响。所以，民事诉讼法在解决个体之间的纠纷时，往往就案断案，案结事了，即使受害人在案件中胜诉，也不会对社会公共政策产生较大影响，或者可以说，不会从法律层面阻止侵权人继续实施侵害行为。因为与高额利润相比，侵权人对受害人支付的赔偿金往往显得微不足道，只要利润远大于赔偿金，侵权人将会无视对他人造成的伤害，而继续实施侵害行为。对于获得赔偿金的受害人来说，其诉讼目的可能已经实现，但对于维护市场整体经济秩序的目标来讲，其诉讼的目的可能没有完全达到，因为被告可能会因为违法成本较低而继续实施危害市场经济秩序的行为。显然，民事诉讼法无法实现预防违法行为和健全社会公共政策的功能。与之不同，经济纠纷是涉及社会整体经济利益的纠纷，经济纠纷的解决不仅可以化解社会矛盾，而且具有填补公共政策的空白，完善社会机制的功能。例如，江苏省消费者协会诉南京市水务集团供水合同"霸王条款"案，法院立案后，南京市水务集团主动与江苏省消费者协会沟通，自愿按照省消费者协会的建议，对供水格式合同规定违约金过高的问题进行整改，把违约金降低至法律规定范围内。由此可见，江苏省消费者协会提起的公益诉讼客观上纠正了南京市水务集团长期以来违约金过高的问题，本案也成为破除垄断行业"霸王条款"的经济诉讼样本。又如张新年诉中国移动"手机流量偷跑"案，该案指向了流量计量计费黑洞，事关亿万网民的流量计量计费，在源头上尚处于监管空白。上述两个案件被评为2016年十大公益诉讼案件。[1]虽然张新年诉中国移动"手机流量偷跑"案最终以原告张新年败诉而告终，但在第二审期间，中国移动北京分公司主动进行整改，优化了网络系统，彻底解决了"流量偷跑"的问题。

2. 民事公益诉讼仅解决有关整体利益的纠纷

民事公益诉讼是民事诉讼法中解决经济纠纷的特有程序，专门为了解决经济纠纷而设置。前文已经论述了该程序规定在民事诉讼法中存在诸多不合理性，现从该程序的内容继续论证其在解决经济纠纷中存在的问题。

目前，学界和实务界都一致将个体利益和整体利益相区分，明确民事公益诉讼程序仅保护社会整体利益，个体利益需由个体通过民事诉讼程序单独保护。如有的学者表示：只有污染环境、侵害众多消费者合法权益的行为损害公共利益时，才可基于维护社会公共利益提起公益诉讼。如果污染环境、侵害消费者合法权益的行为涉及某些个体利益，基于维护个体利益提起的诉讼，则不属于公益诉讼的范围，而属于普通民事诉讼，即

---

〔1〕 "'手机流量偷跑''塑胶毒跑道'等热案入选'2016年中国十大公益诉讼'"，载腾讯网 https://mp.weixin.qq.com/s/5xhnznyiO8uHFnSTCVuQmg，最后访问日期：2018年6月5日。

私益诉讼。[1]又如在实务界，我国法院和检察机关发布的司法解释也肯定了个体利益和整体利益纠纷分别在不同的程序解决[2]。本书认为，个体利益和整体利益的界限不是天然的，二者相互联系、互相融合，人为地将两种利益进行分割，而且又采用两种不同的程序予以保护，不利于个体利益的保护。以检察机关提起民事公益诉讼为例。检察机关作为公共利益的代表，对违法行为人提起民事公益诉讼，但该诉讼仅追究行为人损害社会整体经济利益的责任，权益被侵害的个体还需单独提起民事诉讼维护自身的合法权益。社会整体经济利益和个体利益同时被侵害时，法律规定只能通过两个不同的诉讼程序予以解决，不能在一个程序中一次性解决，这样可能无法全面维护个体的合法权益。此外，在涉及民事公益诉讼的案件中，侵害社会整体经济利益的主体一般都是经济实力雄厚的大型企业，这些企业都设有专门的法务部门，几乎所有企业都聘有常年法律顾问。在势单力薄的个体与实力强大的企业之间，我们不难得出这样一个结论，即个体在诉讼的各个方面都很难与实力强大的企业相抗衡。因此，民事公益诉讼仅保护整体利益，忽视个体利益的保护，这样不利于社会矛盾的化解。如果权益被侵害的个体人数众多，且权益均未得到很好的保护，那么势必会影响到社会整体利益。

3. 代表人诉讼无法实现保护社会整体经济利益的目的

代表人诉讼是诉讼当事人一方或双方为二人以上的诉讼制度。代表人诉讼包括普通代表人诉讼和特别代表人诉讼。这里

---

〔1〕　孙佑海："对修改后的《民事诉讼法》中公益诉讼制度的理解"，载《法学杂志》2012 年第 12 期。

〔2〕　详见《最高人民法院关于审理消费民事公益诉讼案件适用法律若干问题的解释》第 9 条。

的普通代表人诉讼特指《民事诉讼法》第 56 条、第 57 条规定的诉讼情形。特别代表人诉讼特指《证券法》第 95 条第 3 款规定的情形。由于特别代表人诉讼仅针对证券纠纷，不具有普适性，本书在此仅以普通代表人诉讼论述代表人诉讼在保护社会整体经济利益方面存在的不足。

普通代表人诉讼分为人数确定的代表人诉讼和人数不确定的代表人诉讼。人数确定的代表人诉讼可以确定受害个体的数量，是典型的解决个体利益纠纷的诉讼制度，而人数不确定的代表人诉讼则在一定程度上具有解决经济纠纷的功能。但由于人数不确定的代表人诉讼采取的是"明示加入，默示退出"的规则，也就是如果当事人想要加入诉讼，须向法院申报权利，如果不申报权利，就意味着不能加入诉讼，也就无法享受法院裁判可能带来的利益。一般情况下，当事人都能主动申报权利，因为这是当事人弥补经济损失成本最小的行为。但也有一些当事人，尤其是侵害结果比较分散、损失较小的当事人，他们可能会因为各种主客观的原因不去申报权利，如受侵害的个体可能不知道该案件，或者认为遭受侵害的后果不严重，或者出于对裁判预期结果的悲观，或者由于其他原因而不愿加入申报权利的行列，事后也不积极主动向法院提起诉讼。如果未申报权利的当事人人数较少，可能对案件影响不大，但如果未申报权利的被侵害人人数达到三分之一或一半以上，客观上就会减轻侵权人的经济赔偿责任，将导致违法者交纳的经济赔偿金可能比其因违法所获取的利益还要小。如此，法的惩戒功能则会成为摆设，不仅不能达到补偿受害人和惩罚侵权人的目的，可能还会在某种程度放纵侵权人的违法行为。作为一个经济人，当其违法行为带来的收益远比其违法成本高时，他的行为导向肯定会趋向利益，而不是法律规则。由此可以看出，代表人诉讼也不能从根本上解决经济纠纷。

（三）权利得不到救济

民事诉讼法是解决个体之间的民事纠纷的程序法，为避免当事人滥诉，该程序要求提起诉讼的当事人须与案件有直接利害关系，否则不得提起民事诉讼。这种程序设计使得许多虽然不是直接受害人却实际承受侵害结果的受害人无法通过民事诉讼程序向侵权人及时主张自己的权利，致使侵权人的侵权行为没有得到及时制止，导致社会整体经济利益的损害进一步扩大。例如，本书作者曾经接触一起银行内外部人员相互勾结侵害银行利益的刑事案件。本案中，嫌疑人和甲公司的实际控制人经人介绍相识，在闲聊中，嫌疑人得知甲公司拥有一个酒店，因为生意不好，所以想要转让。于是，嫌疑人提出要以 3 亿元的价款购买甲公司的酒店，支付方式为嫌疑人用酒店的每一层楼的房产证去银行抵押，然后向银行贷款，每贷出一笔款均转账给甲公司，作为购买酒店的资金。甲公司的实际控制人起初对这种支付方式持反对态度，但嫌疑人告知其与一家商业银行的高级管理人员非常熟悉，同一房产可以在该银行贷出更多的资金。后甲公司的实际控制人打听确认嫌疑人所说属实，且该合同金额也符合甲公司实际控制人的预期，于是甲公司和嫌疑人签订酒店买卖合同。合同签订后，嫌疑人按照计划，用酒店的第一层楼的房产证顺利从银行贷出钱款，并将该笔钱转账给甲公司。但嫌疑人用第二层和第三层楼抵押贷出的钱款均未全部支付给甲公司，甲公司因此向公安机关报案。本案中，嫌疑人通过银行熟人的关系，用高于行业的抵押比例从银行获得贷款，而甲公司的实际控制人对此心知肚明，他们双方达成侵害银行财产的合意。因此受害人并不是甲公司，而是银行。如果嫌疑人按照协议约定，将所贷钱款全部支付给甲公司，那么，本案可能也不会案发，最终，银行可能会因为抵押物价值不足以实现全部债权而遭受损失。暂且不考虑涉嫌刑事犯罪等其他因素，如果银行储户知道他人套（骗）取银行的资金，其却不能通过民事诉讼这一法律程序来制止这种违法行为，确保银行的资金安全，这是不合理的。众所周知，预防危险的成本远远低于处置危险的成本，这对社会整体经济利益的维护也具有重要意义，如果只能等待危险发生再穷尽所有手段去补救，那么对于社会整体经济利益来说，这种做法就是不经济的，法律也是不健全的，应当进行修正。

综上，无论是从法的理论体系还是司法实践来看，民事诉讼法都不适宜解决经济纠纷，其客观上也不能圆满地解决经济纠纷，而应当建立适于解决经济纠纷的诉讼法。正如有学者所言："断定经济诉讼不能脱出民事诉讼的窠臼或许可以有许多根据，但只要承认民事诉讼——至少是现行民事诉讼制度并不能完全适用于经济冲突的解决，解决经济冲突的诉讼应有某些特点，则经济诉讼的独立也就有了足够的事实前提。"[1]

---

〔1〕 顾培东：《社会冲突与诉讼机制》（修订版），法律出版社 2004 年版，第 45—46 页。

第四章
行政诉讼法解决经济纠纷存在的问题

    行政诉讼法原来还不是一门独立的法律学科，而是一个处理行政机关和行政相对人之间纠纷的法律程序，被规定在民事诉讼法中。随着行政纠纷的日益增多，纠纷的内容和种类也日益繁多和复杂，越来越多的纠纷呈现出与民事诉讼法格格不入的法律特征。与此同时，民事诉讼法在解决一些行政纠纷时也显得力不从心，不能圆满地解决行政纠纷。为了回应社会对立法的期待，彻底解决行政纠纷，行政诉讼法的立法工作被提上日程，并最终脱离民事诉讼法，成为一部独立的法律。

    学界对行政诉讼的概念认识不尽相同。有的学者认为行政诉讼是指"行政相对人与行政主体在行政法律关系中发生争议后，依法向人民法院提起诉讼，人民法院依法定程序审查行政主体行政行为的合法性，并判断行政相对人的主张是否有法律和事实依据，然后作出裁判的一种活动"。[1]也有学者将行政诉讼定义为"自然人、法人或者其他组织认为具有行政职权的机关或组织及其工作人员的行政行为侵犯自己的合法权益，依法向法院起诉，法院依法按司法程序对该起诉和相关行政争议加

---

〔1〕 姜明安主编：《行政法与行政诉讼法》（第六版），北京大学出版社、高等教育出版社 2015 年版，第 399 页。

以审查并作出裁判的活动与过程"。[1]还有学者认为行政诉讼是指"公民、法人或者其他组织认为行政机关的行政行为侵犯其合法权益，依法向法院起诉，法院依法定程序审查被诉行政行为的合法性及相关争议的活动过程"。[2]从上述定义可以看出，行政诉讼的启动是由于行政相对人认为行政主体的行为侵害了其合法权益，所以将其与行政主体之间的争议提交至法院进行审查处理的程序。根据《行政诉讼法》第2条的规定，行政主体既包括行政机关，也包括法律、法规、规章授权的组织。实践中，国家的主要行政职权都是由行政机关行使的，行政机关是最主要的行政主体，行政机关也就成为行政诉讼程序中的主要当事人[3]。行政诉讼程序是法院审查行政机关的行政行为是否合法的司法审查程序，严格地说，行政诉讼程序是为解决行政相对人和行政主体之间的纠纷而设定的程序，这种纠纷是由于行政主体单方面的行政行为引起的，但行政诉讼程序的启动则是由行政相对人单方面提起的。行政诉讼的目标就是审查行政行为的合法性，保障相对人的合法权益。本章主要以行政诉讼法解决经济纠纷存在的问题为主线，论证行政诉讼法不适合解决经济纠纷。

一、行政诉讼法解决纠纷的目标

（一）行政诉讼法的目的

行政诉讼法的目的是行政诉讼法的基础性理论，它是探究行政诉讼法的源头，回答为什么要建立行政诉讼法，以及行政

---

[1] 杨寅："行政诉讼概念重解"，载《中国法学》2002年第4期。

[2] 姜明安主编：《行政法与行政诉讼法》（第六版），北京大学出版社、高等教育出版社2015年版，第276页。

[3] 如无特别说明，本书主要以行政机关为例阐述本部分内容。

诉讼法的制度构建等的问题。尤其重要的是，行政诉讼法的目的还关乎整个诉讼程序的体系设置和程序安排。从某种程度来讲，行政诉讼程序的设置都是紧紧围绕行政诉讼法的目的展开的，脱离了目的研究行政诉讼法，就像无源之水、无本之木，无法真正领悟行政诉讼法的价值和内涵。"目的论研究的意义主要在于它可以为行政诉讼制度设计提供一种基本理念。目的论观点不同，就会创造出不同的行政诉讼制度设计。"[1]因此，研究行政诉讼的目的对于我们认识行政诉讼法具有重要意义。

　　学界对于我国行政诉讼的目的的认识莫衷一是，尚未形成共识，有一元论、二元论、三元论。持一元论观点的学者对行政诉讼目的的认识也存在分歧，有的学者认为我国行政诉讼的目的主要是保障公民、法人或者其他组织的合法权益[2]，也有学者认为解决行政纠纷，维护社会秩序是行政诉讼程序的真正唯一目的[3]。持二元论观点的学者认为行政诉讼的目的有保护公民、法人和其他组织的合法权益及保障行政机关依法行使行政职权两个方面，并认为保护行政相对人的合法权益，与保障行政机关行使职权不是对立的，而是统一的，两者不可偏废。[4]持三元论观点的学者认为行政诉讼的目的是解决行政争议，保护公民、法人和其他组织的合法权益，监督行政机关依法行政，其中，保护公民、法人和其他组织的合法权益是最主

　　〔1〕　胡肖华："行政诉讼目的论"，载《中国法学》2001 年第 6 期。

　　〔2〕　张树义：《冲突与选择——行政诉讼的理论与实践》，时事出版社 1992 年版，第 6 页。

　　〔3〕　参见宋炉安："行政诉讼程序目的论"，载刘莘等主编：《中国行政法学新理念》，中国方正出版社 1997 年版，第 366 页。

　　〔4〕　参见向忠诚："行政诉讼目的研究"，载《河北法学》2004 年第 12 期。

要和最根本的目的。[1]此外，受 1989 年颁布的《行政诉讼法》有关行政诉讼目的规定的影响，有的学者将"维护行政权力"也作为行政诉讼的目的之一，但"伴随着我国行政诉讼制度的发展和行政法律制度的完善，不能也不宜将维护行政权力作为行政诉讼目的，已成为理论界的共识"。[2]我国新修正的《行政诉讼法》采用了三元论的观点，该法第 1 条明确规定："为保证人民法院公正、及时审理行政案件，解决行政争议，保护公民、法人和其他组织的合法权益，监督行政机关依法行使职权，根据宪法，制定本法。"立法明确了行政诉讼的目的，即解决行政争议，保护公民、法人和其他组织的合法权益以及监督行政机关依法行使职权。解决行政争议是行政诉讼程序启动的直接原因，是行政相对人认为行政机关侵害了其合法权益，将其与行政机关的争议提交法院裁判；所有行政诉讼都是通过对行政行为的监督和纠正来保障行政相对人的合法权益，从这一层面来讲，监督行政行为是实现公民、法人和其他组织合法权益的手段，而保护公民、法人和其他组织合法权益则是监督行政行为的最终目的。综上，行政诉讼的目的是解决行政争议，保护公民、法人和其他组织合法权益以及监督行政机关依法行使职权。其中，保护公民、法人和其他组织合法权益是行政诉讼的主要目的，解决行政争议和监督行政机关依法行使职权是行政诉讼的次要目的，是保护公民、法人和其他组织合法权益的途径和手段，最终都是为保障行政相对人的合法权益服务。

（二）保障行政相对人的利益

在行政法律关系中，行政主体享有绝对的强势地位。为了

---

〔1〕 参见马怀德："保护公民、法人和其他组织的权益应成为行政诉讼的根本目的"，载《行政法学研究》2012 年第 2 期。

〔2〕 马怀德："保护公民、法人和其他组织的权益应成为行政诉讼的根本目的"，载《行政法学研究》2012 年第 2 期。

使行政主体的行政行为更具权威性、效率性，法律赋予行政主体强大的支配力。行政主体可以通过行使命令权和强制性权力，将自己所欲实现的行政管理目的强加给相对一方，为其设定义务，强制其从事或者不能从事某种行为，一旦行政相对人违反义务规定，行政主体还可以通过行政处罚权对相对人进行处罚，甚至会通过强制执行手段来实现行政管理的目的。

与民事主体之间平等的法律地位不同，在行政法律关系中，行政相对人与行政主体处于不平等的法律地位。公民、法人或其他组织在行政法律关系中处于弱势地位，只能被动地接受行政行为所带来的法律后果。由于行政行为具有公定力、确定力和约束力，一经作出即对行政相对人产生约束力。虽然在行政管理的过程中，行政相对人可以表达自己对行政行为的看法和质疑，但最终决定权还是在行政主体，行政相对人的意见不会对行政行为的效力产生实质性的影响。

由于行政主体和行政相对人之间地位不平等，一方是支配者，另一方是被支配者，行政相对人对于行政主体实施的行政行为只能被动接受。如果行政相对人认为行政行为侵害了其合法权益，也只能事后通过行政复议或行政诉讼进行救济。当行政相对人对行政主体的行政行为不服时，可以向作出行政决定的本级人民政府或者是上一级主管部门申请行政复议，审查行政行为的合法性。因为行政复议与行政诉讼相比缺乏公开性，加之行政相对人对行政机关内部自纠违法或不当行为的不信任，所以行政相对人更多的是将希望寄托于行政诉讼。在行政相对人的观念里，法院与行政纠纷毫无关系，是中立的第三方，其能够站在客观的立场审视纠纷。随着司法责任制的深入推进，法官的独立审判地位将逐渐加强，司法公信力也将不断提高。可以预见的是，和行政复议相比，由于行政诉讼自身的优势，行政诉讼程序将会日益成为行政相对人救济权利的主要途径，这也是行政诉讼程序设置的初衷。"消除此种不对等性，为相对方提供一个权利救济的途径和场所，是行政诉讼产生和存在的根本原因，也由此决定了行政诉讼目的的特殊性。"[1]

二、行政诉讼法解决纠纷的特征

行政诉讼法是解决行政主体和行政相对人之间行政纠纷的诉讼程序，行政主体和行政相对人天然的不平等性，决定了行政诉讼法具有不同于民事诉讼法的诸多特征。

（一）主体不平等

行政诉讼法是解决行政争议的程序法。行政争议是由行政主体在行政管理活动中因为行使行政管理职能或者不积极行使行政管理职能而与行政相对人产生的纠纷。在这一法律关系中，行政管理机关（行政主体）与被管理者（行政相对人）处于不平等的法律地位。这里的"不平等"主要是相对于民事诉讼法而言。民事诉讼法是解决平等主体之间的法律纠纷，在民事活动中，民事主体之间不具有强制与被强制的关系，民事主体在民事活动中一律平等，民事主体之间从事民事活动产生的民事法律效果均是当事人自由意志的体现（侵权行为等单方面损害民事主体利益的行为除外），其中，契约自由是民事活动的集中体现。从这一角度来看，民事法律关系的形成一般都是民事主体双方意欲追求的结果，缺少一方的意思表示和民事法律行为均不能产生民事法律关系。但在行政法律关系中，这种平等被打破，行政主体在行政管理活动中处于强势地位，其通常以命令、决定、裁决的方式参与行政管理活动，这种行为方式决定

---

[1] 杨伟东："行政诉讼目的的探讨"，载《国家行政学院学报》2004年第3期。

了行政主体在行政法律关系中具有支配地位，其作出行政决定时无须征求相对人的同意即可发生法律效力，这也是行政行为的公定力、确定力所决定的。作为被管理的一方，行政相对人对于行政决定只能被动接受，如果行政相对人认为行政主体的行为侵害了其合法权益，可以寻求行政复议或行政诉讼予以救济，但不能抵制行政机关的行政行为。

　　由于在行政法律关系中，行政相对人处于弱势地位，在行政诉讼程序中，被告只能是行政主体，而不可能是行政相对人。与民事诉讼程序相比，行政诉讼程序中的当事人身份特殊，尤其是被告必须是负有行政管理职能的行政机关，除此之外，其他主体不能成为行政诉讼程序中的被告，也就排除了行政机关起诉行政相对人的可能。行政相对人提起行政诉讼，主要是认为行政主体的行政行为侵害了其合法权益，而诉讼中也主要审查行政行为的合法性，由此可以看出行政行为在行政法和行政诉讼法中的重要地位。

　　"行政行为"这个概念最早"是由德国行政法学鼻祖奥托·迈耶运用概念法学的方法首先提炼、概括出来的"。[1]作为行政法和行政诉讼法的一个核心概念，"行政行为"一经提出即在学界引起热议，但学界至今尚未对"行政行为"的内涵达成共识。学界对行政行为的认识主要存在三种学说[2]：第一种是行政主体说，该学说认为只要是行政主体所为就属于行政行为，即不论行政主体是否运用行政权，只要是其从事的行为即被视为行政行为。第二种是行政权说，该学说认为只有机关、组织行使行

---

　　〔1〕　参见姜明安主编：《行政法与行政诉讼法》（第六版），北京大学出版社、高等教育出版社 2015 年版，第 148 页。
　　〔2〕　参见姜明安主编：《行政法与行政诉讼法》（第六版），北京大学出版社、高等教育出版社 2015 年版，第 148—150 页。

政权的行为才是行政行为。第三种是公法行为说，该学说认为行政行为必须是具有公法意义或效果的行为，不包括私法行为和事实行为。但其内部又存在不同认识，其中全部公法行为说是我国行政法学界的通说，该学说认为行政行为包括全部有公法意义的行为，既包括抽象行政行为，也包括具体行政行为。在行政诉讼中，抽象行政行为是不具备可诉性的，只有对具体行政行为才可以提起诉讼。具体行政行为的样态包括行政作为和不作为，这也是行政诉讼中重点审查的对象。

（二）原则上不适用法院调解

行政诉讼程序与民事诉讼程序不同。在民事实体法律中，民事主体双方的争议具有封闭性，一般不涉及其他主体。民事诉讼的目的之一就是解决民事纠纷，化解社会矛盾，只要纠纷的双方调解内容合法，且不违反自愿原则，该调解即立即生效，法院不会干涉当事人达成调解协议的行为。但行政诉讼是以行政行为的合法性为审查对象的诉讼程序，其目的之一就是监督行政机关依法行使职权，这种监督方式主要是对行政行为的合法性进行审查，只有对行政行为进行审查，才能对行政机关的行为进行法律评价，进而作出驳回原告诉讼请求、确认被诉行政行为违法或无效、撤销被诉行政行为等判决。可以说，行政诉讼的这一目的决定了行政诉讼中原则上不得适用调解，这是司法对公权力进行法律监督的主要手段。一旦允许调解，那么行政行为的合法性审查就会被忽视，行政诉讼的目的将无法实现，司法公信力也将进一步下降，赵C诉江西鹰潭市月湖区公安分局侵犯姓名权一案就是很好的例证[1]。行政诉讼程序不适用调解是为了防止行政主体"以权压人""以利诱人"，同时为

---

[1] 参见尹锷："行政诉讼不适用调解的法理分析"，载《学理论》2011年第2期。

了防止法院受到行政主体施加的影响，在行政行为明显违法的情况下，以调解代替审查行政行为的合法性，从而使法院不对行政行为是否合法作出评判。

行政诉讼程序主要依法审查行政行为的合法性，但对于一些与定性无关的行政行为，法律则规定可以适用调解。例如，我国《行政诉讼法》第 60 条第 1 款规定："人民法院审理行政案件，不适用调解。但是，行政赔偿、补偿以及行政机关行使法律、法规规定的自由裁量权的案件可以调解。"这也是行政诉讼程序在坚持监督行政机关依法行使职权的前提下，通过调解缓和行政主体与行政相对人之间的紧张关系，实现案结事了的诉讼目的。

（三）证明责任倒置

行政诉讼程序主要围绕行政主体已经作出的行政行为进行审查，这与民事诉讼中的争议具有本质不同。行政行为的构成要件要求具体行政行为符合法定程序的一个最基本规则，即"先取证、后裁决"[1]，也就是行政机关在作出行政行为前必须先收集充足的证据，根据证据与事实之间的印证关系来决定是否作出具体的行政行为。作出具体行政行为应当是经过行政主体深思熟虑、审慎审查证据得出的结果，而不是行政主体未经调查或虽经调查但尚未查清案件事实的情况下草率作出行政行为的决定。换言之，行政行为应当是在事实清楚、于法有据的前提下作出的，这是对行政主体依法行使职权最基本的要求，也是被诉行政行为司法审查的主要内容。

正是行政行为的产生具有以上特殊性，才决定了行政行为一经作出即产生法律效力，如果行政相对人不服，可以申请行

---

[1] 李秋月："浅谈行政诉讼举证责任制度"，载《辽宁师范大学学报》1999年第 1 期。

政复议或提起行政诉讼。一般情况下，行政复议或者行政诉讼不停止执行。从行政行为的效力可以看出其与生俱来的确定力和执行力，这一特征反映在行政诉讼程序中主要体现为证明责任制度。在民事诉讼程序中，由于双方当事人主体地位平等，其证明责任也是对等的，"谁主张，谁举证"是现代民事诉讼程序的举证规则，任何主体都需对自己的主张提供证据支持，否则将承担举证不能的法律后果。而在行政诉讼程序中，由于行政主体和行政相对人之间的争议是由行政行为引起的，被诉行政行为成为行政诉讼程序中争议的对象，所有焦点都聚集在行政行为合法性审查之上。因此，在行政诉讼程序中，一般情况下，处于弱势地位的行政相对人无须也无能力对行政行为的违法性进行证明。行政相对人提起行政诉讼后，在诉讼中往往处于消极配合的角色，只需配合法院查清案件事实，不会因为其提起诉讼就向其分配主要的证明责任。在行政诉讼中，证明责任在行政主体这一方，行政主体需证明其作出行政行为的事实和法律依据，由法院对行政行为的合法性进行审查。当法院认为被诉行政行为认定的事实不清或者于法无据时，将作出不利于行政主体的判决，这就是举证责任倒置，由行政主体承担举证不能的法律后果。

（四）当事人恒定

行政诉讼程序是解决行政主体和行政相对人之间行政争议的法律程序，其主要目的就是保护行政相对人的合法权益不受行政主体的非法侵害。行政法律关系的特殊性决定了行政诉讼程序只能由行政相对人提起，也就是行政诉讼程序的原告恒为行政相对人，行政主体不能成为行政诉讼程序的原告，相应的，行政诉讼的被告也只能是行使行政职权的行政主体。行政实体法律关系中，行政主体和行政相对人处于不平等的法律地位，在行政诉讼中体现为当事人双方的法律身份不能像民事诉讼一样进行互换。在民事诉讼程序中，当事人双方可以根据诉讼请求互换法律角色，原告提起民事诉讼后，被告可以根据同一法律关系对原告提起反诉，此时，本诉原告成为反诉中的被告，本诉被告则成为反诉中的原告。但在行政诉讼程序中，这种角色的"反转"是不可能实现的，这与行政主体强势的法律地位密不可分。行政诉讼设置的目的就是保护行政相对人的合法权益，为行政相对人提供救济权利的渠道。行政主体在行政法律关系中处于超然的法律地位，其单方法律行为即可对相对人的实体权益产生重大影响，因此，行政诉讼程序无须过多保障行政主体的诉讼权利，在行政相对人对行政主体提起行政诉讼后，行政主体不能对行政相对人提起反诉。这一诉讼程序具有单向性，法院只能对行政相对人提起的行政纠纷进行审判，行政主体提出的主张只能作为其证明行政行为合法性的相关证据，不能成为行政主体对相对人提起反诉的理由。

三、行政诉讼法解决经济纠纷的困境

行政诉讼法是保障行政相对人合法权益、监督行政主体依法行使职权，并解决行政主体和行政相对人之间纠纷的法律。在程序设计方面，行政诉讼法主要通过审查行政行为的合法性来化解行政纠纷，因此，审查行政行为的合法性是行政诉讼法的核心。行政诉讼法在防范和纠正行政主体侵害社会整体经济利益方面起到一定作用，但经济纠纷的产生不仅仅只有行政主体一方行为引起，更多的是由于其他侵害人的行为所引起，行政诉讼法在处理经济纠纷方面适用范围较窄，且因行政诉讼法的程序设置导致行政诉讼法无法圆满地解决经济纠纷。

（一）适用范围有限

1. 解决的纠纷范围有限

行政诉讼法只能纠正行政主体损害社会整体经济利益的行为。在现代法治国家，行政法的制定、执行皆以公共利益的实现为核心目标，公共利益依然是贯穿公法领域的核心概念。[1]一般认为，行政主体尤其是行政机关作为公共利益的代表，其行使职权往往对社会整体经济利益造成较大影响，这种影响是行政机关履行行政职能的天然附随品，归根结底是由行政机关的社会公共属性所决定的。"权力导致腐败，绝对权力导致绝对腐败。"[2]为了防止行政机关滥用权力，损害行政相对人的合法权益，立法机关通过制定行政诉讼法，为认为合法权益受到行政行为侵害的行政相对人提供了权利救济的途径。行政诉讼法制定的主要目的是保护行政相对人的合法权利，防止行政权力被滥用。因此，行政诉讼程序的设置都是围绕这两部分展开的。但在生活中，行政行为有时不仅侵害行政相对人的个体利益，还会损害社会整体经济利益，换言之，行政主体也可能是经济纠纷的一方主体，主要表现在行政主体运用行政权力或者通过其他方式损害社会整体经济利益的行为，较为典型的行为就是行政垄断。

综观经济纠纷的产生原因，行政主体只是损害社会整体经济利益的众多主体之一，公民、法人或者社会组织也可能是损害社会整体经济利益的主体，而且从司法实践中来看，后者是损害社会整体经济利益的主要主体。但现行《行政诉讼法》仅针对行政主体损害社会整体经济利益的行为进行审查，不能对

---

〔1〕 城仲模：《行政法之一般法律原则》（二），三民书局1997年版，第154页。

〔2〕 ［英］阿克顿：《自由与权力》，侯健、范亚峰译，商务印书馆2001年版，第342页。

其他主体损害社会整体经济利益的行为进行审查，适用范围和对象极为有限。行政诉讼程序以存在行政争议为前提，准确地说，该诉讼程序以行政主体实施的先前行政行为为前提，这种行为的表现形式既可以是作为，也可以是不作为，只要相对人认为侵犯其合法权益就可以向法院提起行政诉讼，要求确认或撤销行政主体的行政行为。一言以蔽之，行政诉讼法只能解决行政机关损害社会整体经济利益的问题，但不能解决其他主体损害社会整体经济利益的问题。

也许有人会主张通过审查行政行为的合法性来附带解决其他主体损害社会整体经济利益的问题，即司法实践中运用的行政附带民事公益诉讼程序。该程序将行政主体滥用职权或者不作为的行为与其他主体侵害社会整体经济利益的行为一并处理，而且实践中也取得了良好的社会效果，吉林省白山市人民检察院对白山市江源区卫计局和白山市江源区中医院提起行政附带民事公益诉讼案（以下简称"白山案"）就是一个典型的案例，该案作为最高人民检察院第 8 批指导性案例向社会公布，甚至有的官方媒体以"最高检发布指导性案例 确立行政附带民事公益诉讼制度"[1]为题进行宣传报道。本书认为，检察机关通过行政附带民事公益诉讼解决经济纠纷的出发点值得肯定，可以通过一个审判程序彻底解决纠纷。但是，以白山案为典型的行政附带民事公益诉讼案件并没有体现该项程序在解决经济纠纷中的优越性。

可能又有人会提出建议，在现行法律中增加一项行政附带民事公益诉讼的规定，这样就能解决该程序面临的各种问题。

---

〔1〕 "最高检发布指导性案例 确立行政附带民事公益诉讼制度"，载央广网 http://china.cnr.cn/NewsFeeds/20170104/t20170104_523436833.shtml，最后访问日期：2018 年 9 月 5 日。

本书认为，将行政附带民事公益诉讼规定在法律中，固然可以解决该项程序的合法性问题，但从另一方面来看，无形中又将行政主体和侵害社会整体经济利益的违法行为人的利益捆绑在一起，不利于纠纷的解决。检察机关提起行政附带民事公益诉讼是将行政主体和违法行为人一起起诉至法院，行政主体和违法行为人的利益息息相关，一旦行为人的行为被认定为违法行为，那么行政主体也将承担行政不作为的法律责任。一般情况下，适用行政附带民事公益诉讼程序作出的判决结果都是一致的，要么检察机关胜诉，要么行政主体和违法行为人一起胜诉。一旦行政主体败诉，行政人员可能会因未依法履职而被追究行政责任，在这种情况下，行政主体会充分运用专业优势竭力保证对自己有利的判决，甚至会与违法行为人达成默契，充分利用专业知识和专业技能，以达到证明违法行为人不存在违法行为的目的。由于侵害社会整体经济利益的行为一般都是专业性比较强的领域，而检察机关对于刑事法律较为熟悉，在专业性比较强的经济领域却是"门外汉"，在行政主体和违法行为人达成默契、一致对外的情况下，检察机关很难占得诉讼上的优势，这样最终结果可能就是违法行为得不到有效制止和有力惩罚，社会整体经济利益也得不到很好的保护。

2. 原告范围有限

检察机关以外的案外人无法通过行政诉讼法保护社会整体经济利益。"相对人理论"在诉讼法中发挥重要的作用，它是避免诉讼权利被滥用的主要约束手段。根据"相对人理论"，只有与争议具有法律上利害关系的人才能提起诉讼，其他无利害关系的人不能对他人的争议提起诉讼。行政诉讼法也有同样规定，只有与行政行为具有利害关系的行政相对人才能提起行政诉讼，而其他主体因与行政行为无利害关系，所以被排除在法律的保护范围之外。这是提高诉讼质效的客观要求，也是避免滥诉的客观需要。要求原告须与争议具有法律上的利害关系能起到节约诉讼资源的作用，但客观上也阻止了其他主体通过行政诉讼保护社会整体经济利益，造成除了利害关系人和检察机关，其他主体无法保护社会整体经济利益的窘境。如公民个人发现损害社会整体经济利益的行为向相关职能部门举报，职能部门在法定期限未对举报人进行答复或者明确告知拒绝履行法律职责，因举报人与行政机关的行为不具有法律上的利害关系，即使举报人向法院提起行政诉讼，也得不到法院的支持。

　　为了加强行政机关依法履职的意识，确保社会整体经济利益得到全面保护，新修正的《行政诉讼法》第 25 条第 4 款对检察机关提起经济诉讼作出了明确规定，[1]赋予检察机关在行政机关怠于履职时提起经济诉讼的权利。由于社会整体经济利益受到侵害时，检察机关是唯一的起诉主体，当检察机关不提起行政诉讼，行政机关也不积极主动地履行职责时，该损害社会整体经济利益的状态可能会一直持续下去，损害后果也将继续扩大。因此，检察机关在维护社会整体经济利益的过程中承担重要职责。如果检察机关怠于履行监督职责，那么除了行政相对人，其他主体均不能提起保护社会整体经济利益的诉讼。检察机关是法律监督机关，依法对法律的实施进行监督，检察机关同时又是社会公共利益的维护者，对损害社会整体利益的行为也依法实施监督，其监督形式就是通过向法院提起诉讼来维护社会整体经济利益。《行政诉讼法》将检察机关纳入起诉主体

---

　　〔1〕《行政诉讼法》第 25 条第 4 款："人民检察院在履行职责中发现生态环境和资源保护、食品药品安全、国有财产保护、国有土地使用权出让等领域负有监督管理职责的行政机关违法行使职权或者不作为，致使国家利益或者社会公共利益受到侵害的，应当向行政机关提出检察建议，督促其依法履行职责。行政机关不依法履行职责的，人民检察院依法向人民法院提起诉讼。"

以后，检察机关表现出了极大的诉讼热情，实践中也取得了良好的法律效果和社会效果，从主流媒体的宣传报道可见一斑。但任何权利主体都可能怠于行使自己的权利，检察机关也不例外。如果检察机关放弃通过行政诉讼保护社会整体经济利益，那么其他主体将会因为缺乏"利害关系"而被排除在诉讼之外，无法保护社会整体经济利益。

（二）案件可能无法进入诉讼程序

行政相对人不提起行政诉讼，诉讼程序就不会启动。"行政诉讼是法院对行政活动的监督。这种监督依当事人申请而进行，是当事人不服行政机关行为的一种救济手段。"[1]行政诉讼法是一部以救济行政相对人为主要目的的法律，而不是以保护社会整体经济利益为主要目的的法律。行政相对人认为其合法权益被侵害，可以向人民法院提起行政诉讼，由法院来纠正行政行为，从而保护其合法权益。这是行政诉讼程序启动的一般状态，但也有许多案件由于行政相对人没有向法院提起诉讼，导致法院无法通过公开的审判程序审查行政行为的合法性。实践中，行政相对人未向法院提起诉讼的原因主要有三种：一是行政相对人认为行政主体的行政行为合法，愿意接受该行政行为带来的法律后果。二是认为行政主体的行政行为不合法或者不合理，但本人认为该行政行为带来的法律后果对自身的权益影响不大，不愿为此提起行政诉讼，愿意接受这样的法律结果。三是行政行为不具合法性或者合理性，但行政行为所产生的效力能给行政相对人带来某种不应当得到的利益，于是行政相对人和行政主体之间达成默契，行政相对人出于维护利益成果的考虑不向法院提起行政诉讼。这种情况在行政处罚中较为常见，主要表

---

〔1〕 王名扬：《法国行政法》，中国政法大学出版社1988年版，第531页。

现为行政主体对行政相对人的违法行为进行降格处罚。

这里涉及行政主体行使职权的合法性问题。虽然行政主体被公认为公共利益的代表，但其也存在自身利益。"政府并非总是为着公共目的而存在，政府在公共目的的背后隐藏着对自身利益的追求。"[1]如前文所述，行政相对人被行政机关行政处罚后，行政相对人未提起行政诉讼主要存在三种原因，其中，前两种原因占有较大比例，但第三种原因引起的不提起行政诉讼案件也不乏其例，由于这种原因涉及行政主体依法履职的合法性和廉洁性，加之较为隐蔽，不易被外界发现，所以其对社会的危害更为持久。由于法院奉行不告不理的原则，在行政相对人不提起行政诉讼的情况下，也不能主动审理此类案件，这就造成此类案件一直游走于行政诉讼之外，尤其是一些侵害范围较为广泛的经济纠纷案件，对社会的危害将不可估量。

基于上述第三种原因，行政相对人不提起行政诉讼导致损害社会整体经济利益的行为被从轻处理，主要是因为行政行为的公开透明度不够。以行政处罚为例，行政机关在案件的调查阶段和作出审查决定时都是保密的，在行政处罚决定作出之前不会对外界透露案件的具体信息，即使作出处罚之后也只是对案件进行简单通报，不会公布案件处罚的全过程。行政机关意识到约束行政处罚权的重要性，尤其对行政机关的自由裁量权作出一定限制，使行政处罚与违法行为的危害程度相适应，根据违法行为的事实、性质、情节以及社会危害程度作出相应的处罚，避免行政机关滥用自由裁量权。实践中，行政机关在行使自由裁量权时都能作出与违法事实相应的处罚，体现了法律公平公正的原则，但也存在一些例外。如果行政机关的案件审

---

〔1〕 徐卉:《通向社会正义之路——公益诉讼理论研究》，法律出版社 2009 年版，第 53 页。

理委员会能准确适用法律，作出适当的处罚，这将有力打击违法活动；但如果案件审理委员会出于法律以外方面的考虑，对违法行为人进行降格处罚，可能会因为处罚力度不够，不足以阻止违法行为人继续实施违法行为。只要收益大于其违法成本，违法行为人有可能会继续实施侵害社会整体经济利益的行为。因为违法行为人知道，只要他们不向法院提起行政诉讼，其损害社会整体经济利益的行为就不会被发现，以后可以继续在行政执法人员的"保护"下，运用同样的方法以小的成本博取大的利益。

（三）　不能很好地保护社会整体经济利益

如前文所述，行政诉讼程序的适用范围有限，这与行政诉讼法监督行政机关行使权力、保障行政相对人合法权益的目的是相适应的。行政诉讼程序的内容围绕行政权是否合法而展开，通过行政机关出示证据和法庭质证，证明行政机关据以作出行政行为的事实根据。如果作出的是行政强制或者行政处罚等限制人身自由或剥夺财产的行为，还需要证明存在行政强制的紧急状态或者行政相对人存在违法行为等事实，这是行政诉讼法中证明责任的特殊规定。

在行政诉讼程序中，比较常见的被诉行为是行政执法行为。行政执法是行政机关重要的职责，也是行政诉讼程序重点审查的对象。严格地说，行政执法与行政诉讼相比，其较多地承担维护社会整体经济利益的职责，行政诉讼仅针对行政机关是否侵害社会整体经济利益进行审查，而行政执法行为通过行政权的行使全面维护社会整体经济利益，其作用更为广泛。可以说，在行政领域，行政执法在维护社会整体经济利益方面发挥的作用比行政诉讼法更大。通过前面的分析可以看出，行政诉讼程序由于适用范围有限等原因不能很好地维护社会整体经济利益，现就行政执法行为在维护社会整体经济利益方面的作用进行分析。

　　行政执法在解决经济纠纷、维护社会整体经济利益方面承担较多的工作，尤其是行政处罚对破坏社会整体经济利益的行为具有一定震慑和惩罚作用。行政执法是行政机关运用行政权力、维护社会秩序的方式之一，目前学界对行政执法的概念存在多种认识，在实践中，各个行政单位也用法不一〔1〕。本书对行政执法采用狭义的定义，即"行政执法是指行政主体及其行政执法人员为了实现国家行政管理目的，依照法定职权和法定程序，执行法律规定和规章，直接对特定的行政相对人和特定的行政事务采取措施并影响其权利义务的行为"。行政执法不包括"行政主体制定行政法规和规章等行政立法行为"，以及"解决和处理与行政管理密切相关的民事争议的行政司法行为"，"行政执法是与行政立法、行政司法相对应的"。〔2〕行政执法是行政主体行使社会公共管理职权、维护社会公共利益的基本途径。行政处罚是行政执法最主要的方式，行政主体通常以行政处罚来惩罚损害社会整体经济利益的行为，从而达到恢复社会整体经济利益、震慑违法行为的社会效果。与行政诉讼程序不同，行政处罚的对象直接针对破坏社会整体经济利益的行为人，通过警告、罚款、没收违法所得等方式制止和惩罚违法行为人，以此维护社会整体经济利益。

　　虽然行政处罚对维护社会整体经济利益具有重要作用，但从行政执法的实践来看，以行政处罚为主的行政执法行为在解决经济纠纷方面尚存在一些不足，不能很好地解决经济纠纷。为了全面了解行政执法，有必要对行政执法的性质和功能作一简单介绍。

---

〔1〕　参见姜明安：《行政法》，北京大学出版社 2017 年版，第 281—284 页。
〔2〕　杨惠基：《行政执法概论》，上海大学出版社 1998 年版，第 1—3 页。

1. 行政执法的性质

（1）行政执法是可以产生行政法律关系的行为。行政执法行为是行政行为的一种类型，是行政主体意欲发生行政法律关系所从事的行为。行政执法行为是行政主体主要的行为方式，也是行政主体行使公共管理职能的主要途径。行政执法行为具备行政行为的一切特征，其一经作出就具有公定力、约束力和执行力，会对行政相对人的人身权益产生实际影响，这种影响既可能是积极的，如许可行政相对人进入某一领域从事生产经营活动，也可能是消极的，如对行政相对人的违法行为进行处罚，包括一定期限内的限制人身自由或者处以罚款等。行政执法行为作出之后就在行政主体和行政相对人之间产生行政法律上的关系，即使行政相对人对行政机关的行为不服，申请复议或者提起行政诉讼，也不影响行政决定的执行。行政相对人须首先按照行政主体的要求履行行政法上的义务，否则会被加重处罚。例如，在行政处罚中，行为人因违反相关行政法律法规，被行政主体处以罚款，该处罚作出之后即对行为人产生法律上的义务，行政相对人须先在规定期限内缴纳罚款，否则逾期后还须缴纳一定比例的滞纳金。行政执法的强制执行力为行政执法效果的实现提供了有力保障。

（2）行政执法既可能是授益行政行为，也可能是负担行政行为。行政执法是可以产生行政法律关系的行为，其对社会秩序、人民生活产生重要影响。以对相对人的利益影响为标准，行政执法行为可以分为授益行政行为和负担行政行为。行政执法行为既可能是授益行政行为，如行政许可、行政给付等，也可能是负担行政行为，如行政处罚、行政强制等。授益行政行为一般是根据行政相对人的申请完成的，属于依申请的法律行为；负担行政行为一般是依职权的法律行为。一般情况下，行政主体损害社会整体经济利益的行为都是通过授益行政行为完成的，即赋予某一主体一定资格，同意其实施某一损害社会整体经济利益的行为，这种行政执法行为既可以是故意，也可以是过失。例如，为了部门利益或者地区利益，通过行政手段排斥或者限制竞争的行为；根据申请人的申请，在没有充分研究地区经济环境的情况下，授予相对人开采矿山或建造高尔夫球场的资格，对当地经济造成一定程度的破坏等。这些都是行政主体作为经济法上的违法者所实施的破坏社会整体经济利益的行为。除此之外，行政主体更多地扮演维护社会整体经济利益的角色。行政主体维护社会整体经济利益的行为主要通过负担行政行为完成，其中，行政处罚是最典型的行政手段。行政主体通过行政处罚对损害社会整体经济利益的行为人进行处罚，一方面制止和惩罚行为人的违法行为，另一方面通过经济处罚，修复受损失的经济状态，尽量恢复整体经济。

2. 行政执法的功能

（1）维护社会秩序。行政法的价值目标是维护社会整体行政利益，为社会和公民的整体发展提供良好的社会环境。行政执法作为行政法的重要组成部分，其首要目标就是维护社会秩序。

"保持良好的社会秩序是超巨型人口社会得以顺利发展的重要前提条件。"[1]社会秩序是人们赖以生存的前提条件，人们从事生产、生活等各种活动，都离不开井然有序的社会秩序。缺乏安全、稳定的社会秩序，社会将变得混乱不堪，公民自身安全也会得不到保障，这样的环境会使人无时无刻不生活在恐惧之中。由此可以看出，社会秩序对人类社会发展具有重要作用。

---

〔1〕李强："公平正义 社会活力 社会秩序——引导社会问题解决的价值标准"，载《北京日报》2019年1月28日，第16版。

行政执法是维护社会秩序的行政措施之一，主要通过两方面维护社会秩序：一方面，运用行政手段为社会个体创造良好的发展环境，包括对关系国计民生的从业资格审查、对低收入人群发放最低生活保障金等，这些都是维护社会和谐稳定的举措；另一方面，行政执法机关通过行政处罚、行政强制、行政命令等方式制止、纠正、处罚破坏社会和谐稳定的违法行为，修复被损害的社会关系，威慑潜在地破坏社会秩序的违法行为人，维护社会秩序的安定性。

（2）保障公民的合法权利。维护社会秩序是行政执法的首要目的，行政执法的最终目的还是保护公民的合法权利，这与法的最终目的是一致的。探究法的产生背景可知，在原始社会，人们共同劳动、共同占有劳动成果并平均分配，在这种无差别劳动的状态下，人与人之间不会出现利益冲突，即使出现冲突，按照生活习惯，氏族首领就可以协调解决，也就不需要法。法是和私有制相伴而生的。私有制的产生导致阶级分化，逐渐形成统治阶级和被统治阶级，因此，法被作为解决纠纷和维护阶级统治的工具。随着社会经济的高速发展和政治制度的不断完善，法也适应社会经济的发展，具有了多种目的，除了解决纠纷和维护阶级统治，其更多的是服务于社会发展和提升人民生活水平。法最根本的目的还是以人为本，为提升人民的生活水平创造良好的社会环境。而创造良好的社会环境首先要保护公民的合法权利不受侵犯，尤其是保障生存权。生存权是公民维持生活所必需的基本条件的权利，关系公民个人人身安全、人身自由、人格尊严、生活所必需的财产安全等不受非法侵犯。只有公民的人身安全、健康等基本需求得到满足，才能谈及发展的问题，如果生存权、健康权无法得到保障，再谈及其他权利将会失去意义。生存权得到保障后，人们才会寻求更多的发

展机会，通过发展提升生活水平。行政执法对公民的权利保障
形式多样，既有对人身权、健康权等基本权利的保障，也有对
财产权、劳动权、经营权、专利权、著作权等公民发展所需要
权利的保障。可以说，行政执法是行政机关运用行政权力维护
社会和谐稳定的方式，其直接目的是创造安全稳定的社会秩序，
最终目的是保障公民的合法权利。

3. 行政执法维护社会整体经济利益具有局限性

如上所述，行政执法在解决经济纠纷方面发挥重大作用，
但其不是解决经济纠纷的最佳方式，在解决经济纠纷时也存在
困境。

（1）行政不作为会间接导致社会整体经济利益受损。权力
具有天然的扩张性。"在行政法律关系中，行政机关与公民被视
为对立或矛盾关系，限制行政行为将会使行政相对人权利得到
保护，或使之受益。"[1]限制行政权力主要是约束行政机关滥用
权力。行政乱作为是行政机关滥用权力的主要表现，其损害行
政机关的公信力，破坏社会正常的管理秩序，对社会危害极大，
是行政法规制的主要行政违法行为之一。除了行政乱作为，实
践中还大量存在行政不作为的违法行为。行政不作为也是行政
违法行为的主要表现，它是行政主体负有行政管理的职责并有
履行职责的条件但不依法履行职责的违法形态。行政乱作为具
有公开性，社会公众极易发现，因此容易被及时制止和纠正。
而行政不作为具有隐蔽性，不易被发现，也就无法及时制止和
纠正，导致行政不作为持续对行政机关的公信力造成破坏。从
这一角度来讲，行政不作为的危害性比行政乱作为的危害性
更大。

---

〔1〕 薛克鹏："经济行政法理论探源——经济法语境下的经济行政法"，载
《当代法学》2013 年第 5 期。

一般情况下，不作为行为不会损害社会整体经济利益，但当负有行政执法职责的行政主体不依法履职时，将会纵容违法行为人继续实施违法行为，进而损害社会整体经济利益。由于行政不作为具有隐蔽性，在有行政相对人申请行政主体依法履职的情况下，如果行政主体不履行行政职责，行政相对人可以通过行政复议或者行政诉讼来督促行政主体积极履职。一旦行政纠纷提交到复议机关或者法院，该行政纠纷就会暴露在公众视野中，无论案件的处理结果如何，都能得到公众的监督。但对于损害社会整体经济利益的违法行为，由于侵害对象具有公众性，在没有具体被侵害人的情形下，如果行政执法机关不积极履行职责，公众很难了解到侵害行为的存在，依法享有行政公益诉讼的检察机关也无法通过诉讼程序制止和纠正违法行为。因此，行政执法机关的不作为会纵容损害社会整体经济利益的行为，仅靠行政执法行为不能很好地保护社会整体经济利益。

（2）可能无法实现惩罚和震慑的作用。行政处罚是维护社会整体经济最重要的法律手段之一，也是行政机关依法维护社会经济秩序、修护受损害的经济关系最常用的行政措施。由于行政处罚是行政机关单方作出的剥夺行政相对人人身自由、财产等权利的行政行为，为了限制行政权力的恣意滥用，确保违法行为与损害后果相一致，保护行政相对人的合法权益，《行政处罚法》对行政主体的处罚权限、程序等作出详细规定，规范行政处罚权的行使，尤其对行政处罚的金额上限作出限制，即使行政相对人的违法行为危害程度非常严重，也只能顶格处罚。行政处罚金额存在上限的弊端已引起实务界和学界的关注，《电子商务法》《固体废物污染环境防治法》《消费者权益保护法》等法律都已通过修订提高了罚款上限，河南省也根据地区实际情况制定《河南省规章设定罚款限额规定》，将罚款的金额由最高 3 万元提高到最高 20 万元〔1〕。除了提高罚款的限额，有的法律直接废除了罚款的上限，采用其他标准对违法行为施以罚金处罚。例如，新修正的《海洋环境保护法》取消行政处罚 30 万元的罚款上限，加大对海洋环境污染行为的处罚力度，"对造成一般或者较大海洋环境污染事故的，按照直接损失的百分之二十计算罚款；对造成重大或者特大海洋环境污染事故的，按照直接损失的百分之三十计算罚款"。〔2〕与限制罚款上限相比，以直接损失的一定比例为标准对违法行为进行处罚，一定程度能发挥行政处罚的惩戒作用，最大限度地弥补经济损失，但按直接经济损失的一定比例来罚款，能否起到震慑违法行为、恢复社会整体经济利益的作用还有待实践检验。如果违法收益大于违法成本，作为理性的经济人，其行为选择可能不言自明。因此，当罚款已不能起到震慑违法行为人的作用时，社会整体经济利益也将得不到有效保护。

（3）个体权利得不到救济。行政执法是行政机关运用行政权力维护社会秩序的主要方式，其属于公法范畴。"公法存在的基础是政治国家，它以权力的运用为前提，以命令与服从为模式，体现的是国家利益和公共秩序。"〔3〕行政执法主要着眼于社

〔1〕 "行政处罚限额大涨 3 万提到 20 万　这些方面会被罚"，载腾讯网 http://henan. qq. com/a/20160329/009489. htm，最后访问日期：2019 年 1 月 2 日。
〔2〕 参见《海洋环境保护法》第 90 条第 1 款、第 2 款规定："对违反本法规定，造成海洋环境污染事故的单位，除依法承担赔偿责任外，由依照本法规定行使海洋环境监督管理权的部门依照本条第二款的规定处以罚款；对直接负责的主管人员和其他直接责任人员可以处上一年度从本单位取得收入百分之五十以下的罚款；直接负责的主管人员和其他直接责任人员属于国家工作人员的，依法给予处分。对造成一般或者较大海洋环境污染事故的，按照直接损失的百分之二十计算罚款；对造成重大或者特大海洋环境污染事故的，按照直接损失的百分之三十计算罚款。"
〔3〕 江平、张楚："民法的本质特征是私法"，载《中国法学》1998 年第 6 期。

会整体利益的保护，对于损害社会整体利益的行为，行政机关一般通过行政处罚的方式予以惩处，以达到保护社会整体利益的目的，这与行政执法的公法属性密切相关。根据《行政处罚法》第67条第3款和《罚没财物管理办法》第24条之规定[1]，行政机关作出的罚款处罚，最终罚款都要全额上缴国库。受侵害的个体权利无法从行政处罚中获得补救，其还需要通过向法院提起民事诉讼的方式维护自身的合法权益。"传统行政法并未将公益与私益建立沟通关系，公益完全被当成可以排除私人介入的公事。"[2]"一个救济体系的基本目标是威慑人们不敢违反法律，另一个目标是对违法行为的受害者进行补偿，但这是一个次要的目标，因为，一个规划合理的威慑体系将把违法的概率降低到一个很低的水平，而且，像我们将要看到的那样，作为副产品，这样一个体系将会保证成分的补偿，除非补偿的执行成本高得无法承受。"[3]行政处罚未考虑受害人的权利补救，导致司法实践中许多侵权案件案结事不了，处于弱势地位的消费者、投资者等众多个体还需要通过民事诉讼维护自己的合法权益，民众在行政执法活动中无法得到公力救济带给他们的"实惠"。以证券纠纷为例。我们经常会看到，上市公司因虚假陈述或违规披露等违法行为被证监会行政处罚之后，因此而遭受损失的股民会陆续起诉实力雄厚的上市公司，诉讼的结果暂且不说，

---

[1] 《行政处罚法》第67条第3款："当事人应当自收到行政处罚决定书之日起十五日内，到指定的银行或者通过电子支付系统缴纳罚款。银行应当收受罚款，并将罚款直接上缴国库。"《罚没财物管理办法》第24条："罚没收入属于政府非税收入，应当按照国库集中收缴管理有关规定，全额上缴国库，纳入一般公共预算管理。"

[2] 鲁鹏宇："论行政法的观念革新——以公私法二元论的批判为视角"，载《当代法学》2010年第5期。

[3] [美]理查德·A. 波斯纳：《反托拉斯法》（第二版），孙秋宁译，中国政法大学出版社2003年版，第313页。

有胜诉也有败诉，但维权的过程非常曲折。虽然我国有证券投资者保护基金，但根据《证券投资者保护基金管理办法》，该基金的来源并没有证监会作出的没收违法所得和罚款，基金的用途也主要针对"证券公司被撤销、被关闭、破产或被证监会实施行政接管、托管经营等强制性监管措施时，按照国家有关政策规定对债权人予以偿付"。[1]根据《行政处罚法》和《证券法》相关规定，证监会作出的没收非法所得和罚款全部上缴国库。也就是说，证券投资保护基金和罚没款都与遭受损失的股民毫无关系，股民只能通过民事诉讼来挽回损失，这对于广大不熟悉法律且损失较为严重的股民来讲将是极其困难的事情，很多股民都无法挽回全部损失。但在多数情况下，行政处罚案件居于民事诉讼程序之前，一般在证监会公布行政处罚案件后，股民才会获悉所购买的股票存在违法行为，然后才会根据证监会公布的案件详情考虑是否提起民事诉讼。在行政处罚决定作出之后到公民提起的民事诉讼终审，将耗费数年时间，如果违法行为人经营状况良好，被行政处罚后尚不足以影响其继续赔偿股民，那么广大股民的合法权益将能得到很好的保护，但也有一些上市公司本来业绩就不好，被行政处罚后可能就丧失了承担民事责任的能力，那么股民的经济损失可能就无法挽回。虽然根据《证券法》的规定，财产不足以同时支付罚款、罚金和民事赔偿责任的，应当优先承担民事赔偿责任，但行政处罚程序和民事诉讼程序的审理是不同步的，行政程序一般比民事诉讼程序用时要短，而且一般都是以行政处罚的生效结果作为是否起诉的重要参考。因此，实践中民事诉讼程序一般都是在行政处罚之后启动，而且还要经历一审和二审等漫长的诉讼过

---

〔1〕　参见《证券投资者保护基金管理办法》第7条第3项。

程，即使判决生效，还有执行程序。假如公司主动缴纳罚金后，资产已经所剩无几，最后，即使股民在民事诉讼中胜诉，因公司无力支付赔偿金，法律也没有明确规定股民可以向证监会申请返还已收缴的罚金。因此，个体权利很难通过行政执法行为获得救济。

值得欣喜的是，被违法行为侵害的人得不到有效救济，已经引起了我国学界和实务界的关注。我国有的学者认为"刑法和行政处罚重在遏制和打击内幕交易行为，恢复正常的证券市场秩序，但不能对内幕交易受害人提供足够的法律救济，使得侵害人与受害人之间已经失衡的利益关系得以恢复平衡。因此，只有对受害人进行民事救济，将侵害人的非法所得用于补偿受害人的损失，才能真正和彻底实现法律的公平和正义"。[1]2018年12月，国家市场监督管理总局局长在全国市场监管工作会议上讲到要在涉及人民群众生命健康的领域，建立巨额赔偿制度，加大对消费者的直接赔偿力度。[2]从学界和实务界对被侵权人的权益保护的关注可以看出，在行政执法活动中兼顾被侵权人权利的救济已经成为行政法各界关注的新课题，相信随着相关理论和实践的不断深入，这一课题研究一定会有新的发展。尽管上述问题已经引起学界和实务界的重视，但本书认为，行政执法尤其是行政处罚还不是保护社会整体利益和个体利益的最好方式。如前文所述，行政执法机关的调查程序与法院的审判程序相比公开性不足，行政机关作出的巨额处罚决定本身能否保证实体公正以及获得行政相对人及社会各界的认同，仍值得

---

〔1〕 陈晓："论对证券内幕交易的法律规制"，载梁慧星主编：《民商法论丛》（第5卷），法律出版社1996年版，第89页。

〔2〕 "国家市场监管总局：建立巨额赔偿制度，加大对消费者赔偿"，载网易新闻 https://news. 163. com/dy/article/E41R79S40511B8LM. html，最后访问日期：2019年2月1日。

探讨。因此，本书认为行政执法无法保护社会整体利益之下的个体利益，不能彻底解决经济纠纷。

综上，由于行政诉讼法适用范围有限，而且提起行政诉讼的主体只能是行政相对人以及检察机关，在适格的主体不提起诉讼时，行政诉讼程序无法启动，也就无法保护社会整体经济利益。此外，与行政诉讼程序联系紧密的行政执法行为在维护社会整体经济时也存在局限性，无法保障社会整体经济利益。

第五章
经济诉讼法的基本理论

本书从以上内容已经分析了民事诉讼法与行政诉讼法在解决经济纠纷时存在的困境，指出它们都不能很好地解决经济纠纷。然而在现实生活中，经济纠纷正随着社会经济的发展呈现井喷之势，如果经济法不能对此予以回应，那么将严重损害民众对经济法治的信仰。"法律制度史表明，实体法部门的发展总是要引起程序法的相应分设……经济法的产生和发展也必然要求产生独立的经济诉讼法。"[1]如今经济法的独立地位已经获得学界一致认可，经济纠纷随着社会经济的发展也日益增多，"有纠纷必须有救济，这是一个健全的法治社会之起码要求"。[2]"从某种意义上说，法律存在的主要价值就在于避免纠纷和解决纠纷。"[3]现行的诉讼法均不能圆满地解决经济纠纷。出于解决实践问题的考虑，本书拟提出建立我国经济诉讼法的不成熟建议，希望对我国经济纠纷的解决有所裨益。

---

〔1〕 顾培东："经济诉讼中的几个法律问题"，载《政治与法律》1984年第4期。

〔2〕 谢晖："论民间法与纠纷解决"，载《法律科学（西北政法大学学报）》2011年第6期。

〔3〕 王新红：《经济法纠纷司法解决机制研究》，中国法制出版社2006年版，第4页。

一、经济诉讼法的概念界定

（一）经济诉讼概念的评析

经济法意义上的"经济诉讼"这一学术术语最先由顾培东教授提出，但顾培东教授没有阐述经济诉讼的概念。随着社会经济的发展以及经济法理论与实践的不断深入，经济诉讼日益成为学界关注的热点问题。有关经济诉讼的概念，学界有不同的表述。有的学者以"经济纠纷"的概念为切入点，认为"经济纠纷"存在广义和狭义两种解释，"广义上的经济纠纷是指所有具有财产内容的争议；狭义上的经济纠纷是指在商品经济条件下，在社会生产和流通过程中，具有独立的法律地位的经济主体之间所产生的具有财产内容的争议"，进而将经济诉讼定义为"当事人的合法经济权益受到侵害或者与他人发生经济权益纠纷，依法向人民法院起诉，以及人民法院在经济纠纷案件当事人和其他诉讼参与人的参加下，依照法定程序对案件进行审理并作出裁决的全部活动"。[1]有的学者认为经济诉讼是"法院、当事人和其他诉讼参与人，在审理有关法律关系之内容主要为经济法上的权利义务之案件的过程中所进行的各种诉讼活动以及由这些活动所产生的各种诉讼关系的总和"。[2]还有的学者认为"经济诉讼是经济法律关系主体对经济权利和经济义务发生法律上的争议，并将争议提交国家司法机关，国家司法机关在争议双方的参与下，根据经济法律法规，遵循经济诉讼

---

〔1〕　参见陈珺、杨祥主编：《经济诉讼与经济仲裁》，中国政法大学出版社1993年版，第3—6页。

〔2〕　单锋：《经济法视域内之公益诉讼研究》，中国言实出版社2014年版，第96页。

程序（或经济特别程序），对争议事实进行审理并作出裁判时发生的诉讼活动和诉讼关系的总和"。[1]还有学者对经济诉讼的概念作出不同阐述，但与上述学者的观点大同小异，在此本书不再一一赘述。

从以上观点可以看出，第一种观点是从"经济"的字面意义谈经济诉讼，认为经济诉讼是经济权益被侵害而提起的诉讼，该观点未脱离民商法的范畴，其所称的"经济诉讼"其实与民事诉讼无本质区别。第二种观点和第三种观点基本相同，都是从经济法的视角阐述经济诉讼的概念，其认识到作为实体法的经济法与作为程序法的经济诉讼法之间的对应关系，提出经济诉讼是解决经济法上的权利和义务之间争议的诉讼程序。这种认识突破了民商法中有关"经济"内涵的束缚，从经济法的角度对"经济"作出新的定义，对我们研究经济诉讼具有重要意义。本书认为，虽然以上第二种观点和第三种观点从经济法的视角对经济诉讼作出了定义，但是上述观点仅仅概括性地指出经济诉讼是经济法权利和义务的争议，在法律适用方面存在模糊性，不利于司法实践。如前文所述，经济法是以维护社会整体经济为己任的法，其以维护社会整体经济利益为价值目标。经济诉讼法是经济法的程序法，因此，对经济诉讼作出定义时也离不开经济法这一特性。从以上学者们对经济诉讼概念的认识，可以看出他们在下定义时，都是围绕"经济"这一学术用语展开的。因此在对经济诉讼作出定义时，有必要对"经济"这个学术词语进行分析，以帮助我们准确认识经济诉讼的概念。

（二）经济与经济诉讼

如前文所述，学者们对经济法作出定义的时候，都是从国

---

[1] 孟庆瑜："论中国经济法的诉讼保障机制——中国经济诉讼的反思与重构"，载《法学论坛》2002年第2期。

家和市场之间的关系入手，然后根据国家对市场采取的具体行为对经济法进行定义。例如，"国家协调说"认为国家运用的是协调手段，"国家干预说"认为国家运用的是干预手段，"纵横统一说"认为国家运用的是调整手段等。从学者们对经济法的定义可以看出，他们都将"经济"作为国家行为的宾语，而且把"经济"这个词作为一个众所周知的概念，所以未加解释，这也许就是许多人误认为经济法是"与经济有关的法律"的原因。

经查阅《现代汉语词典》，"经济"具有以下六个含义：①经济学上指社会物质生产和再生产的活动。②国民经济的总称，也指国民经济的各部门，如工业经济、农业经济等。③属性词，对国民经济有价值或影响的。④个人生活用度。⑤耗费较少而获益较大。⑥经世济民，指国家。[1]可见，"经济"的含义非常广泛，既包含宏观层面和经济学层面的经济活动和国民经济，也包含微观层面的个人生活，还包含经济学层面的成本收益等内容。我国经济法学者也对"经济"的概念作过深入研究。例如，有的学者认为："从语义学的角度，从经济活动、经济行为的规则角度，将'经济法'解读为'与经济有关的法律'是可以成立的，也可以说，'经济法'最基本的含义就是与经济相关的法。"[2]有的学者认为："一般而言，经济是指人的生产、交换、分配、消费活动及关系的总和。"[3]由此可以看出，学者们主要都是从经济学的角度对该词语做出解释。由于"经济"这一词语的内涵和外延具有广泛性，其在不同的语境具有不同的

---

〔1〕 参见中国社会科学院语言研究所词典编辑室编：《现代汉语词典》（第7版），商务印书馆2016年版，第685页。

〔2〕 李曙光主编：《经济法学》（第三版），中国政法大学出版社2018年版，第18页。

〔3〕 史际春主编：《经济法》（第三版），中国人民大学出版社2015年版，第1页。

含义。本书认为，为了准确把握经济法中的"经济"含义，帮助我们构建经济法上的经济诉讼法，应当从经济法的角度来重新认识"经济"。经济法中的"经济"应当是一个整体的概念，它是与个体之间的经济活动相区分的。个体之间都是比较简单的经济活动，这些经济活动的影响力有限，不会对社会产生重大的影响。而经济法中的"经济"是一个整体的体系，在这个体系中，人人都享有整体经济带来的利益，同时，每一个人又承担整体经济受损带来的不利益，人人都是整体经济的维护者和贡献者，同时也有可能成为整体经济的损害者。经济法中的"经济"就是一个自我循环、自我发展、人人维护的系统，当这个系统被人为破坏时，就产生了社会整体经济利益的维护者与社会整体经济利益的侵害者之间的矛盾，也就形成了经济纠纷。这种纠纷是新产生的社会纠纷之一，是社会整体经济发展到一定时期形成的新的纠纷形式。当社会整体经济利益受到侵害时，这种侵害后果必将传导至社会整体经济利益之下的个体经济利益，如果仅仅维护社会整体经济利益，而忽略了个体经济利益的保护，将无法彻底解决社会纠纷。因此，在对经济诉讼进行定义的时候，应当综合考虑经济法的价值目标和纠纷的彻底解决这两方面的因素。本书认为，经济诉讼是因社会整体经济利益受损时，经济监管机关、社团组织、检察机关或公民作为社会整体经济利益的维护者向人民法院提起诉讼，依法保护社会整体经济利益，并维护相关联的个体经济利益的诉讼活动。

（三）经济诉讼法的概念

众所周知，经济诉讼与经济诉讼法不是同一个概念。经济诉讼是一项诉讼活动，是在法院的主持下，对纠纷双方作出的中立裁判，而经济诉讼法则是一门学科，它是保障经济法的价值目标得以实现的程序法，是解决经济纠纷的法律。社会整体经济利益与个体经济利益是互为关联的，经济诉讼法在保障社会整体经济利益的同时，也应当对社会整体经济利益之下的个体经济利益给予关怀，因为在一般情况下，损害社会整体经济利益的行为必然会侵害个体经济利益，而与社会整体经济利益的维护者和侵权者相比，个体的诉讼能力是非常有限的，为了真正实现公平正义，节约诉讼成本和司法资源，经济诉讼法应当在维护社会整体经济利益的同时，将受损害的个体经济利益也纳入进来，这样才能圆满解决经济纠纷，做到案结事了。因此，本书认为，经济诉讼法是因社会整体经济利益被侵害而产生经济纠纷时，由经济监管机关、社团组织、检察机关或公民作为社会整体经济利益的维护者，向人民法院提起诉讼，依法保护社会整体经济利益，并维护相关联的个体经济利益的法律规范的总称。经济诉讼法主要包含以下三个方面的内容。

第一，经济诉讼法是解决经济纠纷，维护社会整体经济利益的法律。社会整体经济利益是社会发展到一定阶段的产物。在个体经济时代，个体之间发生的纠纷均由民事诉讼法解决，这是纠纷解决的最初始阶段。当时，民事诉讼法解决几乎所有的纠纷。在行政法产生以后，行政机关为了维护社会整体行政利益，在行政管理活动中，难免与行政相对人发生行政纠纷。当时行政诉讼法尚未立法，行政纠纷都是适用民事诉讼法解决。随着行政纠纷越来越多，案件类型也越来越复杂，民事诉讼法对一些行政纠纷已显得力不从心，不能圆满地解决行政纠纷。由此，社会呼唤新的纠纷解决机制即行政诉讼法来解决日益增多的行政纠纷，行政诉讼法随之诞生，并成为独立的法律。经济诉讼法与行政诉讼法一样，都是经济发展在法学当中的反映。随着经济发展，社会整体经济利益逐渐从个体经济利益中脱离出来，成为独立的利益形态。由于资源的有限性，一些经济主体在追求自身利益时，为了争夺资源，甚至实施损害社会整体经济利益的行为，造成经济纠纷频发。由于现行的诉讼法无法圆满解决经济纠纷，须有新的诉讼法即经济诉讼法担负解决经济纠纷的重任，以此维护社会整体经济利益。可以说，建立经济诉讼法是法对社会需要的满足的一种体现。

第二，经济诉讼法的适格原告只能是经济监管机关、社团组织、检察机关或者公民。由于经济诉讼法是保障经济法价值目标实现的法律，其必须根据经济法的价值目标来构建自己的程序结构和程序内容。经济法的价值目标是维护社会整体经济利益，社会整体经济利益是全社会共享的利益，如果社会整体经济利益受到侵害，每个人都可能成为受害的主体。因此，保护社会整体经济利益不被非法侵害成为全社会每个主体的责任。与民事诉讼和行政诉讼不同，"直接利害关系"理论无法适用于经济诉讼。因为社会整体经济利益是从个体经济利益中脱离而出的利益形式，就社会整体经济利益而言，没有主体与之存在直接利害关系，所以，也就不能通过"直接利害关系"理论确定原告。结合经济法和诉讼法的相关理论，应由经济监管机关、社团组织、检察机关或者公民作为原告，向人民法院起诉，维护社会整体经济利益。经济监管机关是经济法的主体，负有维护社会整体经济利益的职责，因此，它应当成为起诉的第一主体。任何权利主体都有其惰性，经济监管机关也不例外，在经济监管机关不履行职责时，需要由专门负责特定行业的社团组织来担负起维护社会整体经济利益的责任。它们是这一领域的专门组织，能很好地发挥保护和监督作用。社团组织都是公益性的，其经费一般来源于公益捐赠，但是经费有限，对于一些复杂且认为胜诉把握不大的案件往往选择放弃诉讼。此时，检察机关作为公平正义的最后一道防线，应担负起维护社会整体经济利益的重任。在前述两个主体都不提起诉讼时，检察机关应当担负起职责，通过宪法和法律赋予的法律监督权向侵害人提起诉讼，维护社会整体经济利益。最后，在上述三个主体都不积极行使维护社会整体经济利益的诉权时，必须赋予广大人民群众以维护社会整体经济利益的权利。公民是社会的主体，也是社会整体经济利益的享有者，如果公民没有维护社会整体经济利益的诉权，在经济监管机关、社团组织、检察机关出于各种原因不提起诉讼时，社会整体经济利益的损害后果将会进一步扩大，最终，损害后果还是由公民承担。因此，应当赋予公民维护社会整体经济利益的诉权，这样才能确保所有损害社会整体经济利益的行为最终都能够被追究。

第三，经济诉讼法兼具保护社会整体经济利益和个体经济利益的功能。马克思主义唯物辩证法认为，事物是普遍联系和发展的。社会和个体亦存在密切联系。社会由个人组成，个人是社会存在的基础，同时，社会为个人的生存和发展提供必不可少的基础条件。社会整体经济利益是社会整体利益的一部分，它是人人共享的一种经济利益，与个体经济利益联系非常密切。如果对社会整体经济利益进行侵害，将会直接或者间接损害个体经济利益。这就需要在维护社会整体经济利益的同时兼顾个体经济利益，因为社会整体经济利益是在个体经济利益的基础上形成的独立的利益，如果仅重视社会整体经济利益的维护，而忽视个体经济利益的维护，即使社会整体经济利益得到保护，个体经济利益由于未能及时修复，这种受侵害的状态会一直持续。这样社会将处于不稳定、不和谐的状态，假如这种状态持续一段时间，必定会为社会整体经济利益的发展带来消极影响，甚至阻碍或破坏社会经济的发展。因此，经济诉讼法在维护社会整体经济利益的同时，也会保护与社会整体经济利益相关的个体经济利益。

二、经济诉讼法的性质

性质就是"事物的特性和本质"〔1〕。与民事诉讼法和行政诉讼法一样，经济诉讼法也属于基本法、程序法。下面主要对经济诉讼法的性质进行简单介绍，以便全面地了解经济诉讼法。

（一）经济诉讼法是基本法

经济诉讼法是关于我国经济诉讼程序的基本法，它是规范经济诉讼程序的法律。经济诉讼法的效力低于宪法，高于行政法规、部门规章、地方性法规等其他规范性文件。宪法是我国的根本大法，具有最高的法律效力，其他法律或者规范性文件不得与其内容相冲突。与民事诉讼法和行政诉讼法均由全国人民代表大会制定一样，经济诉讼法也应由全国人民代表大会制定，和其他诉讼法、民事法律、刑事法律一样，作为我国基本法体系中的重要一员。

（二）经济诉讼法是程序法

程序法是相对于实体法而言的。程序法（procedural law）是"规定通过司法途径使权利或义务得到实现应遵循的步骤和手续的法律，区别于规定具体的权利义务本身的实体法（substantive）。"〔2〕一个公正的司法裁决不仅需要实体法上的公正，而且需要程序法上的公正，程序公正和实体公正"就像植物的外形和植物的联系，动物的外形和血肉的联系一样"〔3〕，两者缺一不可，它们共同构成司法公正的基石。如同民事诉讼法是

---

〔1〕《辞海》（4），光明日报出版社 2002 年版，第 1309 页。

〔2〕 薛波主编：《元照英美法词典》，法律出版社 2003 年版，第 1099 页。

〔3〕 中共中央马克思、恩格斯、列宁、斯大林著作编译局编译：《马克思恩格斯全集》（第一卷），人民出版社 1956 年版，第 178 页。

民法的程序法、刑事诉讼法是刑法的程序法一样，经济诉讼法是经济法的程序法，它是实施经济法的重要法律。由于程序法是经济诉讼法最重要的性质，有必要对程序法的属性进行深入探究。

有关程序法的属性，历来存在程序工具主义和程序本位主义之争。程序工具主义的代表人物边沁认为："对程序法来说，其唯一正当的目标，或者说其力所能及的范围，就是极尽其能地有效执行实体法。"[1]该理论认为程序法与实体法处于非平等地位，实体法是主要法律，程序法是为了执行实体法而存在。而程序本位主义则认为，程序不仅是实体法的实现手段，而且具有独立的内在价值，甚至有的学者提出：程序法是实体法之母，主张以"程序法中心论"取代"实体法中心论"[2]。这两种观点从不同的角度为我们展现了实体法与程序法之间的关系，其均具有一定合理性，但也存在不足之处。

程序工具主义认识到程序法与实体法之间的关系具有合理性，但该观点仅仅将程序法作为一种实现实体法的工具，而忽略了程序法自身的价值，在这样的理论指导下，司法实践中极容易造成重实体轻程序的法律后果。因此，这种认识是片面的。程序本位论认识到程序法的独立价值，其有利于提高法律工作者的程序意识，有其合理之处，但它过分夸大了程序法的价值，忽略了实体法的作用，这样又走向了另一个极端，即重程序轻实体。因此，这种认识也是片面的。本书认为，"实体法和形式法如同一辆车的两个轮子，对诉讼都起作用"。[3]我们在认识程

---

〔1〕 杨寅：《中国行政程序法治化——法理学与法文化的分析》，中国政法大学出版社 2001 年版，第 38 页。

〔2〕 ［日］谷口安平：《程序的正义与诉讼》，王亚新、刘荣军译，中国政法大学出版社 1996 年版，第 64 页。

〔3〕 ［日］兼子一、竹下守夫：《民事诉讼法》（新版），白绿铉译，法律出版社1995 年版，第 8 页。

序法与实体法之间的关系时，应当认识到程序法对实体法实施的工具性作用，也应当肯定程序法具有内在独立的价值，这样才能充分发挥程序法在公正审理案件过程中的重要作用。

三、经济诉讼法的目的和任务

（一）经济诉讼法的目的

作为人类有意识的社会活动，经济诉讼法的设立也体现出人的目的性。目的是人有意识的活动，是人从事某项活动所意欲实现的目标，它也是人与动物的根本区别。马克思曾说："最蹩脚的建筑师从一开始就比最灵巧的蜜蜂高明的地方，是他在用蜂蜡建筑蜂房以前，已经在自己的头脑中把它建成了。劳动过程结束时得到的结果，在这个过程开始时就已经在劳动者的表象中存在着，即已经观念地存在着。他不仅使自然物发生形式变化，同时他还在自然物中实现自己的目的，这个目的是他所知道的，是作为规律决定着他的活动的方式和方法的，他必须使他的意志服从这个目的。"[1]

目的与人相生相伴，离开了人来谈目的就像离开了土地谈房屋一样，目的只能是空中楼阁，缺乏讨论的意义。目的根据人的行为所欲达到的效果可以作多种划分，例如，工作目的、消费目的、学习目的、旅游目的等，不同的目的指引行为人实施不同的行为，每种目的可能都是一系列行为构成的。诉讼目的是人们从事诉讼活动所欲达到的一种主观意愿，一般是由权利被侵害的主体或者承担维护社会整体利益的主体所提起，旨在维护其合法权益或修复被损害的社会关系。诉讼目的，作为诉讼法学的一个基本范畴，是人们在有意识的法律活动中，根

---

〔1〕 中共中央马克思、恩格斯、列宁、斯大林著作编译局编译：《马克思恩格斯全集》（第二十三卷），人民出版社1972年版，第202页。

据自身需要，通过对客观事物的认识对自身行为所作的预先设计。[1]如前文所述，目的在诉讼法中具有举足轻重的地位，它对程序法的构建具有重要指导作用。具体到经济诉讼法，其目的主要体现在解决经济纠纷、保护社会整体经济利益、加强全社会保护社会整体经济利益的价值观等方面。

1. 解决经济纠纷

这是经济诉讼法设立的直接目的。经济纠纷是一种新型的纠纷，它不同于民事纠纷和行政纠纷，经济纠纷具有受害人数多、影响范围广、社会危害大等特征。而现有解决民事纠纷的民事诉讼法和解决行政纠纷的行政诉讼法都无法圆满解决这种新型的纠纷，只能寻求适应经济纠纷特征的独立的经济诉讼法。经济诉讼法就是在这样的背景下产生的，它是经济纠纷发展并逐渐成为社会突出问题时产生的。

2. 保护社会整体经济利益

经济纠纷是由于社会整体经济利益受到侵害而产生的纠纷类型。经济诉讼法解决经济纠纷，但不意味必然会保护社会整体经济利益。纠纷与利益是两个不同的概念。尚未产生实质损害后果的纠纷一般不会损害当事人的合法利益，如针对企业准备向市场上销售一批假冒伪劣产品的行为，特定的社会组织可以通过诉讼的方式阻止该违法行为。由于该批产品尚未流入市场，也就没有对他人的合法权益造成实质上的侵害。如果侵权行为已经造成了严重后果，此时纠纷已经产生，社会整体经济利益也已经被侵害，而法院在审理案件时仅仅先解决纠纷，其并不能直接恢复社会整体经济利益，还需要在判决中明确规定社会整体经济利益的具体恢复方案。这在整体环境利益的诉讼

---

〔1〕　马怀德主编：《行政诉讼原理》，法律出版社 2003 年版，第 60 页。

中较为典型。在整体环境利益诉讼中，法院一般会根据原告的诉讼请求至少作出两项判决内容，一项是判决违法行为人对损害结果作出经济赔偿，另一项是判决违法行为人承担修复生态环境的责任。前一项只是解决纠纷，对违法行为人作出经济惩罚；后一项则是保护社会整体经济利益，使这一利益形态恢复至未受侵害时的状态。经济诉讼法的目的不仅解决经济纠纷，更重要的是保护社会整体经济利益。

3. 加强全社会保护社会整体经济利益的价值观

经济诉讼法不仅是诉讼类型的革新，还是对社会观念的一种变革，因为经济诉讼法的出现会对人们的思想和行为产生重要影响。由于历史原因，改革开放以前，我国的社会经济长期处于停滞或缓慢发展阶段，主要经济形态还是以个体经济为主，个体在社会经济活动中常常以自我为中心，在个体的观念里，只要个体经济利益得到满足，其就实现了经济活动的目的。可以说，这种思想在工商业欠发达、社会整体经济利益尚未完全形成的时期是非常正常的。改革开放以来，经济迅速发展，社会经济逐渐形成一个不可分割的整体，人们在追求自身经济利益的同时可能会有意或无意地损害社会整体经济利益。由于当时法治不健全，法律没有规定可以对损害社会整体经济利益行为提起诉讼，这就造成违法行为人损害社会整体经济利益后，却不会受到法律的追究，或者即使被追究也仅仅是对个体的赔偿，而不是对被侵害的社会整体经济利益做出赔偿。如此，社会整体经济利益持续处于被侵害的状态。这不仅放纵了违法行为，而且会在社会中形成一种错误的导向：在追求自身的利益时可以无视社会整体经济利益。经济诉讼法以保护社会整体经济利益为主要目标，向社会昭示了保护社会整体经济利益的价值取向，引起人们对社会整体经济利益的关注。经济诉讼法通过一系列的诉讼程序的设置，使侵害社会整体经济利益的行为人得到应有的惩罚，从而向社会宣告社会整体经济利益的不可侵犯性，提高人们保护社会整体经济利益的意识。可以肯定的是，经济诉讼法一定会打破人们"以自我为中心"的传统观念，促进公民将自身发展融入社会的建设之中，树立"社会整体经济利益优先、个体利益协调发展"的价值观念。

（二）经济诉讼法的任务

1. 保证法院查明案件事实，依法保障双方当事人的合法权益

程序法的主要任务之一就是保障实体法的顺利实施，经济诉讼法也不例外。经济诉讼法是经济法的程序法，它的任务就是保障经济法的有效实施及实现经济法的价值目标。经济诉讼法通过建立特有的原告制度，严格限制原告的主体资格，确保诉权不被滥用；通过受案制度、管辖制度和审判制度，规范法院的诉讼程序，平衡当事人双方的诉讼权利，帮助法官厘清案件事实，认定违法行为人的责任大小，然后作出准确裁判；通过执行制度，确保经济诉讼的裁判文书所确立的权利义务能够实现，维护法院的司法公信力。

2. 恢复社会整体经济，保持经济水平不变

经济法的价值目标是维护社会整体经济利益，经济诉讼法是在社会整体经济利益被侵害时，由社会整体经济利益的维护者向法院提起诉讼才出现的。经济诉讼法的任务之一就是通过经济诉讼程序，追究违法行为人的经济责任，恢复受损害的社会整体经济。经济诉讼法通过诉讼程序恢复社会整体经济，一般判决违法行为人停止侵害、赔偿损失、恢复经济原状等，通过经济补偿来修复受损害的社会经济关系，使原来受损失、失衡的经济关系达到平衡状态，促进社会总体财富的保值。

3. 一次性解决纠纷，促进社会和谐

经济法所调整的这种"关系国家利益和社会公共利益的经济关系，一旦受到侵犯，其危害性一般都是双重的，既侵害了特定社会个体的权益，又侵害了社会整体利益。经济违法行为侵害客体的特殊性，决定了对这一类行为应有特殊程序予以解决"。[1] 严格地说，经济纠纷不仅使社会整体经济利益受到侵害，也会使社会整体经济利益之下的个体经济利益连带被侵害。因此，经济诉讼法既立足于保护社会整体经济利益，又会对个体特别是个人的利益予以保护。与个人相比，一般损害社会整体经济利益的行为人都是具有雄厚实力的企业，个人与实力雄厚的企业相比，在经济上就处于弱势地位，在诉讼能力方面也远远不及企业。如果经济诉讼法只关注解决经济纠纷，而不附带保护受侵害的个人利益，那么"一个公益诉讼案件原告胜诉以后，可能会引发更多关联的小额私益诉讼"。[2] 如果社会纠纷始终得不到最终解决，受侵害的广大群众还得通过提起诉讼的方式来挽回自己的损失。当广大群众无法挽回损失时，可能就会通过其他途径寻求权利的救济，这将严重影响社会的和谐稳定。有学者在谈到经济诉讼的社会功能时，强调美国经济诉讼"将游行、示威、抗议等传统的街头政治变为法庭政治，通过诉讼实现对制度的改良"，[3] 引导人们通过法院解决所有纠纷。这为我国构建经济诉讼法提供了有益的启示。经济诉讼法是将与之相关的民事纠纷一并解决的法律，这是节约司法资源的客观

---

〔1〕 韩志红："经济法应当有自己特殊的诉讼制度"，载《天津师范大学学报（社会科学版）》2001年第1期。

〔2〕 白彦、杨兵："我国民事公益诉讼的经济分析——基于理性的视角"，载《北京大学学报（哲学社会科学版）》2013年第6期。

〔3〕 胡云红："比较法视野下的域外公益诉讼制度研究"，载《中国政法大学学报》2017年第4期。

要求，也是构建和谐社会的法律保障。

4. 弥补制度漏洞，预防未来侵害

经济诉讼法肩负着维护社会整体经济利益的重任，它以守护社会整体经济利益为目标，从社会整体的视角来保障社会整体经济的良好运行，对侵害社会整体经济利益的行为及时予以制止和惩罚，促进社会整体经济平稳发展。经济社会是一个由众多市场参与主体构成的庞大的系统，系统中的每一个经济主体都可能影响到经济社会的平稳发展，特别是在市场经济中处于主导或强势地位的主体，它们的行为对社会经济会产生重要影响。如果处于主导或强势地位的主体能按照市场规则参与经济活动，就不会发生损害社会整体经济利益的行为，反之则可能损害社会整体经济利益。如果出现损害社会整体经济利益的行为，则表明现有的经济运行、监管等制度可能存在漏洞，使得违法行为人能够利用制度的漏洞实施违法行为，前文所举的"江苏省消费者协会诉南京市水务集团供水合同霸王条款"案、"张新年诉中国移动手机流量偷跑"案就是典型的事例。经济诉讼法可以发现和弥补制度的漏洞。当然，经济诉讼法也不会主动去发现和弥补制度上的漏洞，只能通过社会整体经济利益的维护者向法院请求，经法官审理并以裁判的方式责令相关部门对制度进行修改、完善才能实现。通过经济诉讼程序对相关制度进行完善，是经济诉讼法与民事诉讼法和行政诉讼法的重要区别。民事诉讼处理个体之间的纠纷，一般法官都是就案判案，案结事了，不会涉及社会政策和制度完善的问题。行政诉讼除了审查行政行为的合法性，还可以一并审查行政行为所依据的规范性文件的合法性，但该审查仅仅针对规范性文件本身，不是完整意义上的制度完善。而经济诉讼通过对经济纠纷的审理，发现社会政策和制度中存在的问题，通过法院裁判的方式要求相关部门健全制度，防止侵害社会整体经济利益的行为再次发生。

四、经济诉讼法的基本原则

"原则"通常是指"说话或行事所依据的法则或标准"。[1] 这是从一般意义上对原则所下的定义。法律上所讲的原则是指"可以作为具体规则或行为准则的基础或本源的综合性、稳定性原理和准则，是构成一个法律体系的立足点或基本的根本规则"。[2] 原则可以分为基本原则和一般原则，法的基本原则是法原则的核心，具有中心地位，它贯穿于立法、司法。法的一般原则受基本原则的领导，不得与基本原则的精神相悖，它是基本原则在立法和司法中的具体体现。

基本原则是贯穿诉讼法的根本性规则，它对诉讼活动的全过程都具有指导作用，主要体现在诉讼当事人要严格按照诉讼法的基本原则开展诉讼活动，不得违背基本原则，随意对当事人一方施加诉讼负担；法官在作出裁判时应当遵守基本原则的精神，不得作出与基本原则相悖的裁判结果等。概言之，任何与基本原则相悖的诉讼行为或者裁判结果都是不合理或者不合法的，基本原则是诉讼法的灵魂。

三大诉讼法都有各自的基本原则，经济诉讼法作为新的诉讼法，也有其特有的基本原则。有关经济诉讼法的基本原则，学者们观点纷呈，莫衷一是。有的学者认为经济诉讼法的基本原则应当包含当事人诉讼权利平等原则、处分与国家干预相结

---

〔1〕 中国社会科学院语言研究所词典编辑室：《现代汉语词典》，商务印书馆1984年版，第1422页。

〔2〕 田平安主编：《民事诉讼法·原则制度篇》，厦门大学出版社2006年版，第1页。

合原则、辩论原则、调解原则和监督原则〔1〕；有的学者认为应当包含"有告必理"原则，国家和社会干预原则，有效保护公益原则，谋求实质公平、正义和效率原则〔2〕；还有的学者认为应当包含当事人诉讼权利平等原则、法院在诉讼中处于主导地位原则、公益为主兼顾私益原则、国家干预与当事人处分相结合原则。〔3〕

　　学者对经济诉讼法基本原则的研究，为丰富经济诉讼法的基础理论提供了宝贵的学术成果，但这些观点在不同程度上也存在不足之处。第一种观点除了处分与国家干预相结合原则，其他原则与民事诉讼法的基本原则毫无二致，没有凸显出经济诉讼法自身的属性，因此不能作为经济诉讼法的基本原则。后面两种观点认识到经济法与经济诉讼法之间的对应关系，从经济法的价值取向角度对经济诉讼法的基本原则进行概括，基本体现了经济诉讼法对保障经济法实施和实现经济法价值目标的功能，这是值得肯定的。但以上观点所概括的原则中，有些原则能否成为经济诉讼法的基本原则还是值得商榷的。如"有告必理"原则，这一原则是在民事诉讼法尚未规定公益诉讼程序以前，在实践中出现的许多侵害社会整体经济利益的案件状告无门的背景下提出的，这在当时是非常有意义的。可以说，我国民事诉讼法将公益诉讼程序纳入法律规定之中与这位学者及其他持相同观点的学者的共同努力是密不可分的。只有学术上的争鸣，才能推动立法的前进。当法律将社会整体经济利益的

---

〔1〕 韩志红、阮大强：《新型诉讼——经济公益诉讼的理论与实践》，法律出版社1999年版，第257页。

〔2〕 参见颜运秋等：《经济法实施机制研究——通过公益诉讼推动经济法实施》，法律出版社2014年版，第95—96页。

〔3〕 张艳蕊：《民事公益诉讼制度研究——兼论民事诉讼机能的扩大》，北京大学出版社2007年版，第142—145页。

保护纳入法治轨道中后，"有告必理"这种观点（原则）应当就完成了它的历史使命，因为在法治社会，只要符合起诉条件的主体向法院提起诉讼，法院都应当受理并作出裁判，这是法治国家建设的需要，也是保护社会整体利益和个体利益的需要。此外，诉讼权利平等原则是诉讼法的通用原则，不能体现出经济诉讼法的特性，因此也就不能作为经济诉讼法的基本原则。

本书认为，在认识诉讼法的基本原则时不能脱离实体法的内容。实体法的理念和价值目标对程序法的基本原则的构建具有一定的引导作用，这种引导作用以民事领域最为典型。例如，民法的私法自治理念，在民事诉讼法中体现为处分原则，即诉讼当事人可以自由处分其诉讼权利和实体权利；民法中的诚实信用原则，被民事诉讼法承继……这些都反映了实体法与程序法之间的密切联系。同理，经济诉讼法的基本原则也应当参照经济法的理念和价值目标进行相应规定。本书认为，经济诉讼法的基本原则至少应当包括以下内容：

（一）监管机关优先起诉原则

经济监管机关是经济法的核心主体，肩负着维护经济法律法规正确实施的法定职责，对于保护社会整体经济利益和促进其发展具有重要作用。经济监管机关"既不是为了自身利益的实现，也不是为了直接作为一方行为主体参与社会经济活动，而仅仅是为了监督经济法的实施"。[1]因此，在经济诉讼中，应当充分体现经济监管主体的作用，在所有主体都可以提起经济诉讼的情况下，应当坚持经济监管机关优先起诉原则。只要经济监管机关已经提起诉讼，其他主体就不能再另行提起诉讼，而只能以共同参加人的身份加入诉讼，防止两个或两个以上法

---

〔1〕 刘少军、王一鹤：《经济法学总论》，中国政法大学出版社 2015 年版，第265 页。

院对同一个案件作出不同的裁判。如果社会团体等其他主体欲提起经济诉讼，须提前告知监管机关，如果监管机关在一定期限内未明确表示提起诉讼，也没有向社会团体等其他主体回复的，则该主体可以提起诉讼。如果监管机关明确表示准备提起诉讼，其他主体就不能提起诉讼，只能在监管机关提起诉讼后，以共同原告的身份参加诉讼。

（二）整体和个体利益兼顾原则

经济法的价值目标是维护社会整体经济利益，经济诉讼法作为经济法的程序法，也应当在诉讼程序中贯彻经济法的这一价值目标。社会整体经济利益是由不同的个体经济利益组成的一个系统，但不能简单地认为它是所有个体经济利益之和。不论他们之间内部关系如何，社会整体经济利益是一个独立的、超越个体的客观存在，这已经获得人们的共识。社会整体经济利益关系到社会的安全与稳定，同时也关系到个体的切身利益。一般情况下，社会整体经济利益和个体经济利益都是正相关的，个体经济利益的增加客观上会增进社会整体经济利益，而社会整体经济利益的增加又会为个体经济利益的增长提供动力源泉。正是社会整体经济利益和个体经济利益这样相互融合、相互促进的关系，导致在社会整体经济利益受到侵害时，常常伴有个体经济利益的损失，这就要求经济诉讼法在维护社会整体经济利益的同时，也应当兼顾受损害的个体经济利益，如果仅仅维护社会整体经济利益，而忽视个体经济利益，那么社会经济关系还是处于未修复状态，社会整体经济利益可能会因为未受保护的个体的原因，随时出现再次被侵害的危险。因此，经济诉讼法在解决社会整体经济利益受到侵害的纠纷时，还应着眼于解决与该纠纷相关联的个体的纠纷。从化解社会矛盾和节约司法资源的立场出发，在一个程序中解决所有纠纷，这既是经济诉讼法的主要目的和任务，也是经济诉讼同其他诉讼程序的根本区别。

（三）处分与司法监督相结合原则

经济法与民商法不同，民商法是以维护个体利益为价值追求的法学体系，而经济法是以维护社会整体经济利益为价值追求的法学体系。个体之间最大的特征就是主体平等，主体平等反映在法的原则中体现为当事人意思自治、权利自由处分等。而经济法的重心在于维护社会整体经济利益，它肩负促进社会经济平稳、较快发展的重任。由于经济法负有这一职责，它就不能像民商法那样规定较多的任意性规范，而只能通过一些强制性规范达到保护社会整体经济利益的目的。这一特征反映在经济诉讼法中就是司法权对经济诉讼原告的诉讼权利和实体权利进行干预，比较典型的就是限制原告的自由处分权。在民事诉讼中，原告在涉及自身利益的时候可以自由处分自己的权利，包括实体权利和诉讼权利，这也是民法的私法自治理念在民事诉讼法中的体现。但如果原告是以维护社会整体经济利益为目的提起经济诉讼，那就应当对原告的权利作出一定限制，防止其在诉讼过程中实施损害社会整体经济利益的行为。

在经济诉讼中，起诉主体都是社会整体经济利益的代表。一般情况下，他们都能代表社会整体经济利益向侵权人主张权利，但任何权力（权利）都有可能被寻租。为了防止原告在诉讼过程中无正当理由撤诉，或者在庭审过程中随意承认或默认对己方不利的事实，或者与被告（侵权人）达成和解协议以达到减轻侵权人责任的目的，就需要对原告的诉讼行为进行监督，而法官居于审判活动的核心地位，应当对原告撤诉、自认、和解等诉讼行为进行监督，经确认合法合理并经公告程序才能确认其行为的效力。

（四）法院主导诉讼原则

经济诉讼作为保护社会整体经济利益的新型诉讼，与传统的"一对一"的民事诉讼不同，它着眼于社会经济发展的大局，关系人类社会的生存和发展。经济诉讼的裁判结果已经超出了纠纷本身。根据经济诉讼程序作出的裁判，其目的不仅在于惩罚侵权人，更多的是修复被损害的经济关系，完善社会治理制度。由于社会整体经济利益涉及面较广、影响较大，由社会整体经济利益被侵害所引起的案件往往呈现出案情复杂、取证困难、案件专业化程度较高等特点，而经济诉讼的原告可能因为自身专业知识、业务能力等方面的不足，在诉讼中不能充分行使诉讼权利，以保障社会整体经济利益。因此，在经济诉讼中，需要赋予居于中立地位的法官以一定的释明权，甚至是基于查清案件事实所必需的程序主导权，这是查清案件事实，保护社会整体经济利益的客观需要。因为，在社会整体经济利益与个体经济利益之间，本身就存在利益价值的序位，针对不同的保护对象，理应赋予法官不同程度的司法能动性。当然，这不是颠覆法官的中立地位，在诉讼中，原则上法官还是处于居间裁判的地位，这是法官公正裁判的前提，也是裁判权威性的体现。法官主导诉讼主要体现在释明权的行使，即基于维护社会整体经济利益的需要，对原告所做的适当提示。最高人民法院颁布的《关于审理环境民事公益诉讼案件适用法律若干问题的解释》首次引入法官的释明权就是法院主导诉讼程序的一个例证。虽然该文件仅规定法官可以在诉讼请求方面向原告释明，但这种昭示意义是不言自明的。相信随着我国经济诉讼法的制定和实施，法院在经济诉讼中的作用将越来越明显。

五、经济诉讼法的证明责任

(一) 证明责任的基本含义

证明责任[1]是源于古罗马的法律概念。早在古罗马的民事诉讼中，就有"谁主张确认，谁就应当证明；谁要求诉讼保护，谁就一定要证明"的规定。[2]证明责任理论在诉讼法学界具有重要的地位，其中尤以民事诉讼法最为典型。事实上，学界对证明责任理论的研究，多以民事诉讼法为研究对象，德国著名法学家罗森贝克所著的《证明责任论》就是民事诉讼法证明责任理论研究的集大成者。证明责任理论首先由民事诉讼法学者提出，且该理论在多年的民事诉讼实践中已形成了较为完善的理论。因此，本书仅从民事诉讼法角度对证明责任理论作一简要介绍。证明责任的核心是在案件事实真伪不明时由谁来承担法律上的不利后果。目前学界对证明责任的含义基本已经达成共识，即认为"证明责任具有双重含义：行为意义上的证明责任和结果意义上的证明责任。前者指当事人对所主张的事实负有提供证据证明的责任；后者指在事实处于真伪不明状态时，主张该事实的当事人所承担的不利诉讼结果。这种不利的诉讼结果既表现为实体法上的权利主张得不到人民法院的确认和保护，又通常表现为因败诉而负担诉讼费用"。[3]也有其他学者做过类似表述，即证明责任具有双重含义："其一，是指当事人在

---

[1] 也有一些学者将证明责任与举证责任混用，认为证明责任和举证责任同义。本书对此持不同观点。举证责任应指证明责任中的行为上的责任，即主观证明责任，它和证明责任不属于同一概念，证明责任包含举证责任。

[2] 刘天兴、戚庚生："民事诉讼中的证据制度"，载《法学天地》1997年第2期。

[3] 李浩："我国民事诉讼中举证责任含义新探"，载《西北政法学院学报》1986年第3期。

具体的诉讼过程中，为了避免承担败诉的危险而向法院提供证据的必要性……其二，是指在口头辩论结束之后，当事人因要件事实没有得到证明，法院不认可相当于该事实为构成要件的法律发生效力而承担的诉讼上不利益。"[1]

从以上内容可以看出，对于当事人而言，证明责任是一种可能会给一方当事人带来不利后果的制度，它是为了帮助法官更准确地查清案件事实而拟制的一种制度。尽管法官根据证明责任制度所认定的案件事实可能与客观事实不一致，甚至可能与客观事实相悖，但从法官不得拒绝裁判的法治原则来讲，这种制度安排还是具有极大的合理性。正如上述学者对证明责任所作出的定义，证明责任分为行为上的责任和结果上的责任，行为上的责任是当事人向法院提交证据的责任，在理论上又被称为主观证明责任，结果上的责任被称为客观证明责任。证明责任中客观的证明责任是核心内容，是证明责任发挥作用的主要方式。客观证明责任与主观证明责任既有区别又有联系：区别体现在一个是行为上的责任，一个是结果上的责任；联系体现在主观证明责任是客观证明责任适用的前提。如果没有主观证明责任，客观证明责任则无从谈起；客观证明责任是主观证明责任的保障。如果缺乏客观证明责任，主观证明责任则缺乏保障，即使诉讼当事人不履行主观证明责任，其行为也不会受到法律否定性的评价。因此，客观证明责任能有效保障主观证明责任的实现。

证明责任的重点在于提供证据，对所主张的事实进行证明，但证明责任和主张责任不同。主张责任是当事人在诉讼中，没有提出有利于自己的主张，从而使得这种主张不能成为争议的

---

[1] 陈刚：《证明责任法研究》，中国人民大学出版社 2000 年版，第 16 页。

对象，也就不能通过证据规则进行证明，从而造成当事人在诉讼中处于不利的地位。主张责任是当事人自己应当承担的责任，是当事人怠于履行诉讼法上的责任而导致自己处于不利地位的后果。而证明责任是诉讼法中明确规定的责任，有可能由原告承担，也有可能由被告承担，具体由谁承担须有法律明确规定，或者由法官依据一定标准，根据案件具体情况进行分配。证明责任一经分配即具有法定效力，当事人如果不能提供证据证明，就要承担不利的法律后果。

（二）证明责任的分配理论

证明责任的分配是证明责任制度的核心。合理分配证明责任能很好地调动当事人参加诉讼的积极性，也能促使当事人积极、主动提供证据，便于法官查清案件事实，公正裁判。如果证明责任的分配不合理，将会导致当事人因无法提供证据或者提供证据的成本相对较大，据此作出的裁判很难体现公平公正。由此可以看出，证明责任的分配不仅关系诉讼程序是否合法合理，还关系到判决结果是否公平公正。因此，应当在当事人之间科学分配证明责任。

关于证明责任的分配，大陆法系和英美法系国家的学者认识不一。大陆法系学者秉承成文法的严谨态度，以法律的方式规定证明责任的一般标准，而"英美法系的证明标准的分配理论，更注重实际运用，因而不存在证明责任的一般标准，法官往往在个案中综合考量若干因素后作出决定"。[1]在大陆法系国家，以罗森贝克主张的"规范说"为通说。罗森贝克将实体法规范分为"基本规范"和"相对规范"两大类，"基本规范"是"一个权利（请求权）产生规范或者权利创设规范"或"权

---

〔1〕 肖建国、包建华：《证明责任：事实判断的辅助方法》，北京大学出版社2012年版，第88页。

利（请求权）妨碍（消灭）规范"。[1]"相对规范"是"指这样一些法律规范，这些法律规范赋予被请求者以形成权（Gestaltungsrecht），通过形成权的行使，被请求者可以排除针对他而产生的权利的主张及其实现"。[2]在这种认识的基础上，罗森贝克提出证明责任的分配原则："原告必须对权利产生规范（连同相关的补充规范）的前提条件加以证明，而被告则必须对其试图驳回原告的诉讼所依据的规范的前提条件加以证明，这里主要是指权利妨碍规范的前提条件、权利消灭规范的前提条件或者权利排除规范的前提条件。"[3]此外，大陆法系国家的学者还针对合同领域和特殊侵权领域提出危险领域说、盖然性说、损害归属说、利益衡量说[4]等学说，进一步完善证明责任的分配方法。与大陆法系国家不同，英美法系国家的学者从案件的具体情况来对证明责任进行分配，他们主要考虑下列一个或者几个因素：①谨慎和便利；②政策；③公平；④盖然性。有学者提出还应当考虑证据距离。可以说，英美法系国家的学者对证明责任的分配更具灵活性。

---

〔1〕［德］莱奥·罗森贝克：《证明责任论——以德国民法典和民事诉讼法典为基础撰写》（第四版），庄敬华译，中国法制出版社 2018 年版，第 123 页。

〔2〕［德］莱奥·罗森贝克：《证明责任论——以德国民法典和民事诉讼法典为基础撰写》（第四版），庄敬华译，中国法制出版社 2018 年版，第 124 页。

〔3〕［德］莱奥·罗森贝克：《证明责任论——以德国民法典和民事诉讼法典为基础撰写》（第四版），庄敬华译，中国法制出版社 2018 年版，第 130 页。

〔4〕危险领域说，是指以待证事实属于哪一方当事人控制的危险领域为标准，决定证明责任如何分配。盖然性说，主张以待证事实发生的盖然性的高低作为分配证明责任的依据，对事实发生盖然性高的，主张该事实发生的当事人不负证明责任。损害归属说，主张以实体法确定的责任归属或损害归属原则作为分配证明责任的标准。利益衡量说，主张以其他利益为考量来分配证明责任，进而指出以证据的距离、举证的难易、诚信原则为标准。参见李浩：《民事证明责任研究》，法律出版社 2003 年版，第 122—125 页。

罗森贝克所著的《证明责任论》是我国民事诉讼的理论共识。[1]民事诉讼中的证明责任也是依罗森贝克的"规范说"进行分配，即以实体法规范为基础，对证明责任进行分配。"举证责任本质上是个'两栖'问题……是实体法与程序法在诉讼中的交汇。"[2]脱离了实体法而研究证明责任，可能会引起实体法与诉讼法立法精神的背离，不利于法官查清案件事实，实现公平正义。例如，在民事法律关系中，当事人权利和地位平等，反映在民事诉讼法就是平等分配证明责任，即"谁主张，谁举证"。若负有举证责任的当事人没有提供证据或者提供的证据不足以使法官在内心达到主观确认的程度，那么负有举证责任的当事人将会承担败诉的风险。又如行政机关和相对人在行政管理活动中是命令与服从的关系，行政相对人在行政法中处于弱势地位。如果行政诉讼法无视这种主体地位上的差距，还是按照"谁主张，谁举证"的证明责任分配制度，就会导致本身在行政管理关系中处于弱势地位的相对人，在诉讼中由于获取证据的能力较弱，举证不能而败诉。为了平衡行政机关和相对人之间的诉讼权利和实体权利，行政诉讼法适用举证责任倒置原则，由行政机关举证证明其实施的行政行为具有合法性。由此可以看出，证明责任的分配与实体法息息相关，在构建经济诉讼法的证明责任制度时，也应遵循经济法的立法精神和价值追求。

（三）经济诉讼法中证明责任的分配原则及规则

以上我们从民事诉讼的角度了解了证明责任理论以及证明

---

〔1〕 任重："论中国'现代'证明责任问题——兼评德国理论新进展"，载《当代法学》2017年第5期。

〔2〕 李浩："民事举证责任分配的法哲学思考"，载《政法论坛》1996年第1期。

责任的分配原则。本书在前文已经多次阐述，民事诉讼法与经济诉讼法是两部不同的法律，它们基于不同的实体法而产生，解决不同的纠纷，保护不同的利益，这从根本上决定了经济诉讼法与民事诉讼法不可能适用同样的理论与诉讼程序，证明责任理论及其分配原则也不例外。

民事诉讼证明责任的分配原则是根据民法保护个体利益这一价值目标建立的。民事个体地位平等，一般获取证据的能力也基本相同，因此民事诉讼证明责任的分配以"谁主张，谁举证"为一般原则，以举证责任倒置为例外。该证明责任的分配符合民法的特性，但经济诉讼是为解决社会整体经济利益被侵害的纠纷，案件较为复杂，涉及的专业性知识也比较多，除了经济监管机关，社会团体、检察机关和公民都不具备全面搜集证据的能力，因此，在经济诉讼中，根据原告的不同，适用举证责任倒置是非常有必要的，这样有利于弥补原告在诉讼能力上的不足，保障法院查清案件事实，追究侵权行为人的法律责任。

1. 证明责任分配应遵循的原则

由于侵害社会整体经济利益的案件类型多样，案情复杂。对于这类案件，不宜按照统一的标准分配证明责任，而是应当根据具体案件适用不同的分配原则，这样才能发挥证明责任在经济诉讼中的作用。

《最高人民法院关于民事诉讼证据的若干规定》修正以前，于第 7 条规定："在法律没有具体规定，依本规定及其他司法解释无法确定举证责任承担时，人民法院可以根据公平原则和诚实信用原则，综合当事人举证能力等因素确定举证责任的承担。"这赋予法官在分配证明责任时一定的自由裁量权。新修正的《最高人民法院关于民事诉讼证据的若干规定》删除了本条规定，意味着法官在审理民事案件时，对证明责任的分配不再享有自由裁量权。本书认为，新修正的《最高人民法院关于民事诉讼证据的若干规定》删除法官对证明责任的分配享有裁量权这一规定具有合理性，其符合民事诉讼的特征。民事诉讼中，双方当事人都是平等的主体，他们享有平等的诉讼地位、实体权利和诉讼权利，这一特性决定在一般情况下，双方当事人获取证据的能力也是相同的，法官仅需做好法律的执行者即可，不宜突破法律规定，随意分配当事人的证明责任，这样可以防止法官在个案中滥用权力，导致错案发生。在经济诉讼中，由于原被告的特殊性，以及原告主体的多样性，法律在原被告之间分配证明责任时，应当结合经济法的价值目标，吸收大陆法系和英美法系的理论成果，遵循以下分配证明责任的原则。

第一，证据就近原则。证据离哪一方当事人最近，或者哪一方当事人最容易获得证据，那么应由这一方当事人承担提供证据的义务。

第二，危险领域控制原则。谁对危险领域具有控制的权力，该当事人就应当对该领域范围内的事实负证明责任，否则就不负证明责任。这种证明责任仅限于危险领域内的事实，不包括危险领域外的事实。

第三，妨碍举证担责原则。按照证明责任的分配原则，一方当事人应当对某一待证事实进行举证，但该证据又被对方当事人掌握，且该当事人无正当理由拒不提供证据时，应当将举证的责任转移至对方当事人，如果对方当事人拒不提交或者毁灭证据，则应认定当事人所主张的事实成立。

第四，盖然性原则。根据人们一般性的常识和经验判断，某事实发生的概率非常大，那么，主张该事实发生的当事人不负有举证责任，反之则要承担举证责任。

第五，公平原则。公平原则是诉讼法公平公正原则在证明责任分配制度中的具体体现，是保障法院合理分配证明责任的重要原则。分配证明责任应当综合考虑当事人获取证据的能力大小、取证难易等多种因素，不能对获取证据能力相对较小的人施加太多的证明责任。"让较少有条件获取信息的当事人提供信息既不经济，又不公平"。[1]

第六，提升社会整体经济利益原则。证明责任是经济诉讼法的重要制度，其也应当受到经济法价值目标的约束。如果双方当事人穷尽一切方法后，还是不能查清待证事实，判决原告败诉将会严重损害社会整体经济利益，那么此时应当实行举证责任倒置，由被告承担举证责任。

以上是经济诉讼程序中证明责任分配的基本原则，法官在审理案件时，应当根据具体案件及起诉的主体，适用不同的证明责任分配原则。

2. 证明责任分配的规则

经济诉讼的原告范围非常广泛，既有作为公权力机关的经济监管机关、检察机关，也有作为民间组织的社会团体，还有公民这一社会基本主体。不同的原告在获取证据的能力方面具有较大差别，这一特性决定经济诉讼法不可能运用同一个证明责任分配标准解决所有的经济纠纷，而是需要根据不同的主体，分配不同的证明责任。

（1）经济监管机关或检察机关提起的诉讼。经济监管机关和检察机关提起的诉讼适用"谁主张，谁举证"原则。经济监管机关是经济诉讼的核心主体。一般情况下，经济监管机关须承担主要的经济诉讼重任。经济监管机关是"第四种权力"机

---

〔1〕 ［美］迈克尔·D. 贝勒斯：《法律的原则——一个规范的分析》，张文显等译，中国大百科全书出版社1996年版，第76页。

关，它对所监管的领域具有广泛的权力（利），体现在对被监管主体场所进行检查、对经济违法行为进行调查等，而且拥有专业的工作人员，他们能熟练应对经济监管中的各种问题。鉴于经济监管机关的优势地位，其与被监管主体基本势均力敌，甚至在诉讼能力方面比被监管主体还要强。因此，由经济监管机关提起的诉讼应适用"谁主张，谁举证"的证明责任分配原则。

检察机关提起经济诉讼时应如何分配证明责任，该问题在学界已有争论，尤其在环境领域的诉讼中，是否适用举证责任倒置是争论的焦点。众所周知，检察机关是我国的法律监督机关，在司法工作中具有天然的优势。但经济纠纷往往专业性较强，检察机关对经济领域的专门性知识了解不深，在诉讼中可能会处于劣势地位。因此，一些学者认为检察机关提起经济诉讼时，应当适用举证责任倒置原则。本书对此持不同观点。虽然检察机关可能会因为是专业上的"门外汉"，不能很好地运用专业知识追究侵权人的责任，但检察机关是国家司法机关，其拥有天然的资源优势，可以商请经济监管机关、鉴定机构、专家学者等协助办案或者提供专业支持，形成一致的合力。而侵权人一般都是企业，其与检察机关相比，诉讼能力、资源调动方面远远不如检察机关。因此，为了平衡双方当事人之间的诉讼权利，应当赋予侵权人和检察机关一样的证明责任，否则将加深诉讼当事人之间的不平等。

（2）其他主体提起的经济诉讼。除了经济监管机关和检察机关，社会团体和公民提起的诉讼，原则上应当按照举证责任倒置原则确定证明责任，这与社会团体和公民的诉讼能力有关。需要说明的是，举证责任倒置不代表社会团体和公民不需要举证，其还需要证明侵权人存在违法的行为以及存在损害后果。对于其他需要证明的事项则需要根据具体案件，权衡是否适用举证责任倒置。例如，因国有资产流失引起的纠纷，该类诉讼案件的提起主体一般只能是经济监管机关、检察机关或公民。由于经济监管机关和检察机关具有较强的调查取证能力，在诉讼中应当坚持"谁主张，谁举证"的证明责任分配原则，由经济监管机关和检察机关提供证据证明行为人有造成国有资产损失的行为。而如果公民提起诉讼，由于公民调查取证的能力有限，在诉讼中，应当减轻其证明责任，其只需要证明行为人有变卖或低价转让国有资产的行为，由行为人对该行为没有造成国有资产流失负证明责任。

第六章 ————————————

经济诉讼法的制度构建

　　在构建经诉讼法的制度时，有必要简单说明一下经济诉讼法与民事诉讼法之间的关系。经济诉讼法是从民事诉讼法衍生而来，如同行政诉讼法从民事诉讼法脱离而成为独立的法律一样。由于经济诉讼法是从民事诉讼法衍生而来，民事诉讼法的许多规定都适用于经济诉讼法，这也是一些学者反对建立经济诉讼法的原因之一。本书认为，经济诉讼法既有民事诉讼程序规定，也有自己独特的制度规定，民事诉讼法的相关规定对经济诉讼法具有补充功能。本章主要对经济诉讼法特有的制度进行阐述，以期为构建我国经济诉讼法提供支持。

一、经济诉讼法的原告制度

（一）原告主体资格理论

　　原告主体资格理论，又称为当事人适格理论、正当当事人理论，它是诉讼法理论中重要的概念之一。严格来说，在诉讼法中，原告和被告同时存在，缺一不可。但在诉讼法中，原告的地位非常重要，原告是诉讼程序的发起者，没有原告，诉讼程序就不会启动。从这一角度来说，原告是最重要的当事人，而诉讼法理论中所讲的当事人适格也是围绕原告展开。

　　原告主体资格是指当事人基于一定的法律关系依法向法院

请求裁判的一种资格。原告主体资格分为两种，一种是实体的原告，另一种是形式的原告。实体的原告是指对争讼的权利和义务享有实体权利的人；形式的原告是指对争讼的权利和义务不享有实体权利和义务，只享有诉讼的资格。在我国传统诉讼法中，一直将与诉讼标的是否具有直接利害关系作为原告是否适格的唯一判断标准，这也是德国管理权理论在我国诉讼法中的体现。在近代以前，主体的实体权利主要体现为财产权，德国诉讼法学者赫尔威格试图找到统一的原告适格的判断标准，认为有关财产权诉讼的诉讼实施权，都可以统一于"管理权"这一概念下。诉讼资格成为诉讼实施权的最初理论来源，成为正当当事人需要具备的一般实体要件被抽象出来，称为诉讼实施权或诉讼行为。[1]由于财产权主要是管理权或处分权，实体法上的管理权或处分权就成为诉讼实施权的基础。同时，从实体法中分离出的诉讼实施权的基础仍然源于实体法上的权能。这样，管理权遂成为财产诉讼中认定当事人适格的判断标准。[2]

管理权理论以实体法上的权能作为诉讼法中原告是否适格的判断标准，其不足之处非常明显。该理论将实体的原告与形式的原告混同，认为形式的原告的权能以实体的原告的权能为基础和前提，这一理论在个体经济时期发挥重要作用，它为实体权利受侵害的个体提供了诉讼法上的权利救济，增强了个体权利保护意识。随着社会整体经济利益的形成，一些行为虽然损害了社会整体经济利益，但没有直接损害个体利益，基于管理权理论，只有直接利害关系人才能提起民事诉讼，权利没有

---

[1]　参见陈计男：《民事诉讼法论》，三民书局1994年版，第93页。转引自肖建华："正当当事人理论的现代阐释"，载《比较法研究》2000年第4期。

[2]　参见肖建华："正当当事人理论的现代阐释"，载《比较法研究》2000年第4期。

受到损害的个体无法提起旨在保护社会整体经济利益的诉讼。由于缺乏法律保障机制，损害社会整体经济利益的行为变得有恃无恐，社会整体经济利益频繁被侵害而得不到有效制止，诉讼法中的管理权理论也日益受到人们的质疑。为了适应社会的需求，诉的利益理论逐渐替代管理权理论，成为原告主体资格理论的基础。

诉的利益理论与管理权理论最大的不同在于原告不需要具备实体法上的直接利害关系，只要原告认为有诉讼需要保护的正当利益，即可以向法院起诉。"在有关当事人可以通过审判请求获得一定的利益（个人利益或公共利益、物质利益或精神利益），并有司法保护的必要性情况下，法院都应当许可该当事人作为正当当事人进行诉讼。"[1] "诉的利益乃原告谋求判决时的利益，即诉讼追行利益。这种诉讼追行利益与成为诉讼对象的权利或者作为法律内容的实体性利益以及原告的胜诉利益是有区别的，它是原告所主张的利益（原告认为这种利益存在而作出主张）面临危险和不安时，为了去除这些危险和不安而诉诸法的手段即诉讼，从而谋求判决的利益及必要，这种利益由于原告主张的实体利益现实地陷入危险和不安时才得以产生。"诉的利益理论扩大了原告的主体资格范围，将实体的原告和形式的原告区分开，这是非常有意义的。"诉的利益掌握着启动权利主张进入诉讼审判过程的关键，也就是通过诉讼审判而创制实体法规范这一过程的重要开端。"[2]

对诉的利益的研究，离不开诉的利益的本质。诉的利益的

〔1〕 张艳蕊：《民事公益诉讼制度研究——兼论民事诉讼机能的扩大》，北京大学出版社 2007 年版，第 100 页。

〔2〕 〔日〕谷口安平：《程序的正义与诉讼》，王亚新、刘荣军译，中国政法大学出版社 1996 年版，第 151、159 页。

本质关系到应由哪个主体来决定或审查当事人主体适格。诉的利益的本质主要存在三种学说，即当事人利益说、国家利益说、国家和当事人利益说。当事人利益说认为民事诉讼设置的目的在于保护当事人的权利，权利是否有诉讼保护的必要，或者说是否有诉讼保护的利益，应当从当事人的利益状态，并根据诉讼法的客观的价值判断后予以决定。或认为，民事诉讼设置的目的，无非是保障当事人抗争程序得以充分实施，因此，是否有诉之利益，应以当事人有无此抗争利益为核心，而这抗争利益的有无，尤应就当事人在诉讼外或诉讼前的纷争过程、交涉过程予以考量。[1]国家利益说认为民事诉讼是国家掌管的一种制度，所以某种纠纷是否可以运用这一制度来解决，必须考虑到"统制这类司法制度运转的国家利益"。鉴于国家有限的人力、物力和财力，私人也不得将民事诉讼程序随便做无意义的使用，所以，以诉的利益这一标准来筛选需要运用民事诉讼予以解决的纠纷实属必要。[2]国家和当事人利益说认为民事诉讼既然是国家设立的，是国家运用审判权的领域，就不得不考虑其中国家的利益。同时民事诉讼制度的设置也是基于保护民事权益和解决民事纠纷的考虑，因此不得不考虑诉讼者的利益，一方面法律赋予国民运用诉讼制度的权利（诉权），从中获得使用该制度所带来的利益，另一方面禁止原告滥用这一制度，从而避免对方当事人（被告）不必要的应诉，以维护其合法权利和正当利益。[3]

---

〔1〕　参见吕太郎：《民事诉讼之基本理论》（一），中国政法大学出版社 2003 年版，第 200 页。

〔2〕　[日] 三月章：《日本民事诉讼法》，汪一凡译，五南图书出版有限公司 1997 年版，第 61 页。

〔3〕　参见吕太郎：《民事诉讼之基本理论》（一），中国政法大学出版社 2003 年版，第 201 页。

本书认为，诉的利益是诉讼法中的概念，离开诉讼法，诉的利益理论就失去了存在的意义。而诉讼法是典型的公法，是国家运用司法权解决纠纷的一种方式。因此，诉的利益本质应当是国家利益说，即诉的利益本质上始终是一种基于国家立场的利益观，判断诉的利益之有无的决定性因素是国家意志。[1] 换言之，对诉的利益的审查，应由国家（法院）根据利益的均衡和价值的判断来决定是否纳入司法解决的范围，而不能由当事人自己主观来认定。法院在权衡利益时，既要考虑利益保护的必要性，又要防止原告滥用诉权，扰乱正常的司法秩序。这就需要法院通过立法的方式对所保护的利益作出明确规定，指引法院和案件当事人正确行使权利（力）。利益本身就是一个抽象的概念，其和价值判断密不可分，而且利益种类繁多，瞬息万变，在不同时期，利益呈现不同的形态，在同一时期，利益的形态也大不相同，想要准确全面地罗列利益的所有种类和形态是不现实的。因此，司法实践中，需要法官发挥主观能动性，对当事人诉的利益做出准确的判断。目前，法已经确认保护的利益有个体利益、整体行政利益和社会整体经济利益。其中，个体利益由与诉讼标的具有直接因果关系的主体予以维护，整体行政利益由行政主体予以维护，社会整体经济利益由经济监管机关予以维护，在经济监管机关怠于履责时由社会团体、检察机关和个体通过起诉的方式予以维护。

（二）经济诉讼法的原告

利益与主体相生相伴，每个主体都有自身的利益，同理，诉的利益也离不开主体。结合经济法的基础理论以及国内外经济诉讼的司法实践，本书认为，我国经济诉讼法的原告主要有

_____

〔1〕 参见常怡、黄娟："司法裁判供给中的利益衡量：一种诉的利益观"，载《中国法学》2003 年第 4 期。

经济监管机关、社会团体、检察机关和公民。

1. 经济监管机关的公诉权

经济公诉权是指经济监管权享有主体以维护社会整体经济利益的名义，对行政主体、普通社会主体等社会违反社会整体经济利益的不法行为提起经济公诉的权力。[1]通俗地讲，经济公诉就是"官告民"制度。我国很早就有学者倡导尽快建立"官告民"的诉讼制度[2]，但直到经济诉讼的相关规定被纳入《民事诉讼法》中，这一制度也没有完全建立。下面本书从域外经济监管机关的立法实践展开，然后论证我国经济监管机关享有经济公诉权的必要性和可行性。

（1）域外经济监管机关的立法实践。在英美法系国家，经济监管机关对侵害社会整体经济利益的实施者提起经济公诉较为常见，尤其以美国最为典型。如前文所述，美国拥有众多的独立经济监管机关，它们基本具有对所监管领域的违法行为提起诉讼的权利，例如，美国证券交易委员会可以对管辖地的证券违法行为进行调查，并提起诉讼，请求法院对违法者处以民事罚款。[3]此外，一些大陆法系国家的经济监管机关也具有经济公诉的权利，例如，瑞典2002年《群体诉讼法》规定，群体诉讼包括私人群体诉讼、团体群体诉讼和公共群体诉讼三种。私人群体诉讼由直接受害人提起，原告必须是群体成员之一；团体群体诉讼仅适用于消费者保护法和环境保护法，由这两个领域的非营利性团体提起；公共群体诉讼由政府指定的机关提

〔1〕　刘少军："论法律监督权与经济公诉权"，载《经济法论坛》2014年第1期。

〔2〕　史际春："适应经济法治需要　建立'官告官和民事、行政公诉的制度'"，载《法学家》1998年第1期。

〔3〕　Securities act of 1933. sectiong 16. （e）. Securities act of 1933. sectiong 20. （d）.

起，实践中主要是指消费者专员和环境保护办公室。[1]此外，葡萄牙、挪威、丹麦、芬兰也在主要经济领域赋予相关经济监管机关提起经济公诉的权利。在葡萄牙，经济监管机关可以在公共健康、环境、生活质量、消费者保护、文化遗产、公共财产以及法律保护的其他利益领域提起诉讼。[2]挪威、丹麦和芬兰都设有消费者专员，消费者专员的任务是代表国家执行市场相关法律，保护消费者群体利益。为此，他可以根据消费者的投诉，对相关企业进行调查；确认企业行为确实违法之后，他会首先采取"软手段"，即通过与企业斡旋、谈判，说服其停止违法行为；当这种谈判不能奏效时，他可以向专门的市场法院提起诉讼；对一些情节清晰或者相对轻微的违法行为，他甚至有权直接发布禁令或者处以罚款。[3]2009 年，荷兰消费者管理局也向一家旅行社提起其成立后的第一起经济诉讼，并获胜诉。[4]

（2）我国经济监管机关享有经济公诉权的必要性。域外的经济监管机关为我国提供了丰富的实践经验，但在我国，除了《海洋环境保护法》明确规定负有海洋环境监督管理权的部门可以提起经济公诉，再无法律明确规定其他经济监管机关可以在其监管的领域内行使经济公诉权。本书认为，有必要赋予经济监管机关经济公诉权，理由如下：

---

〔1〕 吴泽勇："群体性纠纷解决机制的建构原理"，载《法学家》2010 年第 5 期。

〔2〕 Henrique Sousa Antunes, "Class Actions, Group Litigation & Other Forms of Collective Litigation (Portuguese Report)", in *The Globalization of Class Actions*, Oxford Conference, December 12-14, 2007. 转引自吴泽勇："群体性纠纷解决机制的建构原理"，载《法学家》2010 年第 5 期。

〔3〕 Seenote 26, p. 87. 转引自吴泽勇："群体性纠纷解决机制的建构原理"，载《法学家》2010 年第 5 期。

〔4〕 吴泽勇："群体性纠纷解决机制的建构原理"，载《法学家》2010 年第 5 期。

第一，经济监管机关具备经济公诉的天然优势，能很好地保护社会整体经济利益。一方面，经济监管机关拥有专业的团队，在设备、技术等方面优势相对明显，这样更有利于收集证据，提高胜诉率。由于社会经济领域分工较细，各个领域之间存在天然的专业上的鸿沟，经济监管机关在常年的经济监管实践中，在所监管的经济领域内，已经积累了丰富的实践经验，加之经济监管人员相对固定，监管所需的设备比较先进，监管人员运用设备监（检）测违法行为的技术较为成熟。因此，经济监管机关是提起经济公诉的最佳主体。例如，环保部门作为环境管理者，拥有先进的环境监测设备和专业的从业人员，他们在常年的工作中积累了丰富的经验，一旦存在环境污染案件，他们能很快地找出案件的重点，并有针对性地搜集证据，在诉讼中举证证明自己所主张的案件事实，这是其他原告无法比拟的优势。另一方面，经济监管机关在经济法律法规实施的第一线，享有经济监督权、经济检查权、经济调查权等职权，在正常条件下，它是经济违法犯罪的首先发现者和证据掌握者，由它作为基本的提起经济公诉主体是最合适的。[1]相比较而言，社会团体、检察机关和个人却不具有经济监管机关的上述优势。如社会团体虽然具有专业人员和知识，但缺乏资金支持和调取证据的权力；检察机关虽然拥有权力机关天然的优势，但它缺少经济领域的专业人员；公民的诉讼能力较弱，在诉讼中发挥作用有限。所以，有必要赋予经济监管机关一定的经济公诉权。

第二，有利于维护司法权威。独立审判是现代司法最重要的原则之一。法官在审判活动中须居于中立地位，应当以旁观者的身份对待当事人诉争的案件。这就要求法官在审理案件时，

---

〔1〕　刘少军、王一鹤：《经济法学总论》，中国政法大学出版社 2015 年版，第 265 页。

必须公开公正地审理案件，不得实施偏袒任何一方当事人的行为。经济诉讼案件的专业性较强，证据种类比较多，而且证据往往很难掌握在经济诉讼的原告手中，这就涉及证据的调取问题。鉴于经济诉讼案件的特殊性，现行司法解释赋予法官调取证据的权力，例如，最高人民法院《关于审理环境民事公益诉讼案件适用法律若干问题的解释》第 14 条赋予法院在审理整体环境利益的案件时调取证据的权力。为了查清案件事实，法官可能会行使调取证据的权力，而这些证据一般对侵权人不利，如果据此证据判决侵权人败诉，侵权人可能会因为法院调取证据的行为，认为法院在帮助原告，从而不服判决。如果法律赋予经济监管机关经济公诉权，由于经济监管机关享有调查权，可以自行调取证据，这样可以弥补原告在获取证据能力方面的不足，使法院回归居中裁判的地位，提高法院的公信力。

第三，有利于监督行政垄断行为。行政垄断是社会危害性较大的行为，也是最为隐蔽的垄断行为之一。行政垄断出现的根源在于行政权力缺乏有效监督。如前文所述，自 2008 年《反垄断法》实施至 2014 年间，全国法院系统仅审理了一起行政垄断的诉讼案件。本书认为，这几年间，全国发生的行政垄断案件一定远不止这一件，许多行政垄断案件要么未被发现，要么已经通过其他方式予以解决，所以这些案件都没有进入诉讼程序。行政垄断行为之所以未通过司法程序予以纠正，主要原因还是缺乏对行政垄断行为的有效监督。如果经济监管机关有权对行政垄断行为进行监督，以及提起经济诉讼，既有利于及时纠正行政垄断行为，减少该行为所带来的危害后果，又能提高行政机关的法律意识，对建设法治政府具有重要意义。

（3）我国经济监管机关享有经济公诉权的可行性。在我国，经济监管机关具备提起经济公诉的现实可行性，理由如下：

第一，经过学者们多年的研究，形成了丰富的理论成果，为经济监管机关提起经济公诉提供了理论支持。虽然我国还没有"经济监管机关"的官方称呼，但对经济监管机关的研究已经历时多年，研究最多的当属刘少军教授。他在博士论文《法边际均衡论——经济法哲学》中就从哲学的角度对经济监管机关作为经济法的主体及其独立性作出阐述，主张由经济监管机关作为代表，维护社会整体经济利益。此后，刘少军教授又围绕经济监管机关撰写《论法程序的本质与经济法程序》《论法律监督权与经济公诉权》《论整体经济利益与经济法主体》等多篇学术论文，论证经济监管机关提起经济诉讼的必要性和可行性，为经济监管机关行使经济公诉权提供了丰富的理论成果。此外，史际春教授从 1998 年开始就呼吁建立经济公诉制度[1]，而且一直坚持从事这方面的研究。史际春教授认为"将行政机关的经济执法置于司法监督之下，强调执法者与被执法者之间平等、民主的一面……这是当代经济民主的表现形式之一。"[2]"让公共管理机关将问题或纠纷诉诸法院，既可强化法律的权威，又可提升经济执法的民主性。""我国检察机关作为法律监督机关承担着总检察职能，也在积极尝试代表国家对个人、企事业单位、机关团体损害国家或社会利益的行为提起民事诉讼，但这对于市场经济及其法治所要求的民事公诉而言还远远不够，因为它没有涵盖日常的公共经济管理职能，仍需赋予具体的公共

---

[1]　1998 年，史际春教授发表文章阐述了建立行政公诉的必要性。虽然史际春教授用的"行政公诉"，但根据其本意还是可以看出经济监管机关的含义。参见史际春："适应经济法治需要　建立'官告官和民事、行政公诉的制度'"，载《法学家》1998 年第 1 期。

[2]　史际春："适应经济法治需要，建立'官告官和民事、行政公诉的制度'"，载《法学家》1998 年第 1 期。

经济管理机关如税务局、证监会等提起民事公诉的权力。"〔1〕此外，还有学者拓宽"官告民"的路径，认为应当创设新的诉讼制度，如"官告官"的制度，既应包括主管机关依其职权的公诉制度，也应包括政府等公法上的主体基于自身利益提起的诉讼〔2〕。还有许多学者为"经济监管机关"的研究贡献了丰硕的学术成果，限于篇幅，在此不一一介绍。正是学者们孜孜不倦地研究，使得"经济监管机关"的理论日趋丰富和完善，为经济监管机关提起经济诉讼提供了理论支撑。

第二，现行法律为经济监管机关提起经济公诉提供了法律"通道"。经济监管机关之前并不享有经济公诉的权利，直到1999年修订《海洋环境保护法》第90条〔3〕赋予海洋环境监管机关经济公诉权。2021年修正的《民事诉讼法》第58条也明确"法律规定的机关"可以提起经济诉讼〔4〕。虽然法律没有明确规定哪些机关可以提起经济诉讼，但从现有的法律规定来看，海洋环境监管机关和检察机关都享有经济公诉的权利。因此，经济监管机关应属于"法律规定的机关"。除了法律，在检察机关制定发布的内部文件《检察机关民事公益诉讼案件办案指南

---

〔1〕 史际春主编：《经济法》（第三版），中国人民大学出版社2015年版，第92页。

〔2〕 冯果主编：《经济法——制度·学说·案例》，武汉大学出版社2012年版，第127页。

〔3〕 1999年修订《海洋环境保护法》第90条第2款："对破坏海洋生态、海洋水产资源、海洋保护区、给国家造成重大损失的，由依照本法规定行使海洋环境监督管理权的部门代表国家对责任者提出损害赔偿要求。"

〔4〕 《民事诉讼法》第58条："对污染环境、侵害众多消费者合法权益等损害社会公共利益的行为，法律规定的机关和有关组织可以向人民法院提起诉讼。人民检察院在履行职责中发现破坏生态环境和资源保护、食品药品安全领域侵害众多消费者合法权益等损害社会公共利益的行为，在没有前款规定的机关和组织或者前款规定的机关和组织不提起诉讼的情况下，可以向人民法院提起诉讼。前款规定的机关或者组织提起诉讼的，人民检察院可以支持起诉。"

（试行）》中也规定了环境监管机关可以在生态环境领域提起损害赔偿之诉[1]。由此可以看出，经济监管机关提起经济公诉将是未来发展的趋势。目前只有海洋环境监管机关和生态环境监管机关享有经济公诉权，主要与该领域侵权行为较为严重有关。相信随着整体经济的发展，其他经济监管机关也将肩负提起经济诉讼的重任，如同英美法系的经济监管机关在经济领域发挥的作用一样。随着全球经济一体化趋势的不断加强，世界两大法系之间的界限变得不再泾渭分明，相互融合的内容越来越多，如同民法学者所言："第二次世界大战结束以后，大陆法系和英美法系不断融合，英美法系民法对大陆法系民法产生重要影响，我国制定《物权法》时吸收英美法系的苏格兰的经验而规定浮动抵押制度，制定《合同法》时吸收英美法系关于先期违约制度的经验而规定不安抗辩权。"[2]《物权法》和《合同法》的立法经验，为我国建立经济监管机关提起经济公诉提供了宝贵的经验。

　　第三，经济监管机关具有丰富的经济公诉的经验。早在1983年12月27日，深圳市蛇口区环境监测站向深圳市中级人民法院提起诉讼，此案原告胜诉，得到社会各界一致赞誉。"2002年12月26日，天津市海洋局将造成海洋原油污染的英费尼特航运有限公司及其保险人伦敦汽船船东互保协会作为被告告上法院，向天津海事法院提起诉讼，并要求两被告赔偿海洋环境容量损失、生物治理研究费用和监测评估费用等。"此案原告胜诉，并被誉为"中国海洋生态损害赔偿第一案"。[3]2007年12月10日，贵州省贵阳市人民政府所属"两湖一库"管理

[1]　《检察机关民事公益诉讼案件办案指南（试行）》规定："根据生态环境损害赔偿制度改革的相关规定，国务院授权的省、市级人民政府及其指定的相关职能部门，可作为赔偿权利人提起生态环境损害赔偿诉讼。"
[2]　参见陈华彬：《民法总则》，中国政法大学出版社2017年版，第9页。
[3]　竺效："中国海洋生态损害索赔第一案"，载《绿叶》2006年第2期。

局作为原告，向清镇市人民法院环保法庭提起环境污染损害诉讼，要求天峰化工公司停止排污侵权。此案判决确认了行政机构在环境公益诉讼中的原告资格，突破了在普通诉讼中原告必须是"直接利害关系人"的限制，因而扩大了原告范围。此案因此被评为 2007 年全国最有影响的公益诉讼案件之一。[1]还有一起近几年的案件：2018 年 10 月 12 日，济南市中级人民法院继续审理山东省环境保护厅诉被告山东金诚重油化工有限公司、山东弘聚新能源有限公司生态环境损害赔偿纠纷案。这是山东省政府在济南市首次以赔偿权利人身份提起生态环境损害赔偿诉讼的案件。

通过上述案例可以看出，在法律规定以前，经济监管机关已经开展多起经济公诉活动，其对维护社会整体经济利益表现出高度的热情，在诉讼活动中也积累了丰富的实践经验，如果由经济监管机关对违法行为提起损害赔偿之诉，势必会提高社会整体经济利益的保护力度。如同 Securities and Exchange Commission v. Macdonald 中科芬（Coffin）法官在谈到证券交易委员会起诉的目的和功能时指出，如果本案是发生在两个私人之间的案件，即一方欺诈，另一方被欺诈，则全席法庭意见似乎不言自明。然而，这在本案中并不具有说服力，因为那些不被法庭计入补偿的利益是证券交易委员会代表投资界这一整体享有的，而个人却通过严重违反投资界的规则，获得了巨额利益。[2]从科芬法官的话中我们可以看出，经济监管机关行使经济公诉权，对维护社会整体经济利益有重要的作用。

---

〔1〕 "环境公益诉讼破壳而出'两湖一库'打响第一枪"，载人民网 http://env1. people. com. cn/GB/106985/8599474. html，最后访问日期：2018 年 12 月 18 日。

〔2〕 Securities and Exchange Commission v. Macdonald, et al. 转引自施天涛、周伦军主编：《美国证券欺诈经典案例：内幕交易与虚假陈述》，法律出版社 2015 年版，第 286 页。

综上可以看出，我国具备经济监管机关提起经济公诉的理论条件、法律基础和实践经验，其应当成为经济诉讼法的优先起诉主体。

2. 社会团体的经济起诉权

（1）域外经验。社会团体提起经济诉讼在大陆法系国家比较流行，尤其是发源地德国。

在 2002 年以前，社会团体都是基于维护社会公共利益提起不作为之诉，还不能提起损害赔偿之诉。2004 年新修订的《德国反不正当竞争法》增设"收缴不当利润诉讼"，原告可以请求法院判决被告支付其诉讼所支出的必要费用后将侵害人违法所得利益收归财政。[1]此外，法国等大陆法系国家和地区也有社会团体提起经济诉讼的法律规定，例如，《法国消费者法典》第421-6 条、421-7 条规定消费者团体可对经营者侵害消费者权益的违法或不当行为提起诉讼，请求停止违法或者不当的经营行为。根据《法国消费者法典》第422-1 条之规定，消费者团体可以接受同一损害消费者中两人以上的委托代理消费者提起损害赔偿诉讼。[2]

社会团体一般都是公益性的组织，其无法像营利性组织一样通过开展经营活动获取利益，因此，公益性的社会团体提起诉讼的经费问题是影响其行使经济诉讼权利的重要因素之一。域外在保障社会团体经费方面的做法主要有以下几个方面：德国消费者团体可以通过消费者的授权提起损害赔偿之诉，胜诉后将损害赔偿金交付给授权的消费者，如果之前双方有协议，

---

〔1〕　参见潘申明：《比较法视野下的民事公益诉讼》，法律出版社 2011 年版，第 172 页。

〔2〕　参见陶建国等：《消费者公益诉讼研究》，人民出版社 2013 年版，第 72—73 页。

消费者团体可以从胜诉的赔偿金中扣除诉讼费用。[1]奥地利则允许诉讼资助公司收取全部诉讼请求额 30%—40% 的报酬。[2]在奥地利，为了获得进行诉讼必需的经费，消费者信息联合会与一个诉讼费用资助公司达成协议，由后者资助诉讼，并在胜诉时付给后者一定比例的胜诉酬金。[3]从诉讼收益中扣除诉讼费用乃至收取适当报酬，既为公益团体提起损害赔偿诉讼提供动力机制，也在相当程度上分摊了不作为之诉的成本，实现以私益诉讼带动公益诉讼的目的。

（2）我国社会团体的经济起诉权。根据我国现行《民事诉讼法》《消费者权益保护法》和《环境保护法》等法律的规定，可以提起经济诉讼的社会团体有两个，即环保组织和消费者保护协会或其他消费者组织（为便于表述，以下以"消费者保护协会"代替消费者保护协会或其他消费者组织）。社会团体拥有专业的人才队伍，具有丰富的行业知识，一些规模较大的团体甚至拥有监（检）测的基础设备，因此，其诉讼能力仅次于经济监管机关。现行法律规定只有公益性的社会团体才能提起经济诉讼，因此，社会团体能够最大程度地从保护社会整体经济利益的视角出发，以此决定是否起诉以及提出哪些诉讼请求。自从 2015 年社会团体被司法解释明确规定为经济诉讼主体后，环保组织和消费者保护协会提起经济诉讼的热情非常高，为维护社会整体经济利益作出了重大贡献。

由于我国经济诉讼程序被规定在《民事诉讼法》中才短短几年时间，为了慎重起见，法律对社会团体提起诉讼非常谨慎，

---

〔1〕　参见陶建国等：《消费者公益诉讼研究》，人民出版社 2013 年版，第 43 页。

〔2〕　参见刘学在："请求损害赔偿之团体诉讼制度研究"，载《法学家》2011年第 6 期。

〔3〕　吴泽勇："群体性纠纷解决机制的建构原理"，载《法学家》2010 年第 5 期。

对它们要求比较高，只有符合相关条件才能提起经济诉讼。如我国《环境保护法》第 58 条对提起经济诉讼的环保组织要求非常严格，须满足设区的市级民政部门登记和连续从事 5 年环保公益活动的条件。又如只有我国省级以上消费者协会才能提起消费经济诉讼，并且对消费者协会提起经济诉讼的案件类型进行明确限定〔1〕。这也是为了防止社会团体滥用诉讼权利的一种立法考量。虽然我国现行法律和司法解释没有对社会团体的起诉条件作出专门规定，仅规定了注册地和成立时间，但本书认为，有必要对社会团体提起经济诉讼的条件作出专门规定，这样才能规范社会团体的诉讼行为，充分发挥它们在保护社会整体经济利益方面的作用。对社会团体的限定应当从主体自身的特点来探寻，这样才能对主体的条件作出准确的判断。经济诉讼法不是以维护个体利益为主要目的的法律，而是以维护社会整体经济利益为目的的程序法，这一特点决定了原告与被侵害的利益没有直接利害关系。为了防止原告通过诉讼谋取私人非法利益，有必要对原告的诉讼条件进行严格限制。

　　首先，只有出于维护社会整体经济利益的目的才能提起诉讼，否则不具有诉的利益。经济领域比较专业的公益性社会团体作为经济诉讼的适格原告，应当始终以维护社会整体经济利益为己任，在参加诉讼时不得谋取私利，否则失去诉讼的正当性。其次，社会团体的目标和宗旨应与所保护的社会整体经济利益相一致。社会团体作为公益性组织，也有独立的运营目标和宗旨，这是社会团体存在和发展的基石，社会团体的所有活动都必须围绕其目标和宗旨，否则就失去了存在的意义。因此，社会团体提起经济诉讼须在其目标和宗旨的范围内，不得超出

---

〔1〕　详见最高人民法院《关于审理消费民事公益诉讼案件适用法律若干问题的解释》第 1 条、第 2 条。

目标和宗旨。最后，社会团体提起诉讼须在其注册地范围以内。不可否认的是，社会团体跨区域提起诉讼对于维护社会整体经济利益具有重要意义，同时，也能防止其他地区出现社会整体经济利益被侵害而没有适格主体提起诉讼情况的发生。但社会团体在注册地以外的地区提起经济诉讼将引起许多弊端：其一，可能造成滥诉情况的发生。我国现有法律对社会团体提起经济诉讼的资格作出严格规定，目的就是防止滥用起诉的资格，而如果不对社会团体的诉讼地域范围作出明确规定，可能会使一些社会团体为了"抢大案""博眼球"专门办理全国影响较大的案件，而不关心本地区的整体经济利益被侵害案件，这与立法目的不符。其二，社会团体都是在本地注册的非营利性组织，受本地区主管机关监督，而且熟悉本地区的经济发展情况，把社会团体的诉讼地域限定在辖区内，有利于社会团体专注本辖区经济发展，更能维护当地利益。反之，如果允许社会团体到注册地以外的地区提起经济诉讼，可能会因为社会团体对当地诉讼环境和业务不熟悉而导致败诉，且浪费司法资源。环保组织"重庆两江"提起经济诉讼败诉就是一个典型的事例。[1]总之，社会团体的起诉条件应当严格限制，这样才能规范其诉讼行为。

如前文所述，社会团体开展经济诉讼有天然优势，但其也有不足。经济诉讼法要求提起诉讼的主体须具有公益性，而提起诉讼又必须花费大量的人力、物力和财力，消费者保护协会因为具有半官方性质，它的费用支出都由政府来保障，而环保组织等其他一些公益性组织在提起诉讼时不得不考虑经费支出，而且即使胜诉也只能主张因为诉讼而支出的合理费用。因此，

---

〔1〕"环保部回应：环保组织提起'环境公益诉讼'败诉后遭公众质疑"，载搜狐网 https://www.sohu.com/a/167137624_749931，最后访问日期：2019年2月1日。

社会团体经费来源就成为制约它们提起诉讼的因素之一。"如果一个协会的诉讼预算是有限，那么他们只会在胜算概率很大、争议点很小的情况下，才会提起诉讼。这种结果导致了那些标的大、诉讼困难的案件，如在投资领域的广告误导活动、保险公司的格式条款都不会被提起诉讼。"〔1〕这不是只有我国社会团体才面临的问题，而是其他可以提起经济诉讼的国家同样面临的问题，包括团体诉讼的起源地德国。事实上，德国公益团体起诉对象的确往往是中小企业，而且是明显违法、胜诉把握大的案件，对于垄断企业或者无先例可循的案件，其往往不敢涉足。〔2〕因此，在构建经济诉讼时，应当考虑社会团体经费不足问题。

3. 检察机关的经济起诉权

与社会团体一样，检察机关是我国现行法律明确规定的经济诉讼起诉主体之一。我国将检察机关作为经济诉讼原告之一，也是借鉴国外经济发达国家先进经验的重要举措。

（1）域外经验。无论是国内还是国外，检察机关一般都被视为公共利益的代表。检察制度完善的法国，被认为是现代意义上民事检察制度的发源地。检察官最初代表国王的利益帮助其处理事务，法国大革命以后，检察官成为社会公共利益的代表。《法国新民事诉讼法典》第 421 条规定：检察院得作为主当事人进行诉讼，或者作为从当事人参加诉讼。在法律确定的情况下，检察院代表社会。〔3〕第 423 条规定：除法律有特别规定之

〔1〕　Harald Koch,"Class And Public Interest Action In German Law", *C. J. Q.* 1986, 5（JAN）, pp. 66—77.

〔2〕　参见潘申明：《比较法视野下的民事公益诉讼》，法律出版社 2011 年版，第 168 页。

〔3〕　罗结珍译：《法国新民事诉讼法典》（上册），法律出版社 2008 年版，第 435 页。

情形外，在涉案事实妨害公共秩序时，检察院得为维护公共秩序提起诉讼。[1]此外，德国、美国、俄罗斯的检察官也可以代表社会整体经济利益提起诉讼。《德国行政法院法》第35条规定，联邦行政法院检察官可以担任公益代表人。[2]美国《谢尔曼法》第4条规定：授权美国区法院司法管辖权，以防止、限制违反本法；各区的检察官，依司法部长的指示，在其各自区内提起衡平诉讼，以防止和限制通过契约、托拉斯形式或其他形式的联合、共谋，用来限制州际间或与外国之间的贸易或商业。[3]

"俄罗斯的检察机关既不是立法权力机关，也不是行政权力机关，又不是司法权力机关，而是一种特殊的国家机关。"[4]在俄罗斯被称为"护法机关"。现行《俄罗斯联邦民事诉讼法典》第45条规定："检察长有权请求法院维护公民、不特定范围的人的权利、自由和合法利益或者维护俄罗斯联邦、俄罗斯联邦主体、地方自治组织的利益。"[5]《俄罗斯联邦检察机关法》第27条第4款和第35条第3款规定，当受到侵犯的公民的权利和自由或者是这种侵犯行为具有特别的社会意义时，检察机关享有向法院提出诉讼的权利。《俄罗斯联邦民事诉讼法典》没有界定"不特定范围的人的权利"，但俄罗斯学界普遍认为，检察机

---

〔1〕 罗结珍译：《法国新民事诉讼法典》（上册），法律出版社2008年版，第436页。

〔2〕 [德] 弗里德赫尔穆·胡芬：《行政诉讼法》（第5版），莫光华译，法律出版社2003年版，第53页。

〔3〕 中华人民共和国商务部反垄断局编：《世界主要国家和地区反垄断法律汇编》（上册），中国商务出版社2013年版，第180页。

〔4〕 参见刘向文、宋雅芳：《俄罗斯联邦宪政制度》，法律出版社1999年版，第240页。

〔5〕 程丽庄、张西安译：《俄罗斯民事诉讼法典》，厦门大学出版社2017年版，第17页。

关为了不确定范围的人的利益提起诉讼，其中必然有公共利益的存在。[1]由此可以看出，俄罗斯检察机关可以提起旨在维护"公共利益"的"民事诉讼"。

（2）我国检察机关的经济起诉权。我国的检察机关与西方主要国家的检察机构设置不同：西方主要国家没有独立的检察机构，都是由在司法部或法院工作的"检察官"具体行使检察机关的职权，而我国的检察机关不隶属于任何机构，它是独立于立法机关和行政机关的机构。从域外国家的经验可以看出检察机关维护社会整体经济利益是世界主要国家通行的做法，我国也在2017年正式将检察机关提起经济诉讼纳入法律体系。与社会团体相比，检察机关提起诉讼具有天然优势：检察机关是国家机关，而且也是法律专业机关，拥有大量的法律专业人才，具有充足的经费保障，并且在日常工作中与其他监管机关联系较为紧密，如果由检察机关提起经济诉讼，在法律专业知识、经费保障及监管机关的配合等方面都有社会团体不具有的天然优势。因此，由检察机关提起经济诉讼符合我国的国情，同时也能很好地发挥检察机关在维护社会整体经济利益方面的作用。

在我国法律尚未赋予检察机关经济诉讼原告的地位之前，学界对检察机关能否作为经济诉讼原告已经展开了激烈的讨论，主要形成两种观点：一种是支持的观点，该观点是主流观点；另一种是反对的观点。支持的观点认为检察机关提起经济诉讼是世界通例，社会发展存在国有资产流失、环境公害案件和垄断、不正当竞争等案件不断增多是检察机关提起经济诉讼的主

---

［1］ 参见李昕：《俄罗斯民事检察制度研究》，中国检察出版社2012年版，第111—116页。

要原因。[1]还有学者从诉的利益和公民、社会团体诉讼能力不足方面论证检察机关提起经济诉讼的正当性[2]等。持反对观点的学者认为我国检察机关和世界主要国家检察机关性质不同，我国检察机关属于司法机关，与审判机关是平行的，国外主要国家检察机关属于行政机关，行使的是行政权，权力性质不同，不具借鉴性，而且如果由检察机关提起经济诉讼，将使民事诉讼结构失衡。[3]也有学者持类似的观念，认为检察机关提起经济诉讼会违反民事诉讼当事人处分原则和平等原则，导致检察机关既是运动员又是裁判者。[4]还有学者认为检察机关提起经济诉讼缺乏监督，且容易造成检察机关既是原告又是法律监督者的身份混淆现象。[5]

本书同意第一种观点，即支持检察机关提起经济诉讼的观点。理由有两点：①我国检察机关具有维护社会整体经济利益的使命。虽然我国检察机关与国外检察机关的性质不同，但我国检察机关代表社会整体利益的性质没有改变，它是我国的法律监督机关，其本身对我国的法律实施具有监督权，经济诉讼法也是法律体系的组成部分，在没有主体提起经济诉讼维护社会整体经济利益的情况下，由作为社会整体利益代表的检察机关提起经济诉讼是维护法律权威的应有之义，符合公众对检察

〔1〕 参见汤维建："论检察机关提起民事公益诉讼"，载《中国司法》2010年第1期。

〔2〕 杨建广、李懿艺："检察机关提起公益诉讼的正当性探析"，载《法治论坛》2012年第2期。

〔3〕 参见杨秀清："我国检察机关提起公益诉讼的正当性质疑"，载《南京师大学报（社会科学版）》2006年第6期。

〔4〕 参见王蓉、陈世寅："关于检察机关不应作为环境民事公益诉讼原告的法理分析"，载《法学杂志》2010年第6期。

〔5〕 黄凤兰："对检察机关提起公益诉讼的再质疑"，载《中国行政管理》2010年12期。

机关的期待。②提起经济诉讼符合公诉权的内涵。"我国的检察权是一种复合型权力，主要内含法律监督权、公诉权两种不可兼容的权能。"〔1〕公诉权和法律监督权是两个平行的权力，不具有包含关系，从我国《宪法》第 134 条和 136 条〔2〕对检察权的表述就可以看出检察权并不止一个含义，而是包括法律监督权和公诉权。由于公诉权经常适用于刑事诉讼程序，常常被认为是刑事诉讼法中的权力，这是没有理解公诉权的性质造成的。公诉权有两种性质，检察机关代表国家追究犯罪分子的刑责时，它体现的是一种权力，这种权力带有强制性，不得随意放弃；但从法院的角度来看，检察权又是一种请求权，即请求法院依法作出判决的权利。公诉权的这种双重属性决定了检察机关可以对任何违反社会整体利益的行为提起诉讼。持反对意见的学者的担忧是有一定道理的，毕竟检察机关是国家机关，而经济诉讼的被告是非国家机关，双方在诉讼能力上存在一定差距。但这也不应成为检察机关不能成为原告的理由。由于绝大多数的经济诉讼案件都非常复杂，而且证据往往都掌握在侵权人手中，虽然检察机关具有国家机关天然的优势地位，占有较强的资源优势，但与作为主要证据持有人的被告相比，这种优势所占无几，而且在员额制法官改革的背景下，法官需要对自己所办的案件负责，即使检察机关具有法律监督权，也难以改变法官对案件证据和事实的认定。因此，检察机关提起经济诉讼不会影响经济诉讼案件的公正审判。

　　在论证检察机关可以提起经济诉讼之后，有必要对检察机

---

　　〔1〕　何燕："检察机关提起民事公益诉讼之权力解析及程序构建"，载《法学论坛》2012 年第 4 期。

　　〔2〕　《宪法》第 134 条："中华人民共和国人民检察院是国家的法律监督机关。"第 136 条："人民检察院依照法律规定独立行使检察权，不受行政机关、社会团体和个人的干涉。"

关的经济起诉权的性质进行界定，这关系到检察机关应以什么方式启动二审程序。有关检察机关经济起诉权的性质，学者们的观点不尽相同，主要有"法律监督说""双重身份说""公益代表人说""民事公诉人说""原告说"五种观点[1]，最终司法解释将检察机关定性为"公益诉讼起诉人"，这也是最高人民法院、最高人民检察院在总结提炼试点实践经验的基础上形成的共识[2]。实践中，检察机关在一审中以什么身份提起诉讼显得不是非常重要，但它以什么方式启动二审程序，对确定二审当事人的身份具有重要影响。如果检察机关提起经济诉讼后败诉，其可以行使两种权力（利）启动二审程序，一种是上诉权，另一种是抗诉权。当行使上诉权时，意味着参加第二审程序的主体还是一审的经济诉讼起诉人；如果行使抗诉权启动第二审程序，参照《刑事诉讼法》的规定，应当是第二审法院的同级检察机关派员参加庭审。根据启动第二审程序的方式不同，参加庭审的检察机关也不相同。对于通过什么方式启动二审程序，在最高人民检察院、最高人民法院以及民事诉讼法学、行政诉讼法学、宪法学研究会联合举办的"探索建立检察机关提起公益诉讼制度研讨会"上，多数学者认为以抗诉方式启动二审程序较为合适[3]。但最高人民法院、最高人民检察院《关于检察公益诉讼案件适用法律若干问题的解释》第10条和第11条明确检察机关不服一审判决、裁定的，可以上诉的方式启动二审

---

[1] 详见廖中洪："检察机关提起民事诉讼若干问题研究"，载《现代法学》2003年第3期。

[2] "明确检察机关以'公益诉讼起诉人'身份提起诉讼"，载人民网http://gongyi.people.com.cn/n1/2018/0306/c151132-29850286.html，最后访问日期：2019年2月1日。

[3] 参见徐全兵："深入探讨法理基础 科学谋划程序设计——探索建立检察机关提起公益诉讼制度研讨会观点综述"，载《人民检察》2016年第11期。

程序，一审检察院和上一级检察院都可以派员参加。显然司法解释没有采纳多数学者的观点，认为以上诉的方式更能体现检察机关和当事人在诉讼地位上的平等性。

　　上述问题又引发一个问题：检察机关在二审中败诉后，能否启动审判监督程序？如果检察机关不是诉讼当事人，则其监督经济诉讼活动是检察机关履行法律监督职责的应有之义。但如果检察机关是原告，由于检察机关是诉讼的当事人，其还能否对经济诉讼活动进行监督？这个问题也是社会各界质疑检察机关作为适格原告的原因之一。针对这一问题，学界已有研究，从现有的研究成果来看，学者们的观点基本一致，均认为检察机关可以行使审判监督权。具有代表性的观点是：虽然赋予检察机关抗诉权会造成其与对方当事人之间诉讼权利的不平等，但这只是程序上的问题，法院最终还是会以原审生效案件是否错误为判断标准进行审判。[1]有的学者认为检察机关在刑事诉讼程序中的角色与民事公益诉讼中的角色并无差异，检察机关可以对一审案件进行抗诉，对二审案件可以启动审判监督程序。[2]最高人民检察院采纳了学者们的观点，在其制定的《人民检察院公益诉讼办案规则》第 64 条[3]规定，检察机关可以针对已经生效的公益诉讼判决、裁定提出抗诉，以规范性文件的形式确立了公益诉讼案件的抗诉权。本书对检察机关在经济诉讼案件中享有抗诉权亦持肯定观点。检察机关是法律监督机关，同时

---

〔1〕　李浩："论检察机关在民事公益诉讼中的地位"，载《法学》2017 年第 11 期。

〔2〕　杨金顺："检察机关提起民事公益诉讼若干问题探析"，载《宁夏社会科学》2015 年第 5 期。

〔3〕　《人民检察院公益诉讼办案规则》第 64 条："最高人民检察院发现各级人民法院、上级人民检察院发现下级人民法院已经发生法律效力的公益诉讼判决、裁定确有错误，损害国家利益或者社会公共利益的，应当依法提出抗诉。"

也是社会整体利益的维护者。不可否认，检察机关在提起经济诉讼时可能也有自己的"利益考量"，但经济诉讼起诉权仅仅是程序性权利，不论诉讼的结果如何，都不会给检察机关带来实质性的影响，因此，检察机关也不会为了追求胜诉的结果，而通过启动审判监督程序的方式，试图纠正经济诉讼的生效裁判。这一点在刑事诉讼案件中已有体现。检察机关在刑事诉讼中也具有两种身份，但司法实践中，并没有出现检察机关利用抗诉权干扰法院依法作出裁判的案例。因此，检察机关可以对经济诉讼案件进行审判监督。

4. 公民诉讼

公民提起经济诉讼在域外主要经济发达国家非常普遍，尤其在美国，公民作为"私人检察官"，可以对一切损害美国利益的行为提起诉讼。其中，在垄断领域和环境保护领域，公民提起经济诉讼的作用最为突出。

美国《谢尔曼法》第 7 条和《克莱顿法》第 4 条均规定："任何因反托拉斯法所禁止的事项而遭受财产或营业损害的人，可在被告居住的、被发现的，或有代理机构的区向美国区法院提起诉讼，不论损害的大小，一律给予其损害额的三倍赔偿、诉讼费和合理的律师费。"[1]在美国，公民在维护社会整体经济利益的诉讼中发挥重大作用，正如美国著名的环保组织野生生物保护协会宣称的那样："我们的最终目的不是提起诉讼。然而，如果没有公民实施（环境公民诉讼）之机会，则对环境保护明显不利……公众才是环境利益以及公众利益之最后保障。"[2]"美国

---

〔1〕 参见中华人民共和国商务部反垄断局编：《世界主要国家和地区反垄断法律汇编》（上册），中国商务出版社 2013 年版，第 181—183 页。

〔2〕 徐祥民、凌欣、陈阳："环境公益诉讼的理论基础探究"，载《中国人口·资源与环境》2010 年第 1 期。

《1970 年清洁空气法》《1972 年清洁水法》《1973 年濒危物种法》《1974 年安全饮用水法》等 12 部重要联邦环境法律都通过'公民诉讼'条款明确规定公民的诉讼资格……更好地维护公民的生命、健康、财产和良好的生活环境等合法权益。"[1]

在我国，法律规定公民提起民事诉讼须与其有直接利害关系，否则不能提起诉讼，因此公民被严格控制在经济诉讼的起诉主体以外，许多公民为了维护社会整体经济利益，不得不购买商品或者服务，成为纠纷的一方当事人，以此实现起诉、维护社会整体经济利益的目的。可以说，作为社会的创造者和维护者，公民在维护社会整体经济利益的道路上作出了重要贡献。我国学界也对公民提起经济诉讼持肯定态度，学者们都是从公民参与经济诉讼对国家治理方面的重要意义角度来论证的。"在公益诉讼领域，授权并鼓励个人提起公益诉讼，既是对'法律民主主义'观念的实践，也与公益诉讼的本质不谋而合，公益诉讼实际上就是一个有利害关系且受到影响的个人、组织以及政府机构之间相互协商，共同参与社会、政治、经济问题决策的过程。强调并保障个人在公益诉讼中的执法权，不仅仅是为了救济受害者，更在于体现法实现过程中的民主精神。"[2]"对于那些被边缘化的群体而言，诉讼有时候是在特定时期进入政治生活的唯一或者最不昂贵的入口"[3]，赋予公民对侵害社会整体经济利益的案件提起诉讼的权利，为他们参与社会治理、

---

[1] 参见王树义主编：《环境与自然资源法学案例教程》，知识产权出版社 2004 年版，第 123—124 页。

[2] Cai Wei,"The Procedure and Safeguards System of US Personal Instituted Public Interest Litigation", *Contemporary Law Review*, Vol. 7, 2007, 转引自黄凤兰："对检察机关提起公益诉讼的再质疑"，载《中国行政管理》2010 年第 12 期。

[3] 佟丽华、白羽：《和谐社会与公益法——中美公益法比较研究》，法律出版社 2005 年版，第 196 页。

维护公共环境提供了良好的法治环境。"由于国家机关启动诉讼程序的特殊要求以及可能存在的信息、动力与工作作风乃至利益关系（如地方保护、部门保护、腐败）等方面的限制与制约，国家启动救济程序存在一定局限。因此，有必要建立社会个体的辅助救济制度，也即在国家机关怠于行使救济等情况下，社会个体成员可以作为社会整体利益的代表享有诉讼权。"[1]

学界对公民作为原告提起经济诉讼寄予很高的期望，这和公民在社会公共管理中发挥的重要作用密不可分。但《民事诉讼法》修改时没有将公民纳入经济诉讼的原告范围，主要是考虑到我国公民法律知识水平普遍不高，法律意识不强，诉讼权利容易被滥用，为了谨慎起见，将公民排除在经济诉讼的原告行列。立法机关的这种考量是可以理解的，因为我国人口众多，受教育水平参差不齐，公民的法律教育与我国社会经济的发展速度不相协调，如果允许公民提起经济诉讼，必将导致法院案件量激增，甚至造成司法系统瘫痪。因此，现阶段将公民排除在经济诉讼的原告范围之外是非常符合我国国情的立法举措。但本书认为，公民是维护社会整体经济利益的最后一道防线，如果将公民彻底挡在经济诉讼的大门之外，在其他主体不提起诉讼时，社会整体经济利益就会处于无人保护的状态，这对社会整体经济的发展将造成严重阻碍。此外，由于经济诉讼涉及社会政策的形成、修复，对社会公共管理具有重要影响，从这种角度来看，公民参与经济诉讼也是参加社会管理的途径之一，如果关闭公民提起经济诉讼的大门，将不利于公共管理。因此，应当赋予公民提起经济诉讼的权利，作为维护社会整体经济利益的最后一道防线。但考虑到我国公民的法律意识和知识水平

---

〔1〕 李友根："社会整体利益代表机制研究——兼论公益诉讼的理论基础"，载《南京大学学报（哲学·人文科学·社会科学版）》2002 年第 2 期。

整体不高的社会现实，可借鉴美国公民整体环境诉讼的经验，赋予我国公民有限制的诉讼权利。

美国"《清洁空气法》等环境保护法律规定，拟提起公民诉讼的公民或环保团体必须以书面通知的形式告诉企业或联邦环保局其提起公民诉讼的意图；而且这种法庭诉讼必须要等到该通知书送达企业或联邦环保局 60 天（有的法律规定为 90 天）之后才能提起……在诉前通知期间，如果被通知的企业或政府环保部门采取措施纠正了违法行为，则被诉违法行为不复存在，公民诉讼程序因而应当停止。"[1]

因此，可以在公民提起诉讼时设置前置程序，即公民在提起诉讼之前须书面通知经济监管机关，并发布公告。如果经济监管机关在 30 日内没有起诉，也没有答复公民，并且社会团体和检察机关也没有起诉的，公民可以提起诉讼。这样可以在保护公民诉权和防止诉权被滥用之间实现平衡，发挥公民维护社会整体经济利益的作用。

（三）原告资格的特别限制

与民事诉讼法相比，经济诉讼法比较特殊，它是无直接利害关系人提起的诉讼，原告范围比较广，既有经济监管机关，又有法律监督机关，既有民间团体，又有公民个人，他们共同构成了经济诉讼法的原告体系。由于原告主体的多样性和特殊性，原告在起诉时还应当满足一定条件。

经济监管机关和检察机关都是国家机关，实行中央、省、市、县四级行政区域划分的机构设置。根据行政区划的不同，在每个区域内设立职能相同的机关，以实现经济监管机关和检察机关的职能覆盖所有区域。由于各行政区域都有相应的职能

---

[1]　参见王曦、张岩："论美国环境公民诉讼制度"，载《交大法学》2015 年第 4 期。

机关，为防止不同区域的机关跨区域行使权力（利），应当保持经济监管机关和检察机关的地域性特征，不应突破地域限制去越权管理其他地区的事务。如甲市经济监管机关到乙市中级人民法院起诉乙公司，虽然这样可能会对全社会的整体经济利益具有重要保护作用，但也容易引发起诉权的滥用，不利于经济监管机关和检察机关专注于当地整体经济利益的保护。同理，社会团体也具有区域属性，其只能在注册地辖区内行使诉权，这样既有利于相关部门对其进行管理，也可以防止社会团体以维护社会整体经济利益为名到辖区以外通过诉讼谋取非法利益。此外，如前文所述，社会团体还有其特殊性，它是以一定目的和宗旨组成的社会组织，一般都是适应某一行业或领域的需要而设立，社会团体在维护社会整体经济利益时，应当严格按照社会团体的目的和宗旨开展诉讼活动，不能突破目的和宗旨，否则就不具有原告资格。有关公民提起诉讼还需根据具体情况具体分析，如果公民与诉讼标的有直接利害关系，其诉讼时不仅为了个人利益，而且兼具维护社会整体经济利益的诉求，因其主要是解决民事纠纷，民事诉讼法已有比较完善的程序规定，应当按照民事诉讼法处理，经济诉讼法只负责无直接利害关系人提起的经济诉讼。

综上，经济监管机关和检察机关应当在本辖区内开展经济诉讼活动，不能突破区域限制到其他地区起诉。社会团体应当严格按照其设立的目的和宗旨开展经济诉讼活动，且只能在本辖区内起诉。公民自身利益受到侵害而提起诉讼时，应适用民事诉讼法，反之则适用经济诉讼法。

（四）经济诉讼原告的序位

综上所述，经济诉讼的原告主要有四个主体：经济监管机关、社会团体、检察机关和公民。由于原告较多，应当明确原告的起诉序位，否则会造成诉讼时的混乱。首先，经济监管机关是我国的整体经济利益保护的主要机关，其应该作为经济诉讼的首要主体。其次，社会团体具有丰富的行业知识和实践经验，能较为容易地发现、处理行业内出现的损害社会整体经济利益的行为，将损害后果减少至最小范围。再其次，检察机关是我国的法律监督机关，只有在前面两个主体都不行使起诉的权利时，检察机关才作为补充起诉主体，向法院提起经济诉讼，否则，检察机关只能支持起诉，这也是简化诉讼程序，节约司法资源的考虑。最后，公民作为社会经济发展的创造者和维护者，在上述主体均没有提起诉讼的情况下，应当履行维护社会整体经济利益的责任，这是公民作为国家主人行使管理权的体现，也是保障公民生存权和发展权的客观要求。需要说明的是，当前序位的主体没有提起诉讼时，后序位的主体起诉前应当履行公告程序。公告期满后，若还是没有主体提起诉讼，后序位的主体才能提起诉讼。经济监管机关没有提起诉讼的，后序位的主体在发布公告的同时，应向经济监管机关履行告知义务，监管机关明确表示不起诉，或者在收到告知书后 15 日内未答复的，后序位的主体才可以提起诉讼。

二、经济诉讼法的受案制度

受案制度是诉讼法的重要内容，它关系到法院受理案件的范围，是决定纠纷能否进入司法程序的关键。受案范围是否合理，既关系到利益是否能够得到法院保护，也关系到法院审理案件的质量和效率。如果受案范围太小，则不利于利益的保护；如果受案范围太大，则会给对方当事人带来没必要的诉累，且浪费司法资源。因此，受案范围的确定对于利益的保护和法院工作的开展具有重要意义。

（一）确定受案范围的因素

一般情况下，受案范围的大小，受本国政治、经济及法治发展水平的影响，政治制度健全、经济和法治发展水平较高的国家，解决纠纷的能力相对较强，司法权威性能得到公众普遍认可，相应地，法院在国家中的地位也会非常高，反之，公众则不信赖法院，不愿将纠纷提交法院裁判，公众需求的减少一定程度也会制约法院受案范围的扩大。由于经济诉讼法和行政诉讼法一样，都是从民事诉讼法中脱离出来的法律，考察当时行政诉讼法的立法者在设立受案范围时是如何考量的，对于我们界定经济诉讼法的受案范围具有启示作用。经查阅相关文献，当时行政诉讼法的立法者在确定受案范围时主要有六点考虑："一是专门的行政诉讼制度建立之前，我们已经有实际行政诉讼。按照 1982 年颁布的《民事诉讼法（试行）》第 3 条第 2 款的规定，我们也有审理程序。行政诉讼法的受案范围应当是在这个基础上的适当扩大。二是由于人民法院缺乏审理行政诉讼案件的经验，审判人员、组织机构还不具备大量受理行政案件的能力，一些法院不敢受理当事人起诉的现象比较严重，因此不能盲目扩大行政诉讼受案范围，否则会欲速不达。三是老百姓的民主意识、权利保护意识还比较低，有不习惯、不适应的问题。因此，规定较宽泛的受案范围没有意义。四是涉及行政纠纷的法律还不健全。行政诉讼中，法院要对被诉行为实行合法性审查，但在案件审理时由于缺乏判断被诉行为合法性的依据，因此，即使规定了较大的受案范围，判决也很难作出，这不利于行政诉讼制度的发展。五是有些纠纷已经有了解决的机制，如人事方面有公务员法和行政监察法的规定，抽象行政行为有宪法、国务院组织法以及地方人民政府和人大组织法有关规定，没有必要再通过行政诉讼审理解决，以免造成解纷资源的浪费。六是受案范围涉及审判权与行政权的关系，过宽的受案范围可能会导致法院干涉行政管理，甚至代替行政机关行使行政权力，影响行政机关的正常管理和行政效率，不利于社会稳定。"[1]

通过了解行政诉讼法受案范围的立法背景，可以看出，行政诉讼法受案范围的确定，综合考虑了相关法律的立法现状、法院审理行政案件的能力，以及公民的权利保护意识等因素，这为构建经济诉讼法的受案范围提供了有价值的参考。

我国学界对经济诉讼法的受案范围研究成果颇丰。有的学者认为经济诉讼法的受案范围主要限定在环境与资源保护、消费者权益保护、反垄断、股东利益保护、国有资产流失等方面。[2]而且"只有当无直接利害关系的当事人或国家授权的组织或机构为保障社会公众经济利益起诉时，或者虽然是有直接利害关系的当事人但是不完全是为了本人的权益而是为了社会公共权益起诉的，这种案件才可以界定为经济审判庭的受案范围"。[3]有的学者认为经济诉讼至少包括以下案件："反垄断案件、反不正当竞争案件、扰乱财经税收秩序案件、国有资产流失案件、环境与资源案件以及其他经济公益案件。"[4]有的学者认为："当无利害关系的当事人或者国家授权的机构或组织为保障社会公共经济利益而起诉时，或者虽然是有利害关系的当事人但是不

[1]　王麟："重构行政诉讼受案范围的基本问题"，载《法律科学（西北政法学院学报）》2004年第4期。

[2]　颜运秋：《公益诉讼理念研究》，中国检察出版社2002年版，第209—210页。

[3]　颜运秋："经济审判庭变易的理性分析"，载《法商研究（中南政法学院学报）》2001年第2期。

[4]　孟庆瑜："论中国经济法的诉讼保障机制——中国经济诉讼的反思与重构"，载《法学论坛》2002年第2期。

完全只是为了本人的权益而是为了社会公共经济权益起诉的,这种案件才可以界定为经济诉讼的受案范围。"[1]还有的学者认为经济诉讼法的受案范围应主要限定在国有资产流失、反垄断、环境保护、消费者权益保护等领域。[2]

从以上学者对经济诉讼法受案范围的表述可以看出,学者们对经济诉讼法受案范围基本能达成共识,无论是国有资产损失案件,还是环境保护、反垄断、消费者权益保护等案件,都是以保护社会整体经济利益作为主要衡量标准。本书认为,经济诉讼法是解决经济纠纷的法律,在确定经济诉讼法的受案范围时,也应当考虑经济实体法的内容,特别是经济纠纷的类型,这是影响经济诉讼案件范围的重要因素。构建经济诉讼法的目的在于解决经济纠纷,而经济纠纷的类型一定程度上决定了经济诉讼法的受案范围。如前文所述,经济纠纷是由于整体产业利益、整体金融利益、整体财政利益、整体市场利益和整体环境利益受到侵害而引起的纠纷,经济诉讼法的受案范围也应当以经济纠纷的类型为基础,结合我国相关法律的立法现状、法院审理经济诉讼案件的能力等因素,确定我国的经济诉讼法的受案范围。

(二) 经济诉讼法的受案范围

经济诉讼法受案范围的确定,应当与我国现阶段的国情相适应,这也是行政诉讼法的立法经验带给我们的启示。虽然我国民事诉讼法已经有解决经济纠纷的程序性规定,法院也已经审理了大量的经济诉讼案件,但相对于普通民事案件,经济纠纷案件更为复杂,法院办理这类案件的数量也有限,甚至一些

〔1〕 刘宁仁:《经济诉讼》,山东人民出版社1997年版,第5页。
〔2〕 张艳蕊:《民事公益诉讼制度研究——兼论民事诉讼机能的扩大》,北京大学出版社2007年版,第139页。

法院从未审理过经济诉讼案件，法院缺乏审理经济案件的经验。基于以上认识，我国经济诉讼法应当先从群众反应比较强烈、社会危害较为严重的案件类型着眼，在审理这些案件的过程中积累一些经验，待条件成熟后再扩大受案范围。本书认为，经济诉讼法的受案范围可以先确定为四类，即侵害整体金融利益的案件，侵害整体财政利益的案件，侵害整体市场利益的案件和侵害整体环境利益的案件。

需要强调的是，并不是上述所有类型的纠纷都属于经济纠纷，只有侵害众多不特定多数人的利益，进而损害社会整体经济利益的行为才属于经济诉讼法的受案范围。其中，"'众多'为损害社会公共利益判断的形式标准之一，'不特定'为损害社会公共利益判断的实质标准之一"。[1]以侵害消费者合法权益的行为为例，如果经营者或销售者侵害的是个别消费者或者一定区域内特定的消费者的利益，就不属于经济诉讼法的受案范围。"只要存在侵害不特定多数消费者的合法权益的行为就应当属于消费民事公益诉讼的受案范围。"[2]也有学者持类似观点，认为："社会公共利益一定涉及众多人的利益，但并非只要涉及众多人的利益就一定是社会公共利益。如果能够特定其受侵害的主体，那么就没有必要适用公益诉讼的方式，也不能以公益诉讼的方式加以解决。"[3]

---

〔1〕　杜万华主编：《最高人民法院消费民事公益诉讼司法解释理解与适用》，人民法院出版社 2016 年版，第 41—42 页。

〔2〕　参见肖建国、宋春龙："消费者民事公益诉讼关键问题研究"，载上海市消费者权益保护委员会编：《中国消费公益诉讼第一案纪实与解读》，上海人民出版社 2016 年版，第 123 页。

〔3〕　张卫平：《民事诉讼法》（第四版），法律出版社 2016 年版，第 340—341 页。

1. 侵害整体金融利益的案件[1]

"整体金融利益是整体经济利益的重要组成部分，整体经济利益是当代法律的重要价值目标之一，它是整体经济关系对法律的客观要求。"[2]金融在社会经济中占有重要地位，它是"以银行等金融机构为中心的各种形式的信用活动以及在信用基础上组织起来的货币流通"。[3]目前，侵害整体金融利益的案件主要体现为侵害金融企业利益和侵害金融消费者利益。金融企业是金融领域的重要主体，具有特殊性。与其他企业相比，金融企业特别是银行、保险公司等主要以吸收公众资金作为自身经营所需资金的来源。金融企业作为金融活动的媒介，在从事货币的流通、融通业务，以及保险、证券等金融业务时，可能会成为侵害的对象。金融企业的资金来源比较广泛，其经营状况直接关系到金融安全和稳定，如果金融企业因侵权造成重大经济损失，可能会引发整个产业的系统性风险。因此，应当对金融企业给予特别关注，将金融企业被侵害案件纳入经济诉讼法的受案范围。

此外，金融消费者的权利被侵害所引发的纠纷，也是金融领域比较突出的经济诉讼案件类型。其中，证券领域的消费者权益被侵害案件尤为突出。证券市场具有覆盖面广、参与人多、社会影响大等特点，是我国企业重要的融资市场，也是广大群众投资的场所。与银行、保险行业相比，证券行业更具专业性和复杂性。证券行业涉及金融、经济、行政管理、法律等多个学科的知识，该行业专业性强，门槛较高。在证券市场上，证

---

〔1〕 严格地说，金融市场也是市场经济的一部分，但由于金融市场较为特殊，将其列为独立的利益形态。

〔2〕 刘少军、王自豪：《金融经济法纲要》，人民法院出版社 1999 年版，第 7 页。

〔3〕 朱大旗：《金融法》（第二版），中国政法大学出版社 2007 年版，第 5 页。

券发行人为了提高公司的市值，可能会通过实施欺诈、内幕交易等行为侵害广大证券投资者的合法权益。证券交易都是在网上开展，突破了地域的限制，一旦证券发行人故意侵害投资者的利益，那么，这种损害后果可能会波及全国。因此，应当将这一纠纷纳入经济诉讼法的受案范围，这样不仅有利于保护众多不特定多数金融消费者的利益，而且更有利于修复社会整体经济关系，促进整体经济发展。

2. 侵害整体财政利益的案件

侵害整体财政利益的案件主要是国有资产流失案件。我国是社会主义国家，公有制经济占主体地位，国有资产作为公有制经济的重要组成部分在国家经济建设中具有重要作用。一般认为，国有资产有广义和狭义之分，前者泛指属于国家所有的一切财产，后者则专指作为物质生产要素投入生产经营活动的国有财产。[1] 国有资产是典型的公共品，"资产占有的社会性及所有权主体的特殊性，使国有资产成为迄今为止最难于管理和经营的财产"。[2] 虽然法律规定国有资产归国家所有（也可以成为全民所有），但是国家只是一个名义主体，而全体人民也只是一个抽象的主体，他们不可能具体管理国有资产，最终，国有资产还需要国家委托专门的主体来管理。如本书第三章所述，被委托的主体及其工作人员存在自身的利益，在代表国家管理国有资产时，可能出现侵吞或低价转让国有资产的行为。以前制止侵吞国有资产的行为，一般都是以纪律检查或者职务犯罪为主要手段加以惩治。随着国有资产在经济社会中的地位逐渐

---

〔1〕　周大仁、童道友主编：《国有资产管理体制概论》，湖北人民出版社1994年版，第21页。

〔2〕　徐晓松："国有资产保值增值的难点及法律对策"，载《中国法学》1996年第6期。

突出，国有资产流失案件也被纳入经济诉讼之中，以诉讼的方式保护国有资产，更能为国有资产的保值和增值提供司法保障。

3. 侵害整体市场利益的案件

侵害整体市场利益的案件主要是因垄断产生的纠纷和侵害众多不特定消费者利益的案件。

反垄断诉讼是典型的侵害整体经济利益的案件。根据主体的不同，垄断分为经济垄断和行政垄断。经济垄断是大型公司利用自身产品价格或经济优势垄断市场的行为，而行政垄断是政府依靠职权限制地方竞争的行为。无论是经济垄断还是行政垄断，都是破坏市场经济秩序的行为。一个完善的市场体系，可以为市场主体自由竞争提供良好的条件。在自由竞争的环境下，生产者和经营者可以按照市场需求生产和销售自己的产品，并在不断的市场竞争中优胜劣汰，为市场资源的流动带来活力。但如果市场被经济实力雄厚的企业垄断，就会给消费者和经营者带来严重的损害，消费者只能接受质劣价昂的产品和服务，经营者则会因为垄断企业的排挤而退出市场，造成市场经济效率低下，产品技术革新缓慢甚至停滞。由此可见，垄断对整体市场经济的破坏性极大。将因垄断产生的纠纷案件作为经济诉讼法的受案范围，符合经济诉讼法保护社会整体经济利益的目标。

侵害众多不特定消费者利益的案件也是侵害整体市场利益的案件之一，而且这类案件占比较高，主要发生在食品药品安全领域。消费者是市场的重要组成部分，没有消费者，也就谈不上经营者，从这一角度来说，侵害整体市场利益的行为一般都会侵害消费者利益，或者至少会影响到消费者的利益。不是所有侵害消费者利益的行为都属于经济诉讼法的受案范围，消费民事公益诉讼不同于消费私益诉讼之处在于，前者保护的是社会公共利益，而后者保护的则是个体的利益。[1]只有侵害众多不特定的消费者的合法权益，进而损害社会整体经济利益的行为，才属于经济诉讼法的受案范围，否则不能视为经济纠纷，也就不能通过经济诉讼法解决。"消费领域的社会公共利益一般为人数众多且不特定的消费者共同利益，该利益具有社会公共利益属性。"[2]它不同于消费者个体的利益，个体的利益或者个体组成的集体的利益的影响力范围有限，即使被侵害也不会波及社会，所以适用民事诉讼法即可以解决。而经济诉讼法旨在保护消费者作为主体的整体利益，这种利益对维护市场整体利益具有重要作用，因此，必须作为独立的利益予以保护。

4. 侵害整体环境利益的案件

环境污染等公害行为是严重危及人类生存和发展的外部性因素。随着我国工业化发展的不断推进，工业带给我们高速发展的 GDP 的同时，也造成了严重的环境污染问题。起初，环境污染仅仅出现在工业聚集区，在区域经济一体化趋势的影响下，工业呈现跨区域、跨领域的发展，经济整体化趋势加强。随着经济的发展，企业为了利益最大化，只重视眼前利益，忽视经济的长远发展，在发展经济时不注重废烟、废气的无害化处理，盲目开采、乱砍滥伐，使环境遭受严重破坏，逐渐成为阻碍经济长远发展的主要因素。环境属于典型的公共品，环境被污染将影响不特定的多数人，人人都有可能成为环境污染的受害者，而且环境对社会经济的破坏更加严重，政府不得不花费大量的时间、精力和资金去修复和改善。因此，侵害社会环境的案件

---

〔1〕　参见肖建国："民事公益诉讼制度的具体适用"，载《人民法院报》2012年10月10日，第7版。

〔2〕　杜万华主编：《最高人民法院消费民事公益诉讼司法解释理解与适用》，人民法院出版社2016年版，第45页。

应当纳入经济诉讼法的受案范围，通过经济诉讼法予以处理。

三、经济诉讼法的管辖制度

在确定经济诉讼法的受案范围以后，上述案件应当由哪个法院审理，就涉及法院的管辖问题。"所谓诉讼管辖，是指确定不同级别法院之间以及同级各个不同法院之间受理第一审案件的分工和权限。"[1]这个概念包含两层意思，一种是上下级法院之间"纵向的管辖"，另一种是平级法院之间"横向的管辖"。前者被称为级别管辖，后者被称为地域管辖，它们的"交集"决定了案件的一审管辖法院。

（一）确定管辖范围的因素

合理确定管辖地对诉讼的顺利进行和案件的公正审判具有重要意义。科学合理的管辖制度对诉讼的开展具有推动作用，既可以提高审判的效率，也可以减少当事人和法院不必要的诉累。因此，应当对管辖制度进行科学划定。在诉讼法中，确定管辖的因素主要有：

1. 是否方便当事人诉讼

这是从案件的地域管辖来考虑的。方便当事人诉讼就是要在地域上实行就近原则，主要从被告的角度出发，方便其应诉。这样的设计主要是从限制原告滥用诉权的角度考虑的。如果以原告的住所地为就近原则，可能会导致原告随意诉讼，浪费司法资源。反之，以被告为就近原则，则可以合理地增加原告的诉讼成本（当然，一旦胜诉，这种诉讼成本可以索回），使原告慎重对待其诉权，让真正受侵害的主体得到法律的保护。此外，在考虑被告诉讼成本的同时，也应当对原告的诉讼成本进行考

---

〔1〕 颜运秋：《公益经济诉讼：经济法诉讼体系的构建》，法律出版社 2008 年版，第 246—247 页。

虑，如果为原告设置过多的障碍，将不利于调动原告运用法律武器维护合法权益的积极性。因此，在设置管辖范围时应当充分考虑原告和被告的具体情况，然后作出合理规定。

2. 是否方便法院审理案件和执行裁判文书

法院是审判活动的主体，在确定管辖时应当充分考虑是否方便法院的审理和执行。一般来说，应当根据诉讼标的、诉讼标的物、案件的发生地等因素综合确定合理的管辖法院，这样既有利于查清案件事实，也有利于裁判的执行。此外，还应当考虑影响法院公正审判的因素。一般情况下，案件涉及地方政府时，法院行使审判权可能会受到一定程度的影响，在确定管辖时，应当将一些敏感、重大的案件提交至上级法院或者由上级法院指定其他地方法院审理，这样可以避免地方保护，使法院作出公正裁判。

3. 案件的复杂程度和社会影响力

一般来说，案情越复杂、社会影响越大的案件，审理案件的法院级别就越高。这是由我国法院系统的审理模式决定的。法院呈金字塔型的审理模式，一般级别越高的法院，案件量越小，级别越低的法院，案件量越大。我国大多数一审案件都是由基层法院审理，基层法院审理的案件多数是比较简单的案件，如借贷纠纷、邻里纠纷、家庭纠纷等案件，这类案件案情比较简单，涉及人数较少，且都发生在个体之间，社会影响力有限。级别越高的法院，审理的案件越复杂，社会影响力越大，在常年的办案过程中，积累了丰富的经验，由中级以上法院审理疑难复杂案件，可以提高审判的准确率，实现法律的公正性。

4. 平衡各级法院之间的工作量

案件复杂程度和社会影响力是确定管辖的因素之一，但并不是级别越高的法院审理这类案件就越好，如果是这样，高级法院可能需要包办辖区内的所有案件。在确定复杂案件的同时，还需要根据各级法院的工作量来确定管辖。与基层法院相比，高级法院的案件数量较少，行政指导性工作较多。一般来说，高级法院对全省法院系统具有业务指导作用，它们不仅承担一些二审、再审案件，还要根据全省法院工作的具体情况，制定和完善相关制度，促进全省法院整体工作水平的提高。中级法院处于基层法院和高级法院的中间地位，它不但在行政上受到高级法院的指导，业务上也要接受高级法院的监督。此外，中级法院还负责对基层法院的业务监督和行政指导。因此，中级法院的工作量属于行政和业务兼具，在省级以下三级法院系统中处于重要地位。基层法院的行政事务相对较少，但案件量最大，多数法院处于案多人少的困境。从三级法院案件量的角度来看，高级法院的重心在于对下指导，基层法院的重心在于办理案件，而中级法院既在行政方面承担承上启下的传达和指导监督作用，同时还需要办理大量的一审和二审案件。因此，由经验丰富的中级法院办理疑难复杂案件和社会影响较大的案件较为适宜。

（二）经济诉讼法的管辖

通过分析影响管辖的因素，可以看出，在设立诉讼管辖地时，应当综合考虑当事人和法院参与诉讼的便利程度，还应当考虑案件的复杂程度和社会影响力等。设立经济诉讼的管辖地时，也应当考虑以上因素。此外，由于经济诉讼法是维护整体经济利益的法律，社会整体经济利益被侵害，或者存在被侵害的危险，这是经济诉讼启动的前提条件。如前文所述，本书已经对经济诉讼法的受案范围作了介绍，经济诉讼法主要受理侵害整体金融利益、整体财政利益、整体市场利益和整体环境利益的案件。从受案范围可以发现这些案件最大的特征就是都具有经济性和整体性。经济性反映这类案件与国民经济运转关系较为密切，属于特殊领域。整体性反映这类案件突破了个体之间的界限，对社会经济整体造成重大影响，其传导性较强，影响力较大，一旦受侵害将涉及众多不特定的多数人。因此，基于经济诉讼法受理案件的特点，本书认为，在建立我国经济诉讼法的管辖制度时，应当考虑以下三个方面。

1. 级别管辖

经济诉讼案件一般都是重大、复杂的案件，这类案件专业性较强、社会影响较大，且危害后果突破了一定区域，应当由中级法院受理，如果高级法院认为由其受理更合适，也可以由高级法院受理。中级法院受理一审经济诉讼案件具有先天优势。其一，中级法院审理案件可以减少基层政府的干涉。以国有资产流失案为例。在我国尚未建立行政公益诉讼制度时，国有资产流失案件一般通过刑事附带民事诉讼程序予以处理。行政公益诉讼建立以后，国有资产流失案件由基层检察院向基层法院提起诉讼。众所周知，出现国有资产流失的案件，一般与当地政府监管缺失有关，为了减少地方干预，有必要将经济诉讼案件的管辖权设立在中级法院。其二，经济诉讼案件社会影响较大，案件当事人较多，有些案件可能涉及全国不特定的多数人，而基层法院法官人数、办案能力和办案经验有限，难以胜任经济诉讼案件的审判工作，应当由中级法院办理经济诉讼案件，这样更能提高案件审判的准确性，增强判决的警示和教育作用。

2. 地域管辖

级别管辖解决的是由哪一级法院受理案件的问题，而地域管辖是解决在这一级法院中应当具体由哪个法院审理案件的问题。在确定地域管辖时，必须从有利于当事人起诉和方便法院审判、执行的角度考虑。我国《民事诉讼法》规定侵权案件一般由侵权行为地和被告住所地的法院管辖。本书认为，构建经济诉讼法的地域管辖规则时可以参照此规定。从经济诉讼法的受案范围可以看出，经济诉讼的启动都是社会整体经济利益受到侵害引发侵权纠纷，《民事诉讼法》关于侵权纠纷的管辖规定，符合经济诉讼的案件类型。因此，经济诉讼可以直接适用《民事诉讼法》的管辖规定。

3. 集中管辖

经济诉讼案件比较复杂，专业性较强，这就要求法院须配备专业的团队来审理此类纠纷。高级法院可以针对辖区案件的发案特点，报经最高人民法院同意，指定一个或多个中级法院对一些案件量较大、专业性较强、群众反映较为强烈的案件进行集中审理，这些审理特定案件的机构既可以是专门法院，如上海金融法院，天津等地的海事法院，也可以是中级法院内设的专门法庭，如贵阳市、昆明市等地中级法院和基层法院都成立了环保法庭。这些法院（庭）对所办理的案件具有专属管辖的权力，可以排除级别管辖和地域管辖的规定。

综上，经济诉讼法的管辖以侵权行为地和被告住所地的中级法院管辖，但高级法院对辖区的具体案件类型进行专门规定的，适用该规定。

四、经济诉讼法的审判制度

诉讼程序是经济诉讼法的核心，是经济诉讼主体将经济纠纷提交法院，由法院依据一定的程序规则对纠纷进行裁判所适用的程序规定。

（一）案件审理程序

1. 起诉的条件

起诉是原告请求法院对纠纷进行审判的一种诉讼法上的权

利。由于起诉必定会占用司法资源，为了保障诉权的依法行使，防止司法资源被不当占用，应当对经济诉讼的起诉条件进行严格限制。

第一，原告主体须适格。本书在"经济诉讼法的原告制度"部分已经对这一内容进行阐述，在此就不再赘述。需要强调的是，只有在社会整体经济利益受到侵害而经济监管机关没有提起诉讼的时候，其他适格的原告才能提起诉讼，而且社会团体、检察机关和公民在提起诉讼时，还需提供已经向经济监管机关履行告知义务以及已经发布公告的证据。如果公民在维护自己利益的同时，也提出维护社会整体经济利益的诉求，经济诉讼的原告则不宜再提起经济诉讼，但可以诉讼参与人的身份（无利害关系的公民除外）支持公民诉讼。如果公民的诉讼请求不能达到维护社会整体经济利益的目标，或者未得到法院的支持，经济诉讼的原告则可以继续提起经济诉讼。此外，为了节约诉讼资源，尽可能满足经济诉讼原告维护社会整体经济利益的需要，如果原告提起诉讼后，其他适格原告申请加入诉讼的，经法院准许可以作为共同原告。

第二，有明确的被告。确定被告的意义有两点：一是在诉讼程序中，可以将起诉状送达给被告，告知被告行使诉讼权利；二是在实体法中，可以确定判决结果的承担主体，使判决得到执行。

第三，有损害社会整体经济利益的危险或结果的初步证明材料。社会整体经济利益受到侵害是经济诉讼程序发生的主要原因，如果社会整体经济利益没有受到侵害，也就不存在经济诉讼程序启动的问题。原告提起经济诉讼的原因可能基于两点：一是社会整体经济利益有被侵害的危险；二是社会整体经济利益已经被侵害，亟须保护。为了防止原告滥用诉讼权利，在诉讼程序启动前，须由原告承担一定的证明责任，即原告需要提供社会整体经济利益存在被侵害的危险或者已经被侵害的初步证据。由于经济纠纷比较专业、复杂，只有经济监管机关具备专门调查取证的权力，其他原告都无法获取足够的证据证明有损害的危险或结果。应当根据原告主体的不同，适用不同的证明责任分配原则。对于经济监管机关提起的经济诉讼，应当提供社会整体经济利益具有被侵害的危险或者已经受到侵害的证明材料；对于社会团体、检察机关、公民提起的诉讼，只需要提供初步证明材料即可。

第四，有明确的诉讼请求。诉讼请求是原告提起诉讼所欲达到的目的。诉讼请求根据案件具体情况的不同，可以分为停止侵害、消除妨碍、赔礼道歉、损害赔偿等，不同的案件适用不同的诉讼请求。对于原告请求法院判令被告消除危险的案件，可以适用前两种诉讼请求；对已经造成损害结果而且侵害行为继续发生的，可以适用上述四种诉讼请求。总之，诉讼请求关系到案件能否被法院受理，也关系到社会整体经济利益能否被依法保护，在经济诉讼中具有重要作用。

第五，起诉以书面的形式提出。一方面，与民事诉讼解决个体纠纷不同，经济诉讼是解决社会整体经济利益受到侵害所启动的法律程序，由于这一纠纷比较特殊，原告的专业素质相对都比较高，不会出现公民书写诉状困难的情形。另一方面，经济纠纷影响比较大，用书面形式提出更能彰显维护社会整体经济利益的庄严性。

第六，属于经济诉讼法的受案范围和受理法院的管辖范围。本章已有论述，在此不再赘述。

2. 诉讼请求的提出

诉讼请求关系到社会整体经济利益能否得到依法全面保护。

在经济诉讼中，原告与受保护的社会整体经济利益没有直接利害关系，这一特点决定了诉讼请求在经济诉讼中尤为特殊。诉讼请求根据性质和内容不同可以分为确认之诉、给付之诉和形成之诉。经济诉讼的原告提起诉讼都是为了维护社会整体经济利益，依其诉讼目的，学界对原告提起确认之诉和形成之诉都没有争议，但就原告能否提起给付之诉存在争论。学者们的争议焦点主要集中在社会团体能否提起损害赔偿之诉。为了探讨这一问题，有必要对我国目前已经通过立法确定的两个社会团体进行研究，从已经制定的法律和司法解释中了解立法的目的。

在国外，一般情况下，社会团体提起经济诉讼是不能请求损害赔偿的（注：德国社会团体提起的收缴不当利润诉讼不是典型的损害赔偿之诉），也就是社会团体的起诉目的仅仅是制止侵害社会整体经济利益的行为。除非社会团体是受受害消费者的委托，代表受害人提起诉讼，否则，社会团体一般只能提出停止妨害、消除危险等诉讼请求。直到 21 世纪，在德国开始出现社会团体申请补偿性救济的给付之诉[1]。我国目前规定的社会团体有两类，一类是环境保护团体，另一类是消费者保护团体。法律根据各自领域的特点，赋予它们不同的诉讼权利。在环境领域，环境是典型的公共品，它受到侵害一般都会影响到不特定的多数人，而且许多环境侵害具有不可逆性，一旦受到侵害就无法恢复到侵害前的状态，这就需要严厉惩治污染环境的违法行为。而收缴违法者的不当利益并要求其承担惩罚性赔偿则是惩治环境违法行为的最好方式，这样可以提高行为人的违法成本。因此，我国法律规定环境保护团体可以提起损害赔偿之诉。对于我国消费经济诉讼的原告（包括消费者保护协会

---

〔1〕　参见杜万华主编：《最高人民法院消费民事公益诉讼司法解释理解与适用》，人民法院出版社 2016 年版，第 244—247 页。

及法律规定的机关）能否提起损害赔偿之诉，在起草最高人民法院《关于审理消费民事公益诉讼案件适用法律若干问题的解释》时，学者们的意见不一，主要形成三种意见：

第一种意见是消费公益诉讼原告不仅可以提起不作为之诉，还可以提起消费者损害赔偿之诉。其中又分为两种不同的观点：①支持基于私益保护的损害赔偿之诉。该观点认为允许原告提起私益性损害赔偿之诉能够节约诉讼资源、解决社会中的实际问题，可以创新中国消费者集体救济的路径。还有学者进一步提出消费经济诉讼的原告提起私益诉讼必须获得受害消费者的授权，以受害消费者授权的损害赔偿范围为限。②支持基于整体利益保护的损害赔偿之诉，认为只有基于维护整体利益目的才能提起损害赔偿之诉，将胜诉后的赔偿金用于建立消费损害赔偿基金，不需要向受害人分配赔偿金。第二种意见是原告不仅可以提起不作为之诉，而且可以提起不法收益收缴之诉，认为收缴不法收益可以惩罚违法行为人，预防其再次实施违法行为。第三种意见是将原告的诉讼请求限定在不作为之诉，理由有三点：一是认为公益和私益理念和审理规则不同，不应当在同一个程序审理；二是代表人诉讼制度可以保护私益受损的众多受害人；三是损害赔偿之诉举证复杂，操作困难，赔偿金的计算、分配等问题多，审理难度大，而且受害消费人数众多且分散，人数和损失都难以确定，各个消费者主张的损失范围以及能够提供的证据也不一致，很难在一个民事公益诉讼中解决，中国消费民事公益诉讼处于起步阶段，不宜过早规定太多的诉讼请求类型。[1]

---

〔1〕 参见杜万华主编：《最高人民法院消费民事公益诉讼司法解释理解与适用》，人民法院出版社 2016 年版，第 244—247 页。

最终，司法解释采取了谨慎的立法态度，采纳了第三种意见[1]，即原告可以提起不作为之诉，同时增加了排除妨碍、赔礼道歉等诉讼请求类型，这也是司法机关从预防和保护消费者整体利益出发综合考量的结果。但本书认为，上述第一种意见的第一种类型比较适合我国的程序设置，即原告在提起经济诉讼时可以请求私益损害赔偿，理由如下：①人为地区分整体利益和个体利益，这是个体经济时代产生的法学思想，这种非整体即个体的法学思想已经远远不能适应当代社会的发展。当代社会已经形成一个"你中有我、我中有你"的整体，在经济发展和科学技术的推动下，个体和社会的界限已经不再那样泾渭分明。多数情况下，个体的行为都会影响社会整体的发展，而社会整体的发展往往又带动个体的发展，此时，再人为分割整体利益和个体利益显然已经失去了社会基础和实践意义。②经济诉讼案件的侵权人大多数是实力强大的企业，而受害人一般都是广大群众，在诉讼中，个体的诉讼能力远远不能与实力强大的企业相比，如果禁止请求私益损害赔偿，则不利于受害人的保护。

也许有人会指出，现行有关经济诉讼的司法解释已经对法院判决的既判力作出规定[2]，一旦判决书认定不利于被告的事实，个体权利受到侵害的原告可以在起诉时主张适用，无需再提供证据证明侵权人侵害其权利。这一法律规定对民事个体是非常有利的，所以不用担心民事个体的举证能力。本书认为

---

〔1〕 最高人民法院《关于审理消费民事公益诉讼案件适用法律若干问题的解释》第 13 条第 1 款："原告在消费民事公益诉讼案件中，请求被告承担停止侵害、排除妨碍、消除危险、赔礼道歉等民事责任的，人民法院可予支持。"

〔2〕 参见最高人民法院《关于审理消费民事公益诉讼案件适用法律若干问题的解释》第 16 条，最高人民法院《关于审理环境民事公益诉讼案件适用法律若干问题的解释》第 30 条。

这种观点是值得商榷的。仅从司法解释的条文来讲，该解释考虑到法官的居中裁判地位，并没有规定法官可以直接援引已生效的判决，而是需要原告自己提出。这就引发一个问题：在原告未聘请律师的情况下（一般损失较小的受害人或者经济条件不好、法律意识不强的人都不会请律师），原告会不会知道有这条法律规定？可以说，这条规定的出发点是好的，但无形中把广大受害人假定为一个拥有良好的法律基础的人，在当前的社会背景下，这条规定在实践中能否发挥作用尚需观察。还有最重要的一点，这条规定是从国外移植而来。在国外特别是英美法系国家，由经济监管机关提起的经济诉讼，多数案件都是以和解的方式结案。经济诉讼的被告愿意和解的原因之一就是不愿承担败诉的风险。因为该判决具有既判力，会成为后续受害人起诉的证据，所以被告宁可付出更多的代价也愿意和解。美国反托拉斯案件就是典型的事例。因为反托拉斯民事调查而被起诉的，多数是以合意判决的形式终结。所谓合意判决，就是受法院认可、具有约束力的庭外和解，使被告人能免受《克莱顿法》第5条（a）款的后果。根据第5条（a）款，法院就反托拉斯案件作出否定被告的判决，如果此后就同一违法行为发生私人诉讼，则可以将这一判决作为认定被告违法的初步证据。综上可以看出，一旦经济诉讼案件的双方当事人通过和解或者调解达成解决纠纷的合意，法院就不会以判决方式结案，民事案件的个体很难通过援引经济诉讼的判决来维护自身的权益。所以，人为区分整体利益与个体利益，将不利于个体利益的保护。

3. 公告程序

法院立案后，应当根据案件的影响范围在国家级、省级或者市级媒体发布公告。发布公告主要有以下两个目的：一是向社会公示，案件已由本院立案审理，今后其他法院不应再对本案进行立案；二是向公众告知法院受理案件的基本情况，提示权利被侵害的民众申报权利。发布公告的期限应不少于 30 日。

由于经济诉讼的任务是一次性解决纠纷，它不仅解决经济纠纷，还会附带解决相关的民事纠纷。鉴于我国代表人诉讼存在的问题，建议借鉴美国集团诉讼以及我国证券特别代表人诉讼中的"默示加入，明示退出"制度。具体程序是法院立案后，通过发布公告，向全社会公示案件信息，并且提示权利受侵害的个体主动申报权利。如果有权利人申报权利，法院应当进行形式审查，符合条件的，应要求权利人明确表示是否同意委托经济诉讼的原告代为诉讼，如果权利人同意委托，法院应当予以登记，否则法院应告知权利人另行起诉。法院公告期间没有申报权利的受害人，在有证据证明其受到侵害的情况下，法院应当将该受害人列为原告，除非其明确声明退出，否则法院作出的判决对该受害人有约束力。为了保障未主动申报权利，但事实上已经被动参加到诉讼程序中的受害人的权利，应当对法院追加受害人的程序作出严格规定。建议通过信件的方式邮寄给受害人，信件内容应当列明案件基本情况、原告提出的诉讼请求、当事人受损失的大致金额、受害人是否愿意授权原告代为诉讼以及授权代为诉讼可能带来的法律后果等信息，如果受害人不愿意委托原告代为参加诉讼，受害人须在收到信件之日起 15 日内书面提出，逾期则视为同意委托。这样可以最大程度地保护被动参加诉讼的受害人的合法权利。

设置这样的程序有以下优点：①该程序可以提高案件的审结效率。对一个审判程序而言，可能当事人越少，案件审结的效率越高，反之，效率则越低。但就同一违法行为引起的多个纠纷而言，尽可能地在一个程序里解决所有纠纷，这样对法院和当事人都是非常经济且明智的选择。②可以最大范围降低重复诉讼的概率，避免同一案件作出不同的判决。③可以为弱势群体提供权利保护的代言人，使他们真正享受诉讼平等的权利。

从以上程序可以看出，该程序主要以经济赔偿案件为主，适用于不特定多数人受侵害的案件，如整体金融利益、整体市场利益、整体环境利益受侵害的案件。侵害整体财政利益的案件，往往侵害的是代表全民管理社会财富的政府的利益，因此，一般不适合公告程序。

4. 法院判决及其效力

经济诉讼案件一经法院判决生效，即产生既判力，诉讼当事人不得再就此纠纷提请法院裁判。"原告提起的案件，一旦以某个诉为根据开始法庭程序或者为争点事实，将因争点事实被消耗而不允许当事人再度提起诉讼"。[1]

既判力分为主观范围和客观范围，既判力的主观范围是指"既判力作用的主体范围"，即判决对哪些人有法律约束力。客观范围是指"既判力对判决中发生作用的判决事项"。[2]判决事项主要由诉讼标的和审判理由组成。客观范围就是解决既判力对裁判内容的哪个部分发生作用的问题。一般来说，既判力的主观范围具有相对性，即仅在提出请求和请求指向的义务人之间产生法律效力，对第三人不产生法律效力。但在经济诉讼中，由于原告不是诉讼标的的直接利害关系人，且原告的主体范围较大，如果严格遵循判决的既判力不得扩张至第三人，则可能会引起案件的重复审理，浪费司法资源。例如，在侵害人数众多的消费者利益的诉讼中，消费者协会对被告提起诉讼且

---

〔1〕 王福华："民事判决既判力：由传统到现代的嬗变"，载《法学论坛》2001年第6期。

〔2〕 吴明童："既判力的界限研究"，载《中国法学》2001年第6期。

判决已经生效，但检察机关作为本次诉讼的案外人，原生效判决对其不产生法律效力，检察机关可以就同一侵权行为再次提起诉讼。可以看出，在经济诉讼中，如果判决不能对第三人产生既判力，就可能出现同一案件的重复诉讼。因此，在经济诉讼案件中，判决的主观范围在一定条件下是有扩张必要性的。

既判力的客观范围主要集中在诉讼标的和判决理由方面。诉讼标的是法院审理案件事实的结果，判决理由是法官在审查案件事实之后对案件作出的评判。判决理由是法官个人对客观事实的一种认定，因此具有主观性，不具有既判力。"一般而言，既判力仅及于诉讼标的，对未经裁断的法律主张不发生既判力。"[1]由此可以看出，当事人仅能基于同一诉讼标的请求法院裁判一次纠纷，如果法院已经对案件作出裁判，当事人不得再次提起诉讼。但在经济诉讼的司法实践中，可能会存在这样一种情形：法院因客观原因未就全案损害作出裁判，如审判时损害结果尚未发生，或者已有损害结果，但尚未被发现，于是在法院作出生效裁判后，原告基于同一诉讼请求再次提起诉讼。对于这种情形，应当适当扩张判决既判力的客观范围，允许原告在不可归责于己的情形下，再次提起诉讼，这样才能最大范围地保护社会整体经济利益。

5. 调解书及其效力

调解和法院裁判一样，都是解决纠纷的主要方式。调解书既可以是法院主动调解所制作的法律文书，也可以是诉讼双方当事人自愿达成和解协议，然后请求法院根据和解协议制作的法律文书。在民事诉讼中，实体权利被侵害的主体与诉讼中的

---

〔1〕　吴明童："既判力的界限研究"，载《中国法学》2001 年第 6 期。

原告一般是同一主体，原告因此可以自由处分其实体权利和诉讼权利。而经济诉讼的原告并不是权利被侵害的主体，其享有诉讼权利仅仅是由于机构职能或组织性质而被法律赋予诉权，经济诉讼的原告提起诉讼仅享有程序权利，而不享有实体权利。因此，原告不能随意处分实体权利。即使处分实体权利，也需要向社会公告并经法院审查，确认原告的处分行为合法且有利于维护社会整体经济利益方可生效。现行司法解释对此也作出具体规定。最高人民法院《关于适用〈中华人民共和国民事诉讼法〉的解释》第 287 条规定，经济诉讼当事人达成和解协议或者调解协议的，应当进行公告，公告期限不能少于 30 天，公告结束后，经法院确认不违反社会公共利益的，由法院制作调解书确认法律效力。

　　经济诉讼的当事人经调解达成纠纷解决的合意，该调解书是否具有既判力？对于这一问题，目前只有理论上的研究，而且都是在民事诉讼的领域。学者对调解书既判力的研究多数限于调解书是否具有既判力[1]，对于调解书既判力是否扩张至第三人（或称为调解书对后诉案件是否具有预决效力）研究较少，但基本认识都是一致的，都认为不应对后诉案件具有预决效力。如有的学者认为法院调解不是以查明案件事实为前提，对案件事实不会经过严格审查，不会形成案件争议事实的争论，因此，对后诉案件不具有既判力，即预决效力。[2]有的学者认为法院

　　〔1〕 参见江伟、肖建国："论既判力的客观范围"，载《法学研究》1996 年第 4 期。张大海："诉讼调解既判力论"，载《政法论坛》2008 年第 5 期。吴明童："既判力的界限研究"，载《中国法学》2001 年第 6 期。
　　〔2〕 邓辉辉：《民事诉讼既判力理论研究》，中国政法大学出版社 2014 年版，第 138 页。

调解应具有终结诉讼程序的效力，但不能产生预决效力。[1]还有学者认为法院调解以当事人意思为主导，缺乏程序保障，如果对后诉案件具有既判力，将不利于鼓励当事人达成调解协议。[2]

本书的观点与上述学者的观点一致。从既判力的主观范围来看，调解书以双方当事人达成和解协议或调解协议为基础，不涉及第三方主体，效力具有相对性，不应当扩张至第三人。从客观范围来看，调解书实质上是双方当事人相互妥协的产物，在双方协商解决纠纷的过程中，很少去争辩诉讼标的的实质内容，而是以最终处理结果作为谈判的导向。调解书未对纠纷进行责任的划分，所以不具有既判力。

对调解书既判力的研究，对于构建经济诉讼法的和解（调解）制度具有重要意义。由于诉讼和解和诉讼调解都是双方当事人协商解决纠纷的一种方式，在以调解书结案的情况下，诉讼和解和诉讼调解没有本质上的区别，在此仅以诉讼和解展开讨论。经济诉讼案件涉及人数众多，而且人员不特定，由经济诉讼的原告作为代表与被告达成和解协议，成为解决经济纠纷最有效率的方式。"从美国等国家的证券集团诉讼的经验来看，通过和解来了结的集团诉讼案件占比相当大，而将诉讼坚持到最后以获得法院的判决而结案者仅占一成左右。"[3]诉讼和解在经济诉讼法中具有双重作用。一方面，它可以减轻原告的证明责任，减少原告一方的诉讼成本；另一方面，法院作出对被告人不利的判决将会成为后续受害人起诉援引的证据，在案件的

---

〔1〕　廖永安、胡军辉："论法院调解的既判力"，载《烟台大学学报（哲学社会科学版）》2009 年第 1 期。

〔2〕　严琛："论法院调解的既判力"，载《法学杂志》2010 年第 S1 期。

〔3〕　汤维建："中国式证券集团诉讼研究"，载《法学杂志》2020 年第 12 期。

全部受害人没有完全确定的情况下，被告更愿意通过达成和解协议形成的合意判决结案。和解协议是双方相互妥协的结果，并不是依照实体法律规定制成的，而是双方主要就赔偿款达成的一致意见，因此，和解协议很少对被告的主观过错、违法行为进行详细评价，这有利于被告应对该案件的后续诉讼。

和解协议是经济诉讼的原告与被告之间达成的合意，当原告与被告达成和解协议后，必须将和解协议的内容邮寄给其他受害人，并注明不同意和解协议的享有退出的权利。如果受害人对和解协议持有异议，可以在收到信件之日起 30 日内申请退出诉讼，此时法院应当同意。受害人申请退出诉讼案件后，可以在诉讼时效期间内另行起诉。这样既保证了经济诉讼程序的顺利开展，又兼顾了受害个体的利益，在保护社会整体经济利益和个体利益之间实现有效衔接。

在我国，和解协议经公告并由法院出具调解书后产生法律效力。如上所述，基于和解协议制作的调解书的既判力具有相对性，仅适用于原被告双方，不适用于声明退出经济诉讼程序的受害人。这就意味着上述受害人如果在诉讼时效期间内对被告提起诉讼，只能自行收集证据，对于他们来说，这是非常困难的。公告程序设计的初衷就是鼓励被害人积极主张自己的权利，参与已经启动的经济诉讼程序，在一个诉讼程序中解决所有的纠纷。如果在公告期内，当事人声明退出诉讼程序，其只能接受独自维权的被动局面。这样的程序设置，对于提高公民的权利意识具有重要意义。相信随着我国经济诉讼案件的日益增多，经济诉讼和解制度将在案件审理过程中发挥重要的作用。

（二）审判相关制度

1. 证据开示制度

证据开示制度是英美法系国家特有的法律制度，尤其在美国，运用非常广泛。证据开示是"各方当事人在庭审之前，从对方当事人处获取证言文件以及其他证据的一种程序"。[1]按照诉讼程序的阶段，可以将整个诉讼程序分为庭前阶段和庭审阶段。在原告起诉之后到开庭审理之前都属于庭前阶段。"美国《联邦民事诉讼规则》第 26 条规定证据交换至少分三次进行：一次是初次交换，交换的内容是与各方在诉答文书中提出的特定争执事实有关的证据信息；第二次是专家证词的交换，专家证词一般是在当事人初次交换证据后根据需要而形成的，因此在第一次证据交换后，需要进行专家证词的专门性交换；第三次是在庭审前 30 日进行的最后一次交换，这次交换在性质上属于补充性证据交换，也就是当事人准备在庭审中使用的所有证据，如果尚未交换的，应当全部交换。"[2]

证据开示制度建立的目的是防止律师运用证据突袭等诉讼技巧，造成案件的裁判结果与客观事实相悖。美国联邦法院对此有段经典评价："证据开示制度的目的在于，使审判能够在光明之下进行，它必须排除借裁决演恶作剧的游戏，即裁决不应是对立当事人及其律师开展智力竞赛的舞台，而应是追求真实和正当结果的场所。"[3]也就是美国通过证据开示制度，一方面限制当事人及其律师运用诉讼技巧来决定案件的胜负，另一方面，也是最主要的，就是最大可能地发现案件的客观事实，确保法院的判决实现公平正义的价值目标。

在美国，起初证据开示的范围极为广泛，只要与案件事实

---

　[1]　张卫平主编：《外国民事证据制度研究》，清华大学出版社 2003 年版，第 171 页。

　[2]　汤维建："民事诉讼中证据交换制度的确立和完善"，载《法律科学（西北政法学院学报）》2004 年第 1 期。

　[3]　徐昕：《英国民事诉讼及民事司法改革》，中国政法大学出版社 2002 年版，第 285 页。

有关的证据都在开示的范围内。但这也引发一些问题，如当事人为了获取更多的有力证据，向对方施加过多的证据责任，不仅不合理地增加了当事人提供证据的责任，而且使证据脱离了案件的主要事实和诉求，造成证据复杂混乱，违背了庭前程序筛选争点的初衷。鉴于此，美国《联邦民事诉讼规则》对证据开示的范围进行修改，初始披露信息义务范围从先前的"与特定争执事实有关"缩小至"用以支持其请求或者抗辩"的文书或证人的信息。[1]证据开示范围的缩小，有利于当事人将证据与争点结合，接近案件的事实。

除了上述证据开示范围的限制要求，为了保护社会秩序和当事人的合法权益，证据开示的范围还受到其他一些条件的限制："一是法定保密特权，通说认为保密特权规则是为了保护具有特殊身份关系（如律师、医生等职业）的社会主体间基于伦理或职业道德理念所形成的信息关系，为了维护更深层次的社会稳定，立法赋予相关主体拒绝作证或阻止他人作证的特殊权利；二是对于律师准备的诉讼资料保密规则；三是法院通过平衡当事人利益、他人利益、公共利益等利益，有限制的使用证据开示。"[2]

证据开示方法主要包括"录取证言、质询书、要求自认、要求提供书面文件或物品、要求勘察土地、身体和精神状态的检查"。[3]录取证言是一方当事人为了获取案件所需要的证据，

---

[1]　参见美国《联邦民事诉讼规则》第 26 条第（a）款第（1）项（A）、（B）。转引自常怡主编：《外国民事诉讼法新发展》，中国政法大学出版社 2009 年版，第 26 页。

[2]　蔡锦青："我国反垄断私人诉讼中实行证据开示制度的探讨"，北京交通大学 2012 年硕士学位论文。

[3]　张卫平主编：《外国民事证据制度研究》，清华大学出版社 2003 年版，第 178 页。

向对方询问获取证据的一种方式。质询书是一方当事人将所需要询问的问题列成清单，送达对方当事人，要求其回答清单列明的问题的一种证据获取方式。要求自认和提供书面文件、物品以及勘察土地，这种证据开示方式具有针对性，是一方当事人直接针对案件的主要证据进行调查的一种方式，可以将案件聚焦在主要事实的证据上面，提高案件的审理效率。此外，由于身体和精神状态的检查涉及人身权利，此项证据需要得到法院的批准才能实施，这一证据开示方式主要适用于人身损害赔偿案件。

在我国，真正意义上的证据开示制度还没有确立，但与之相类似的有庭前证据交换制度和书证提出命令制度。庭前证据交换制度是在最高人民法院《关于民事诉讼证据的若干规定》中首次提出的，主要目的是防止当事人及其诉讼代理人利用诉讼技巧进行证据突袭，导致双方证据责任的失衡。虽然我国庭前证据交换制度是借鉴英美法系国家的证据开示制度演变而来，但与证据开示制度相比存在一些区别。以美国的证据开示制度为例，主要体现在：其一，程序的启动方式不同。美国证据开示制度是当事人根据《联邦民事诉讼规则》的授权，向对方或第三人获取证据的一种方式。诉讼开始后，一方当事人就可以要求对方当事人开示证据，法院一般不会干涉当事人的证据开示活动，只有一方当事人不配合证据开示时，经向法院申请强制开示，或者对方当事人出于保密特权而向法院申请保护令的情况下，法院才会出面干预，否则，法院只是一个冷静的观望者，这也是美国"当事人主义诉讼模式"的体现。我国庭前证据交换程序的启动采用两种方式，一种是依当事人申请，另一种是法官认为有必要开展证据交换才会依职权启动，法官在庭前证据交换过程中居于主导地位，是典型的"法官职权主义诉讼模式"。其二，程序的可操作性不同。美国证据交换制度为证据开示的范围划定了明确的界限，除了保密特权等事项外，其他与案件有关的证据均在开示范围内。此外，证据开示制度还规定了获取证据的方法，为当事人获取证据提供了行动指南。我国庭前证据交换是在法院的主持下进行的，对证据交换的程序和证据内容规定比较模糊，缺乏可操作性。其三，法律后果不同。在美国，"对不遵守开示要求或法院开示命令的人，法院可以采取各种制裁措施，包括在法庭审理阶段不允许使用没有开示的证据、命令强制开示、把一定的事实视为已经得到证明、禁止就某一主张和抗辩提出证据、驳回诉讼或作出缺席判决，还可以单独或同时命令当事人或其律师或两者负担对方因此而产生的合理费用。对故意者，甚至可以以貌视法庭罪处以罚款或拘留"。[1]在我国，如果当事人不配合庭前证据交换，那么该证据就得不到质证的机会，也就不具有证明效力。

书证提出命令制度最早规定于2015年最高人民法院《关于适用〈中华人民共和国民事诉讼法〉的解释》，2019年最高人民法院《关于民事诉讼证据的若干规定》对该制度进行完善，使书证提出命令制度更具可操作性。根据该制度的规定，对待证事实负有证明责任的当事人，如果证据在对方当事人控制之下，当事人可以申请法院责令对方当事人提交证据，对方当事人无正当理由拒不提交证据的，法院可以认定当事人所主张的书证内容为真实。书证提出命令制度与证据开示制度比较类似，都是要求对方提交其所控制的证据。但它们也存在一些区别，主要体现在：其一，适用范围不同。证据开示制度的适用范围较广，除非有保密特权，否则凡与案件有关联的事项皆可作为

---

〔1〕 崔婕："英美两国民事证据开示制度比较及其对我国的启示"，载《学术研究》2002年第2期。

证据开示对象。文书提出命令制度适用范围较窄，仅限于书证、视听资料和电子数据。其二，诉讼活动不同。证据开示制度主要通过对案件相关的全部证据进行交换来实现，文书提出命令制度主要通过一方当事人申请法院责令对方当事人提交其控制的证据来实现。其三，法律后果不同。如前文所述，违反证据开示制度将会承担一系列的不利后果，而违反文书提出命令制度，仅仅是法院可以认定当事人主张的书证内容为真实，也就是仅对书证所证明的某一事项或多个事项予以认定，其法律后果相对较轻。

通过以上分析，可以看出证据开示制度与经济诉讼程序具有天然的契合性，在经济诉讼法中建立证据开示制度具有重要意义：①有利于原告获取证据。证据开示制度为原告提供获取证据的多种途径。经济诉讼中，除了经济监管机关具备调查取证权，其他经济诉讼的原告都或多或少存在调取证据的困难，如果运用证据开示制度，则原告可以通过录取证言、发送质询书或要求提供文件、物品的方式获取证据，可以弥补原告收集证据能力的不足。②有利于提高庭审效率和质量。经济诉讼案件比较复杂，往往涉及专业性问题，通过证据开示，双方当事人可以在证据交换的过程中发现案件的争点，对于涉及专业方面的争点，当事人可以在庭审前向专家咨询，而且还可以向法院申请专家出庭，辅助其解决专业上的问题，以此帮助法官准确判案，提高案件的效率和质量。③有利于双方达成和解协议，节约诉讼资源。证据开示是双方当事人展示和交换证据的过程，通过毫不保留地将证据展示给对方，可以使当事人全面评估诉讼的结果，一旦一方当事人认为诉讼结果可能对其极为不利，那么，寻求和解就是最好的选择。因此，证据开示有利于把纠纷化解在庭前阶段，节约诉讼资源。

证据开示制度对经济诉讼案件的审理具有重要意义，我国经济诉讼法应当借鉴美国的证据开示制度，构建适合我国国情的证据开示规则。①建立当事人自动交换证据与法院监督相结合的程序。在诉讼开始后，双方当事人可以自动交换证据，通过录取证言、发送质询书、要求提供文件等方式获取证据，如果遇到对方当事人不提交证据时，可以申请法院强制开示，这样既能节约诉讼资源，又能防止当事人滥用诉讼权利。②限制证据开示的次数。一般情况下，证据开示次数越多，越能揭示案件的真实情况，但如果次数过多，可能会给当事人造成太多的负担。因此，应当在追求事实真相和减少当事人的诉累方面进行平衡，限制证据开示的次数。有人提出在反垄断领域引入证据开示制度，对于证据交换应根据案件复杂程度来区分，"对于书面型证据开示程序和照面型证据开示程序，可由当事人决定交换的次数，原则上应不超过两次"。[1]这种观点在反垄断领域是可取的，但对于金融纠纷、环境纠纷等案件，证据交换的上限规定为两次，明显不能达到获取证据、确定争点的目的。建议以交换三次为原则，如果认为需要继续向对方获取证据的，应当向法院提出申请，经同意可以继续要求对方开示证据。③加强对违反证据开示义务的制裁。证据开示制度能否发挥作用，取决于对方当事人是否积极配合，如果没有强有力的制裁措施，那么，该制度可能会形同虚设，不能发挥应有的作用。因此，应当加强对不履行证据开示义务的制裁力度。如果一方当事人向对方要求开示证据未果而向法院申请强制开示令，法院签发命令后，对方收到命令无正当理由不提供证据的，法院可以直接认定申请开示证据的当事人所主张的证据内容为真实，

---

[1] 厉潇逸："反垄断私人诉讼的证据开示制度研究"，载《法学杂志》2016年第8期。

并可以根据具体情况对拒不提交证据的行为处以罚款或者拘留，通过制裁措施保障证据开示的顺利开展。④把案外第三人持有的证据列入证据开示的范围。有些案件的证据不在当事人的控制范围内，而是由案外的第三人持有，为了查清案件事实，应当允许当事人在法院的许可下，向案外第三人获取证据，这样可以帮助法官全面审查证据，准确作出裁判。

2. 诉讼费用制度

诉讼费用是来源于民事诉讼法的概念，它是民事诉讼体系的重要组成部分。对诉讼费用的研究，有利于建立经济诉讼费用制度。诉讼费用是指"当事人因进行民事诉讼而向法院交纳和支付的费用"。[1]按照学者的观点，生产正义是需要成本的。学者将"生产正义的成本"分为两个部分：国家负担的"审理成本"和当事人负担的"诉讼成本"。[2]"审理成本"是法院审理案件需要花费的时间和精力，以及资源的消耗。"诉讼成本"是当事人解决纠纷花费的成本，在诉讼法中体现为向法院交纳诉讼费用。

我国民事诉讼费用制度从设立之初至今，经历了从基本不收费到原则上收费、特殊情况下可以减免的政策转变。这种政策是随着社会纠纷的日益增多而转变的。以前社会纠纷较少，法院的办案经费足以负担案件审理所需要的各项费用，但是随着经济的发展，社会纠纷日益增多，法院的案件量也呈井喷之势，由法院独自负担案件的成本已经变得较为困难，原告在起诉时无需交纳诉讼费用受到学界和实务界的质疑。"免费诉讼意

---

〔1〕 张文玲："浅谈公益诉讼的诉讼费用"，载《西南政法大学学报》2004年第6期。

〔2〕 〔日〕棚濑孝雄：《纠纷的解决与审判制度》，王亚新译，中国政法大学出版社1994年版，第283—196页。转引自方流芳："民事诉讼收费考"，载《中国社会科学》1999年第3期。

味着诉讼成本全部转移给整个社会，按照法院的实际开支全额征收讼费则意味着国家将履行公共职能的成本转移给诉讼当事人，故合理的司法政策总是在两个极端之间寻求折中。"[1]为了合理确定诉讼费用，实践中根据案件类型的不同，采取不同的收费方式。对于民事诉讼案件，往往要求民事主体承担较大的"诉讼成本"，因为民事纠纷属于私主体之间的纠纷，这类纠纷较为普遍，占用法院的资源最多，收取诉讼费在一定程度可以起到督促原告慎重对待自己诉讼权利的作用。而对于刑事诉讼案件，法院则负担较大的"审理成本"，即公诉机关无需交纳诉讼费。这是因为刑事诉讼主要是追究犯罪分子刑事责任的程序，最终目的是维护国家政权，保障社会安全稳定及公民人身和财产安全，这与解决私主体之间纠纷的民事诉讼程序存在本质的区别。因此，刑事诉讼案件的审理成本均由法院负担。经济诉讼程序以维护社会整体经济利益为价值目标，原告提起诉讼不是为了自身利益，而是社会整体利益，这与刑事诉讼案件比较类似，但经济诉讼法不宜免交诉讼费。因为"不是所有的司法判决都能产生正义，但是每一个司法判决都会消耗资源"。[2]刑事诉讼法不收取诉讼费是考虑犯罪活动对国家政权和社会稳定的根基造成的威胁极大，打击犯罪对维护社会稳定具有重要意义。因此，刑事诉讼法规定公诉和自诉案件都不收取诉讼费。而经济诉讼法是维护社会整体经济利益的法律，诉讼的性质决定原告在胜诉后将会获得一定数额的赔偿金，而且诉讼费用最终还是由败诉一方承担，因此，原则上可以规定原告起诉前应当交纳诉讼费用，但经济监管机关和检察机关可以免交诉讼费。这样既可以发挥经济诉讼程序在保护社会整体经济利益方面的

---

〔1〕 方流芳："民事诉讼收费考"，载《中国社会科学》1999 年第 3 期。
〔2〕 方流芳："民事诉讼收费考"，载《中国社会科学》1999 年第 3 期。

作用，也可以有效防止社会团体和公民滥用诉讼权利，使得司法机关能够高效率运转。

3. 审判机构的设置

与民事纠纷相比，经济纠纷较为复杂且专业性较强，这就需要根据经济纠纷的类型，设置专门的法院或法庭，安排专门的司法力量应对复杂的经济纠纷案件。

专门的审判机构在国外十分常见，例如，挪威、芬兰都设有市场法院，澳大利亚设有家事法院和环境法庭，加拿大设有反垄断法院等。在我国，1983 年就设立了专门审理财产类民事纠纷的经济审判庭，后该审判庭被撤销。随后，全国陆续设立专门的法院或法庭。1984 年，广州、天津等地设立海事法院；2007 年贵阳市中级人民法院设立环保法庭；2014 年，北京、上海、广州设立知识产权法院；2017 年，北京市西城区人民法院金融街法庭设立……实践证明，设立专门的审判机构，可以有效提高特定类型案件的审判质量和效率。一方面，专门的审判机构是针对一些经常发生的复杂类案而设立的，在机构设置和人员调动方面具有较大的自主性，可以根据案件需要形成一套有别于传统法院（或法庭）的审判机制，有效提高办案的效率。另一方面，专门的审判机构往往对辖区内出现的类案具有专属管辖权，通过对此类案件的审理，能够积累丰富的办案经验，并形成一套行之有效的办案规则，真正实现以审理案件为中心，确保办案质量，防止同案不同判案件的发生。

关于我国专门审判机构的设置，有的学者建议重新组建审判庭，在最高人民法院另外组建三个审判庭：经济审判庭第一庭审理案件的范围是消费者诉讼案件、反不正当竞争案件和反垄断案件；经济审判庭第二庭审理案件的范围是税务纠纷案件；经济审判庭第三庭审理案件的范围是金融纠纷案件。最高人民法院除设置上述三个经济审判庭之外还可设置劳动审判庭、环境审判庭等法庭以扭转目前法院对劳动者保护不力和对环境保护不力的局面。[1]本书认为，设立专门审判机构不宜从上而下进行，而是应该从基层往上级逐级推进，毕竟各个地方的具体情况不一样，有的地方环境污染问题比较突出，而有的地方则金融法律纠纷比较突出，还有的地方属于劳动密集型企业集中区，可能劳动纠纷比较突出，这些问题不一而足，应当根据当地实际情况设置不同的审判机构，然后基于全国该类审判机构的数量和分布情况，再决定最高人民法院是否有必要设立专门审判机构。建议目前先对群众反映较为强烈的环境保护、消费者保护、反垄断等案件类型成立专门审判机构，然后根据今后经济纠纷的发展趋势再决定是否成立其他专门的审判机构。

成立专门的审判机构只是办理案件的首要条件，如果要保障案件的质量和效率，还需要一批专业的法官队伍。"法官是司法制度的核心和灵魂，是法律和正义的化身，司法的实质就是法官解释法律和运用法律进行裁判的过程。"[2]从某种程度上来讲，专业的法官队伍比专门的审判机构更加重要，专门的审判机构是凝聚专业法官的平台，而专业的法官队伍则是专门的审判机构的核心，毕竟案件都需要法官来办理。虽然我国在立法之前就由检察机关先行办理了许多经济诉讼案件，但由于法律没有明文规定，检察机关开展的维护整体经济利益的司法实践活动未得到国家层面的一致认可，更无法向社会推广，经济诉讼案件的审判经验也就无所谈起。但经济纠纷案件比较复杂，这在世界范围内都比较典型，如在美国，仅仅在反垄断私人诉

---

〔1〕 参见邢会强："重提经济审判庭的设立"，载《法商研究》2009年第2期。
〔2〕 薛克鹏："经济法司法实施困境及体制创新"，载《法学论坛》2017年第5期。

讼案件中，法官就通过判例的形式发展了多种判断原告资格的标准，有直接损害标准、目标区域标准、利益区域标准、事实发源地标准和多因素标准等。虽然美国各法院在认定原告资格时就采用何种标准还存在分歧，但是综合考量各项因素的思路和做法得到了普遍的赞同。[1]因此，我们在经济审判中，应当注重提高法官的职业素养，重视法官在司法裁判中的释法说理，尤其强调法官应从个人利益保护的桎梏中解脱出来，在解决纠纷时应当注重从社会整体利益的角度出发，不再就案办案，而是以整体观审视纠纷，"必须依赖于专门的法律渊源、法律制度的一般精神、社会与经济制度中的基本价值或显而易见的趋势、公认的正义理想及道德观念"。[2]这样才能真正把握案件体现出的整体价值和个体价值，然后实现整体价值和个体价值的均衡，将法的价值发挥到极致。此外，建议在审理案件的过程中，邀请环境、食品药品、金融、反垄断行业的专家、学者参与经济诉讼案件的审判，由审判员和业务专家组成合议庭审理经济纠纷，这样可以加强审判力量，进一步提高判决的准确率。

五、经济诉讼法的执行制度

执行是经济诉讼的最后一道程序，但不是必经的程序。执行程序只有在被告不主动履行裁判文书确定的义务时才可能启动，如果被告主动履行裁判文书确定的义务，就不需要执行程序了。执行程序不是必经程序，但并不意味执行程序在诉讼法体系中可有可无，无足轻重。相反，执行程序在整个诉讼法体

〔1〕　参见时建中："私人诉讼与我国反垄断法目标的实现"，载《中国发展观察》2006年第6期。
〔2〕　孟雁北："我国反垄断法司法审查制度构建问题研究"，载《成人高教学刊》2007年第5期。

系中占有重要地位，它是裁判文书所载明的权利义务得以实现的保障，否则裁判文书就会成为一纸空文。缺乏强制执行程序的保障，裁判文书确定的权利义务就无法实现，法律的权威将受到严重损害。

（一）执行的价值

执行的价值体现在两个方面，一方面体现它的外在价值，另一方面体现它的内在价值。外在价值主要是指执行的工具性价值，即通过实施一系列的强制性措施，保障实现裁判文书所确定的权利义务。经济执行程序和民事执行程序一样，都是执行裁判文书。由于裁判文书是法院经过审理出具的文书，当事人之间的权利义务关系已经通过裁判予以确认，经济诉讼的执行程序仅仅是按照裁判文书的内容进行严格落实，其不能改变裁判文书中确定的内容，否则将构成违法。除了保障实施裁判文书的外在价值，执行程序还具有其自身的内在价值，体现在：①效率价值。执行的外在价值决定了它须不折不扣地落实裁判内容，这就要求执行要讲究效率，尤其在经济案件中，涉及人数众多，一些受害人的生活可能缺乏保障，这就需要法院将效率摆在第一位，以最快的速度完成执行任务。②公正。经济执行程序既有社会整体经济利益，又存在个体利益，在执行程序中，应当兼顾这两种利益，当被执行人的财产不足以支付全部赔偿金时，一般情况下，应当优先分配给受侵害的个体，这样才有利于正义的实现。

（二）执行的特点

与民事执行和行政执行不同，经济诉讼执行维护的是社会整体经济利益，同时也对由社会整体经济利益受到侵害的个体利益进行维护。因此，它具有自身特点。

其一，执行依法院职权启动。执行程序的启动分为两种方式，一种是依当事人申请启动，另一种是法院依职权启动。前者是执行程序的常态，一般案件都必须由当事人申请才会启动，否则就不会启动执行程序。民事诉讼执行程序和行政诉讼执行程序就是典型的依申请启动程序，而刑事诉讼执行程序和经济诉讼执行程序是典型的依职权启动程序。经济诉讼法是维护社会整体经济利益的程序法，因此，一旦裁判文书生效后，法院即负有将裁判文书移送至执行法院的义务。其二，执行的资金用途特定。通过经济诉讼执行程序的资金一般要收归国库或者以成立基金的形式交由第三方机构保管，一般收归国库也是间接地拨付给相关监管机构进行管理，主要用于修复该领域受损的社会经济。而交存至基金，主要是为了公益事业，如消费者的金融教育、环境的保护等。其三，执行具有公共性。民事诉讼执行和行政诉讼执行都是为了满足个体对司法的需求，实现的是个体的利益。经济诉讼执行是为了实现全社会整体经济利益，这种利益是超个体的独立存在，它不是对某个个体利益的补偿，而是对整个受损害的社会经济的修复，具有全局性和根本性。因此，经济诉讼执行具有公共性和普遍影响力。

（三）执行的措施

执行措施是法院执行裁判文书所运用的手段，是法院将纸质的裁判文书变为现实中当事人享受的权利的关键。法院的执行措施具有法定性，法官必须按照裁判文书的内容和法定的程序执行，超范围或者违反法定的程序和内容执行当事人的财产都属于违法行为。因此，法官应当严格按照法律规定的执行措施，不得违反法律。法律规定的执行措施非常多，主要分为两种，一种是对金钱财产的执行措施，另一种是对非金钱财产的执行措施。对金钱财产的执行措施主要是对被执行人的存款、收入等进行划拨或扣留，对非金钱财产的执行措施包括对房产、股份、投资收益的执行。与民事诉讼法中当事人申请执行不同，经济诉讼法的执行都是法院依职权移送执行，法院在执行过程中占有主动且重要地位，但由于法院的法官人数有限，不可能专注于某一个案件的执行，需要申请执行人协助法院开展执行工作，为法官提供被申请人的全部财产信息，便于裁判的执行。

从以上可以看出，经济诉讼法的执行措施和民事诉讼法的执行措施大同小异，民事诉讼法的执行措施基本都可以运用到经济诉讼法中，但经济诉讼法也有自己特殊的规定，需要根据不同类型的案件制定不同的执行措施。例如，整体环境利益受损的案件，由于该类案件比较特殊，其执行一般应围绕如何修复环境而展开，并相应地设立一些特殊的制度。一是回访制度。回访制度是最高人民法院贯彻党的十八届三中全会所提出的。最高人民法院《关于全面加强环境资源审判工作为推进生态文明建设提供有力司法保障的意见》中明确要求探索建立环境资源保护案件执行回访制度。[1]回访主要是法院对判决履行情况的监督，主要监督内容是环境污染有没有得到整治，是否得到改善，有没有引发新的污染问题等。通过回访监督，可以有效防止法院判决成为一纸空文，同时还可以监督赔偿金的使用情况，审核资金是否专门用于环境的整治，防止资金被挪作他用。二是建立第三方监督制度。整体环境利益案件具有"执行时间长、专业性强特点，需要投入更多的精力，具有专业的环保知识，配备专门的检测工具"。[2]回访可以在一定程度上督促被告

---

[1]　最高人民法院《关于全面加强环境资源审判工作 为推进生态文明建设提供有力司法保障的意见》指出："创新执行方式，探索建立环境资源保护案件执行回访制度，密切监督判决后责任人对污染的治理、整改措施以及生态恢复是否落实到位。"

[2]　张旭东：《环境民事公益诉讼特别程序研究》，法律出版社 2018 年版，第218 页。

履行环境整治义务，但毕竟法院的主责主业还是集中在案件审理，不可能频繁地关注已经走完法律程序的事项。因此，有必要引入一个专业机构来督促、监督被告履行环境整治义务。本书认为可以引入社会团体等一些公益性的环保组织对法院的判决执行进行专项监督，这样一方面可以减轻法院的工作负担，另一方面，也是最重要的，由专业的社会团体来监督环境的整治情况，更能保障环境问题从根本上整治，不会流于形式。又如整体市场利益案件中的食品案件纠纷，由于食品问题威胁到公民的生命和健康，对该类案件的执行应当有特殊的保护措施。法院在执行过程中，应当预留一部分损害赔偿金，这笔资金可以基金的方式由第三方托管，用于支付给潜在受害人，保障潜在受害人的合法权益。

综上，经济诉讼法的原告制度、受案范围、管辖制度、审判制度以及执行制度都与传统的民事诉讼法和行政诉讼法不同。经济诉讼法有自己独特的制度体系，理应成为一门独立的法律。

构建经济诉讼法是时代所需，从党中央的顶层设计和法院的系列改革也能看出一丝端倪。党的十八届三中全会明确提出要"建设法治中国，必须深化司法体制改革，加快建设公正高效权威的社会主义司法制度，维护人民权益。要维护宪法法律权威，深化行政执法体制改革，确保依法独立公正行使审判权检察权，健全司法权力运行机制，完善人权司法保障制度"。[1]这为构建我国经济诉讼法指明了方向，也扫清了制度上的障碍。值得欣喜的是，自十八届三中全会以来，我国在各方面的改革都朝着经济诉讼法的方向迈进，主要体现在以下几个方面：

第一，原告资格不断扩张。十八届三中全会以前，虽然

---

〔1〕 详见《中国共产党第十八届中央委员会第三次全体会议公报》。

《民事诉讼法》已经将经济纠纷的程序纳入法律之中，但对其仅作了抽象性的规定，缺乏实践操作性。十八届三中全会以后，最高人民法院通过发布司法解释的方式对经济诉讼的原告资格进行明确，为检察机关和社会团体提起经济诉讼提供了依据。此后，通过全国人大授权检察机关开展经济诉讼试点工作，接着将检察机关提起经济诉讼纳入《民事诉讼法》和《行政诉讼法》，使得检察机关的主体诉讼地位更加明确。随着经济诉讼实践的不断深入开展，除了检察机关和社会团体，原告主体资格又呈现扩张趋势，如前文所述，在环保领域，环境监管机关也可以作为原告提起经济诉讼。[1]相信随着经济诉讼的发展，原告主体资格将不断向其他经济监管机关扩大，最终将公民也纳入经济诉讼的原告范围。

第二，审判机构专业化。经济纠纷比较复杂，而且涉及范围也非常广泛，因此，需要拥有专业的团队审理该类案件。目前法院机构改革正朝这一方向发展。如最高人民法院提出"将铁路运输法院改造为跨行政区划法院，主要审理跨行政区划案件、重大行政案件、环境资源保护、企业破产、食品药品安全等易受地方因素影响的案件、跨行政区划人民检察院提起公诉的案件和原铁路运输法院受理的刑事、民事案件"。[2]在最高人民法院《关于深化人民法院司法体制综合配套改革的意见——人民法院第五个五年改革纲要（2019—2023）》中明确提出"优化四级法院职能定位和审级设置……加强人民法庭建设和专业化审判机制建设"，"规范专门法院建设……加强金融法院建

---

〔1〕《检察机关民事公益诉讼案件办案指南（试行）》规定：根据生态环境损害赔偿制度改革的相关规定，国务院授权的省、市级人民政府及其指定的相关职能部门，可作为赔偿权利人提起生态环境损害赔偿诉讼。

〔2〕参见最高人民法院《关于全面深化人民法院改革的意见——人民法院第四个五年改革纲要（2014—2018）》。

设"，"推动整合铁路运输法院、林区法院、农垦法院等机构，进一步优化司法资源配置"，通过顶层设计，有力加快经济诉讼法中专门法院或法庭的建设步伐。

第三，审判队伍专业化。经济案件涉及的领域比较多，案件也比较专业，不仅需要法官具备深厚的法律知识，还需要对一些经济领域的专业知识有所掌握，两者缺一不可，如果只有法律知识，但缺乏专业知识，也不能很好地办理案件。因此，经济诉讼案件对审判队伍的综合素质要求非常高。近几年，法院一直加大专业化审判队伍的建设力度，先后出台多个文件，对审判队伍建设提出具体目标："着眼于培养造就一支专业造诣精深、审判经验丰富、工作实绩优异、研究能力突出的高层次审判人才队伍，进一步加强优秀中青年业务骨干、专家型法官和全国审判业务专家梯次培养。"[1]"加大环境资源审判队伍的培训力度，学习环境资源专业知识，研究审判疑难问题，更新司法理念，提升司法能力，努力打造一支政治强、业务精、素质高的专业化环境资源审判队伍。"[2]在近期发布的《关于深化人民法院司法体制综合配套改革的意见——人民法院第五个五年改革纲要（2019—2023）》中也明确提出"全面推进人民法院队伍革命化、正规化、专业化、职业化建设"，"完善审判辅助人员培训考核、培养选拔等机制，建设专业化审判辅助人员队伍"。

此外，如本书在前文经济监管机关部分所谈到的，我国机构改革也已经呈现专业化监管的特点，改变了以前多部门监管同一事项的弊端，形成了以维护整体经济利益的事项为监管对

---

〔1〕 参见最高人民法院《2015—2019年全国法院教育培训规划》。

〔2〕 参见最高人民法院《关于全面加强环境资源审判工作为推进生态文明建设提供有力司法保障的意见》。

象，使监管更具针对性，监管效果也将更加明显。还有一种趋势是监管机关独立性日渐加强，如审计部门垂直管理的试点工作已经在江苏、云南等地开展，其向独立性的地位又迈进了一步。

综上可以看出，无论是国家司法体制改革的目标，还是如今审判工作的实际需要，一切都在往经济诉讼法的构建方向发展。相信随着司法体制改革的不断深入，经济诉讼法的制定步伐将越来越快。

结　论

　　经济诉讼法的构建问题由来已久，从经济法产生之初就有学者提出，直到环境公害案件和众多不特定的消费者受侵害案件被纳入《民事诉讼法》，学界对经济诉讼案件的讨论才日趋广泛和深入。总结学界的主流观点可以看出，大多数都是从民事诉讼的角度来研究如何解决经济纠纷案件，这种从解决实际问题出发的研究方法是非常值得肯定的，可以有针对性地开展研究，解决实践问题，但其弊端也显而易见，长此以往，容易忽视真正能有效解决经济纠纷的法律程序。如学者所言："在现实生活中，经济法方面的纠纷在诉诸法院后，所运用的诉讼程序，往往是民事诉讼程序和行政诉讼程序。其中，涉及私益的，可能要用到民事诉讼程序，涉及公益的，可能要用到行政诉讼程序。正是由于经济法上的一些纠纷或争议的解决，可能通过传统的诉讼程序来实现，因此，有人认为经济法没有必要构建自己的诉讼制度。"[1] 此外，"有的学者对我国极少有人提出经济诉讼程序的大致结构进行反思，认为没有人提出一些初步设想，那就没有形成争论焦点的机会，就不能诞生成熟系统的理论，

---

[1]　张守文：《经济法理论的重构》，人民出版社 2004 年版，第 535—536 页。

更谈不上对实践的指导"。[1]正是出于引起学界关注经济诉讼问题的考虑，本书开始研究该问题，但这并不是学科领地之争，而是笔者从自身工作出发，结合司法实践出现的问题所做的一些分析总结，由于学术水平有限，本书提出的一些理论可能还不够成熟，但作为一名经济法学的研习者，如果这篇论文能引起学界尤其是经济法学者们对经济诉讼问题的关注，这已经实现了本书撰写的初衷。

经济诉讼法具有独特的纠纷解决对象和独立的理论和制度，理应成为我国三大诉讼法之外的第四大诉讼法律体系，这不仅是一些经济法学者的认识，而且得到了一些民事诉讼法学者的认同。有的民事诉讼法学者明确指出"我们有时把公益纠纷也纳入民事纠纷的范畴，但实际上公益纠纷与民事纠纷有着根本的不同，民事纠纷的本质是'私益'，所谓'公益'的属性，本身就决定了公益纠纷不属于一般的民事纠纷。"[2]进而认为"《民事诉讼法》之所以规定公益诉讼，是因为虽然公益诉讼不同于一般民事诉讼，但《民事诉讼法》中的有些程序规定，公益诉讼是可以借用的。如果不考虑立法资源，严格来讲，可以单独制定公益诉讼法，规定单独的公益诉讼程序。"[3]由此看出，建立经济诉讼法符合法学发展潮流。它的建立对于解决经济纠纷具有重要意义，同时，也必将推动经济法的发展，如同《行政诉讼法》的颁布实施推动行政法的发展一样。应松年教授在谈到《行政诉讼法》对行政法的影响时提到：自从《行政诉讼法》颁布以来，中国行政法治已经发生了翻天覆地的变化。我们不能说，这一切的变化完全归功于《行政诉讼法》的颁布

---

〔1〕 孟庆瑜：《经济法基本问题研究》，人民出版社 2017 年版，第 234 页。
〔2〕 张卫平：《民事诉讼法》（第四版），法律出版社 2016 年版，第 4 页。
〔3〕 张卫平：《民事诉讼法》（第四版），法律出版社 2016 年版，第 339 页。

实施，但我们有理由肯定地说，这一切的变化一定得益于《行政诉讼法》的颁布实施，一定是与《行政诉讼法》的颁布实施分不开的。[1]因此，我国有必要建立独立的经济诉讼法。

---

[1]　应松年："一部推动行政法治的力作——评胡卫列著《行政诉讼目的论》"，载《中国检察官》2015年第7期。

参考文献

一、著作类

[1] 中共中央马克思、恩格斯、列宁、斯大林著作编译局编译：《马克思恩格斯全集》（第一卷），人民出版社 1956 年版。

[2] 中国社会科学院语言研究所词典编辑室编：《现代汉语词典》（第 7 版），商务印书馆 2016 年版。

[3] 薛波主编：《元照英美法词典》，法律出版社 2003 年版。

[4] 《中国大百科全书·法学》（修订版），中国大百科全书出版社 2006 年版。

[5] 杨凌主编：《经济法》，暨南大学出版社 2012 年版。

[6] 杨琴主编：《经济法学》，贵州大学出版社 2016 年版。

[7] 陈刚：《证明责任法研究》，中国人民大学出版社 2000 年版。

[8] 陈计男：《民事诉讼法论》，三民书局 1994 年版。

[9] 陈珺、杨祥主编：《经济诉讼与经济仲裁》，中国政法大学出版社 1993 年版。

[10] 陈荣宗、林庆苗：《民事诉讼法》，三民书局 1996 年版。

[11] 陈锐雄：《民法总则新论》，三民书局 1982 年版。

[12] 陈新民：《德国公法学基础理论》（上册），山东人民出版社 2001 年版。

[13] 城仲模主编：《行政法之一般法律原则》（二），三民书局 1997 年版。

[14] 《辞海》（4），光明日报出版社 2002 年版。

[15] 单飞跃：《经济法学》，中南工业大学出版社 1999 年版。

［16］邓辉辉：《民事诉讼既判力理论研究》，中国政法大学出版社 2014 年版。

［17］杜万华主编：《最高人民法院消费民事公益诉讼司法解释理解与适用》，人民法院出版社 2016 年版。

［18］罗结珍译：《法国新民事诉讼法典》（上册），法律出版社 2008 年版。

［19］法学教材编辑部《西方法律思想史》编写组：《西方法律思想史》，北京大学出版社 1983 年版。

［20］樊崇义主编：《诉讼原理》，法律出版社 2003 年版。

［21］范愉：《纠纷解决的理论与实践》，清华大学出版社 2007 年版。

［22］冯果主编：《经济法——制度·学说·案例》，武汉大学出版社 2012 年版。

［23］符启林、刘继峰主编：《经济法学》（第二版），中国政法大学出版社 2016 年版。

［24］顾培东：《社会冲突与诉讼机制》（修订版），法律出版社 2004 年版。

［25］郭向军：《经济监管机构的法律地位》，中国金融出版社 2013 年版。

［26］韩志红、阮大强：《新型诉讼——经济公益诉讼的理论与实践》，法律出版社 1999 年版。

［27］胡建淼：《行政法学》（第三版），法律出版社 2010 年版。

［28］黄建武：《法的实现——法的一种社会学分析》，中国人民大学出版社 1997 年版。

［29］江伟主编：《民事诉讼法》（第五版），中国人民大学出版社 2011 年版。

［30］姜明安主编：《行政法与行政诉讼法》（第六版），北京大学出版社、高等教育出版社 2015 年版。

［31］姜明安：《行政诉讼法》（第二版），法律出版社 2007 年版。

［32］焦娅敏：《利益范畴与社会矛盾》，复旦大学出版社 2013 年版。

［33］李昌麒：《经济法——国家干预经济的基本法律形式》，四川人民出版社 1995 年版。

［34］李昌麒主编：《经济法学》（第三版），法律出版社 2016 年版。

［35］李德顺主编：《中国特色社会主义法治文化研究》，中国政法大学出

版社 2016 年版。

[36] 李曙光主编：《经济法学》（第二版），中国政法大学出版社 2013 年版。

[37] 李昕：《俄罗斯民事检察制度研究》，中国检察出版社 2012 年版。

[38] 凌国顺、欧阳君君编著：《行政法学》，上海人民出版社 2007 年版。

[39] 刘海年、李林主编：《依法治国与法律体系建构》，中国法制出版社 2001 年版。

[40] 刘宁仁：《经济诉讼》，山东人民出版社 1997 年版。

[41] 刘少军、王一鹤：《经济法学总论》，中国政法大学出版社 2015 年版。

[42] 刘少军、王自豪：《金融经济法纲要》，人民法院出版社 1999 年版。

[43] 刘少军：《法边际均衡论——经济法哲学》（修订版），中国政法大学出版社 2017 年版。

[44] 刘少军等：《经济本体法论——经济法律思想体系研究》，中国商业出版社 2000 年版。

[45] 罗豪才、湛中乐主编：《行政法学》（第四版），北京大学出版社 2016 年版。

[46] 吕太郎：《民事诉讼之基本理论》（一），中国政法大学出版社 2003 年版。

[47] 马怀德主编：《行政诉讼原理》，法律出版社 2003 年版。

[48] 孟庆瑜：《经济法基本问题研究》，人民出版社 2017 年版。

[49] 潘申明：《比较法视野下的民事公益诉讼》，法律出版社 2011 年版。

[50] 沈关生主编：《中国经济法实用全书》，法律出版社 1992 年版。

[51] 沈宗灵主编：《法理学》（第二版），北京大学出版社 2000 年版。

[52] 史际春、邓峰：《经济法总论》，法律出版社 1998 年版。

[53] 史际春主编：《经济法》（第三版），中国人民大学出版社 2015 年版。

[54] 中华人民共和国商务部反垄断局：《世界主要国家和地区反垄断法律汇编》（上册），中国商务出版社 2013 年版。

[55] 孙国华主编：《法理学教程》，中国人民大学出版社 1999 年版。

[56] 孙国华主编：《法理学》，法律出版社 1995 年版。

[57] 陶建国等：《消费者公益诉讼研究》，人民出版社 2013 年版。

[58] 田平安主编：《民事诉讼法·原则制度篇》，厦门大学出版社 2006 年版。

[59] 佟丽华、白羽：《和谐社会与公益法——中美公益法比较研究》，法律出版社 2005 年版。

[60] 王福华：《民事诉讼法学》（第二版），清华大学出版社 2015 年版。

[61] 王名扬：《英国行政法》，中国政法大学出版社 1987 年版。

[62] 王名扬：《法国行政法》，中国政法大学出版社 1988 年版。

[63] 王树义主编：《环境与自然资源法学案例教程》，知识产权出版社 2004 年版。

[64] 王锡三：《民事诉讼法研究》，重庆大学出版社 1996 年版。

[65] 王新红：《经济法纠纷司法解决机制研究》，中国法制出版社 2006 年版。

[66] 肖建国、包建华：《证明责任：事实判断的辅助方法》，北京大学出版社 2012 年版。

[67] 谢晖：《法学范畴的矛盾辨思》，法律出版社 2017 年版。

[68] 熊秉元：《正义的成本：当法律遇上经济学》，东方出版社 2014 年版。

[69] 徐国栋：《民法基本原则解释——成文法局限性之克服》，中国政法大学出版社 2001 年版。

[70] 徐卉：《通向社会正义之路——公益诉讼理论研究》，法律出版社 2009 年版。

[71] 许崇德主编：《中华法学大辞典·宪法学卷》，中国检察出版社 1995 年版。

[72] 薛克鹏：《经济法基本范畴研究》，北京大学出版社 2013 年版。

[73] 严存生：《法的价值问题研究》，法律出版社 2011 年版。

[74] 阎学通：《中国国家利益分析》，天津人民出版社 1997 年版。

[75] 颜运秋：《公益诉讼理念研究》，中国检察出版社 2002 年版。

[76] 颜运秋等：《经济法实施机制研究——通过公益诉讼推动经济法实施》，法律出版社 2014 年版。

[77] 杨惠基：《行政执法概论》，上海大学出版社 1998 年版。

[78] 杨寅：《中国行政程序法治化——法理学与法文化的分析》，中国政法大学出版社 2001 年。

[79] 杨紫烜、徐杰主编：《经济法学》（第三版），北京大学出版社 1997年版。

[80] 杨紫烜主编：《经济法》，北京大学出版社、高等教育出版社 1999年版。

[81] 张尚鷟主编：《走出低谷的中国行政法学——中国行政法学综述与评价》，中国政法大学出版社 1991 年版。

[82] 张世信、周帆主编：《行政法学》（第二版），复旦大学出版社 2006年版。

[83] 张守文：《经济法学》（第三版），中国人民大学出版社 2016 年版。

[84] 张树义：《冲突与选择——行政诉讼的理论与实践》，时事出版社 1992 年版。

[85] 张卫平：《民事诉讼法》（第四版），法律出版社 2016 年版。

[86] 张文显主编：《法理学》，高等教育出版社 1999 年版。

[87] 张艳蕊：《民事公益诉讼制度研究——兼论民事诉讼机能的扩大》，北京大学出版社 2007 年版。

[88] 郑成良主编：《法理学》，清华大学出版社 2008 年版。

[89] 周大仁、童道友主编：《国有资产管理体制概论》，湖北人民出版社 1994 年版。

[90] 卓泽渊：《法的价值论》（第二版），法律出版社 2006 年版。

[91] [日] 谷口安平：《程序的正义与诉讼》，王亚新、刘荣军译，中国政法大学出版社 1996 年版。

[92] [奥] 凯尔森：《法与国家的一般理论》，沈宗灵译，中国大百科全书出版社 1996 年版。

[93] [德] 弗里德赫尔穆·胡芬：《行政诉讼法》（第 5 版），莫光华译，法律出版社 2003 年版。

[94] [德] 卡尔·拉伦茨：《德国民法通论》（上册），王晓晔等译，法律出版社 2003 年版。

[95] [德] 哈贝马斯：《在事实与规范之间》，童世骏译，生活·读书·新

知三联书店 2003 年版。

［96］［德］莱奥·罗森贝克：《证明责任论——以德国民法典和民事诉讼法典为基础撰写》（第四版），庄敬华译，中国法制出版社 2002年版。

［97］［德］魏德士：《法理学》，丁晓春、吴越译，法律出版社 2005 年版。

［98］［法］勒内·达维德：《当代主要法律体系》，漆竹生译，上海译文出版社 1984 年版。

［99］［法］卢梭：《社会契约论》，何兆武译，商务印书馆 1980 年版。

［100］［法］孟德斯鸠：《论法的精神》（上下册），张雁深译，商务印书馆 1982 年版。

［101］［古罗马］西塞罗：《论共和国 论法律》，王焕生译，中国政法大学出版社 1997 年版。

［102］［罗马］查士丁尼：《法学总论—法学阶梯》，张企泰译，商务印书馆 1995 年版。

［103］［美］E. 博登海默：《法理学：法律哲学与法律方法》，邓正来译，中国政法大学出版社 2004 年版。

［104］［美］本杰明·卡多佐：《司法过程的性质》，苏力译，商务印书馆 1998 年版。

［105］［美］亚伯拉罕·马斯洛：《动机与人格》（第三版），许金声等译，中国人民大学出版社 2013 年版。

［106］［美］丹尼斯·C. 缪勒：《公共选择理论》，杨春学等译，中国社会科学出版社 1999 年版。

［107］［日］丹宗昭信、厚谷襄儿编：《现代经济法入门》，谢次昌译，群众出版社 1985 年版。

［108］［日］兼子一、竹下守夫：《民事诉讼法》（新版），白绿铉译，法律出版社 1995 年版。

［109］［日］三月章：《日本民事诉讼法》，汪一凡译，五南图书出版有限公司 1997 年版。

［110］［日］田中成明：《判断中的法与政治》，有斐阁 1979 年版。

［111］［意］彼德罗·彭梵得：《罗马法教科书》，黄风译，中国政法大学

出版社 1992 年版。

[112] ［意］桑德罗·斯奇巴尼选编：《民法大全选译·正义和法》，黄风译，中国政法大学出版社 1992 年版。

[113] ［英］J. A. 乔罗威茨：《民事诉讼程序研究》，吴泽勇译，中国政法大学出版社 2008 年版。

[114] ［英］戴维·M. 沃克：《牛津法律大辞典》，光明日报出版社 1988 年版。

[115] ［英］哈特：《法律的概念》，张文显等译，中国大百科全书出版社 1996 年版。

[116] ［英］霍布斯：《利维坦》，黎思复、黎廷弼译，商务印书馆 1985 年版。

[117] ［俄］B. B. 拉扎列夫主编：《法与国家的一般理论》，王哲等译，法律出版社 1999 年版。

[118] ［德］拉德布鲁赫：《法学导论》，米健译，中国大百科全书出版社 1997 年版。

[119] ［美］理查德·A. 波斯纳：《反托拉斯法》（第二版），孙秋宁译，中国政法大学出版社 2003 年版。

[120] ［美］罗斯科·庞德：《法理学》（第三卷），廖德宇译，法律出版社 2007 年版。

[121] ［美］罗斯科·庞德：《通过法律的社会控制》，沈宗灵译，商务印书馆 2010 年版。

[122] ［英］阿克顿：《自由与权力》，侯健、范亚峰译，商务印书馆 2001 年版。

二、论文期刊类

[1] 郭道晖："论法与法律的区别——对法的本质的再认识"，载《法学研究》1994 年第 6 期。

[2] 李肃、潘跃新："法与法律的概念应该严格区分——从马克思、恩格斯法学思想的演变看法与法律概念的内涵"，载《法学研究》1987 年第 1 期。

[3] 刘士国："'法'与'法律'的区别与民法解释"，载《法制与社会发

展》2004 年第 6 期。

[4] 谢晖："法律本质与法学家的追求"，载《法商研究（中南政法学院学报）》2000 年第 3 期。

[5] 郭道晖："论法的本质内容与本质形式"，载《法律科学（西北政法学院学报）》2006 年第 3 期。

[6] 窦家应："法的本质：利益关系调整论"，载《当代法学》2000 年第 5 期。

[7] 马长山："从市民社会理论出发对法的本质的再认识"，载《法学研究》1995 年第 1 期。

[8] 法律文化研究中心："法律的本质：一个虚构的神话"，载《法学》1998 年第 1 期。

[9] 杨显滨："论当代中国法律本质的应然归属"，载《法学论坛》2014 年第 1 期。

[10] 蒋德海："试析马克思、恩格斯对法的本质的理解"，载《社会科学》1994 年 12 期。

[11] 谢鹏程："法律本质论的历史发展"，载《烟台大学学报（哲学社会科学版）》1995 年第 2 期。

[12] 张树义："寻找新的起点——关于中国行政法起源的思考"，载《南京大学学报（哲学·人文科学·社会科学版）》2002 年第 1 期。

[13] "今天到底该怎样看待法的本质——法学基本问题专题（一）研讨会纪要"，载《法商研究》1999 年第 1 期。

[14] 顾功耘、刘哲昕："论经济法的调整对象"，载《法学》2001 年第 2 期。

[15] 朱翠微："部门法理论的批判与重构"，载《长春市委党校学报》2010 年第 5 期。

[16] 李昌麒、岳彩申、叶明："论民法、行政法、经济法的互动机制"，载《法学》2001 年第 5 期。

[17] 谢晖："部门法法哲学的成长逻辑——兼论'部门法学'的学理化问题"，载《文史哲》2002 年第 1 期。

[18] 李昌庚："中国经济法学的困境与出路——兼对社会法等部门法划分

的反思",载《北方法学》2014年第5期。

[19] 江平、张楚:"民法的本质特征是私法",载《中国法学》1998年第6期。

[20] 曹智:"古传统民法的语源探析",载《兰台世界》2011第13期。

[21] 史际春:"社会主义市场经济与我国的经济法——兼论市场经济条件下经济法与民商法的关系问题",载《中国法学》1995年第3期。

[22] 曹皎:"我国现代法制建设中民法理念形成与制度构建",载《法制与经济》(中旬)2012年第5期。

[23] 谭继风:"行政法概念新论",载《行政与法(吉林省行政学院学报)》2004年第6期。

[24] 郭道晖:"法治行政与行政权的发展",载《现代法学》1999第1期。

[25] 孙笑侠:"论法律与社会利益——对市场经济中公平问题的另一种思考",载《中国法学》1995年第4期。

[26] 刘少军:"论整体经济利益与经济法主体",载《晋阳学刊》2016年第2期。

[27] 张守文:"宏观调控权的法律解析",载《北京大学学报(哲学社会科学版)》2001年第3期。

[28] 陈云良:"国家调节权:第四种权力形态",载《现代法学》2007年第6期。

[29] 罗豪才:"行政法的核心与理论模式",载《法学》2002年第8期。

[30] 刘少军:"'行政'经济法与'市场'经济法",载《经济法研究》2016年第1期。

[31] 刘少军:"论法律监督权与经济公诉权",载《经济法论坛》2014年第1期。

[32] 李祖军:"利益保障目的论解说——论民事诉讼制度的目的",载《现代法学》2000年第2期。

[33] 沈宗灵:"法 正义 利益",载《中外法学》1993年第5期。

[34] 李昌麒、陈治:"经济法的社会利益考辩",载《现代法学》2005年第5期。

[35] 胡锦光、王锴:"论公共利益概念的界定",载《法学论坛》2005年

第 1 期。

[36] 胡建淼、邢益精："公共利益概念透析"，载《法学》2004 年第 10 期。

[37] 刘丹："公共利益的法律解读与界定"，载《行政法学研究》2005 年第 2 期。

[38] 符启林、罗晋京："论社会公共利益和经济法"，载《河北法学》2007 年第 7 期。

[39] 颜运秋、石新中："论法律中的公共利益"，载《中国人民公安大学学报》2004 年第 4 期。

[40] 胡鸿高："论公共利益的法律界定——从要素解释的路径"，载《中国法学》2008 年第 4 期。

[41] 范进学："定义'公共利益'的方法论及概念诠释"，载《法学论坛》2005 年第 1 期。

[42] 卢代富："经济法对社会整体利益的维护"，载《现代法学》2013 年第 4 期。

[43] 孙国华、黄金华："论法律上的利益选择"，载《法律科学》1995 年第 4 期。

[44] 冯果、万江："社会整体利益的代表与形成机制探究——兼论经济法视野中的国家与政府角色定位"，载《当代法学》2004 年第 3 期。

[45] 蒋悟真、李晟："社会整体利益的法律维度——经济法基石范畴解读"，载《法律科学（西北政法学院学报）》2005 年第 1 期。

[46] 李友根："社会整体利益代表机制研究——兼论公益诉讼的理论基础"，载《南京大学学报（哲学·人文科学·社会科学版）》2002 年第 2 期。

[47] 史际春、李青山："论经济法的理念"，载《华东政法学院学报》2003 年第 2 期。

[48] 郭琛："论社会整体经济利益的权利化"，载《甘肃政法学院学报》2010 年第 3 期。

[49] 吴文嫔："论私权的诞生"，载《郑州大学学报（哲学社会科学版）》2008 年第 4 期。

［50］ 付子堂："对利益问题的法律解释"，载《法学家》2001年第2期。

［51］ 邵明： "民事纠纷及其解决机制论略"，载《法学家》2002年第5期。

［52］ 李祖军、田毅平："民事诉讼目的论纲"，载《现代法学》1998年第5期。

［53］ 王利明："走向私权保护的新时代——侵权责任法的功能探讨"，载《社会科学战线》2010年第9期。

［54］ 邱本："认真对待私权"，载《吉林大学社会科学学报》1998年第6期。

［55］ 林喆： "论私权保护和公共责任观念的建立"，载《政治与法律》2001年第6期。

［56］ 冯彦君："民法与劳动法：制度的发展与变迁"，载《社会科学战线》2001年第3期。

［57］ 孙佑海："对修改后的《民事诉讼法》中公益诉讼制度的理解"，载《法学杂志》2012年第12期。

［58］ 杨寅："行政诉讼概念重解"，载《中国法学》2002年第4期。

［59］ 胡肖华："行政诉讼目的论"，载《中国法学》2001年第6期。

［60］ 向忠诚："行政诉讼目的研究"，载《河北法学》2004年第12期。

［61］ 马怀德："保护公民、法人和其他组织的权益应成为行政诉讼的根本目的"，载《行政法学研究》2012年第2期。

［62］ 杨伟东："行政诉讼目的的探讨"，载《国家行政学院学报》2004年第3期。

［63］ 尹锲："行政诉讼不适用调解的法理分析"，载《学理论》2011年第2期。

［64］ 李秋月： "浅谈行政诉讼举证责任制度"，载《辽宁师范大学学报》1999年第1期。

［65］ 薛克鹏："经济行政法理论探源——经济法语境下的经济行政法"，载《当代法学》2013年第5期。

［66］ 鲁鹏宇："论行政法的观念革新——以公私法二元论的批判为视角"，载《当代法学》2010年第5期。

［67］顾培东：“经济诉讼中的几个法律问题”，载《政治与法律》1984 年第 4 期。

［68］孟庆瑜：“论中国经济法的诉讼保障机制——中国经济诉讼的反思与重构”，载《法学论坛》2002 年第 2 期。

［69］韩志红：“经济法应当有自己特殊的诉讼制度”，载《天津师范大学学报（社会科学版）》2001 年第 1 期。

［70］胡云红：“比较法视野下的域外公益诉讼制度研究”，载《中国政法大学学报》2017 年第 4 期。

［71］刘天兴、戚庚生：“民事诉讼中的证据制度”，载《法学天地》1997 年第 2 期。

［72］李浩：“我国民事诉讼中举证责任含义新探”，载《西北政法学院学报》1986 年第 3 期。

［73］李浩：“民事举证责任分配的法哲学思考”，载《政法论坛》1996 年第 1 期。

［74］徐淑琳、冷罗生：“反思环境公益诉讼中的举证责任倒置——以法定原告资格为视角”，载《中国地质大学学报（社会科学版）》2015 年第 1 期。

［75］肖建华：“正当当事人理论的现代阐释”，载《比较法研究》2000 年第 4 期。

［76］史际春：“适应经济法治需要 建立‘官告官和民事、行政公诉的制度’”，载《法学家》1998 年第 1 期。

［77］吴泽勇：“群体性纠纷解决机制的建构原理”，载《法学家》2010 年第 5 期。

［78］刘学在：“请求损害赔偿之团体诉讼制度研究”，载《法学家》2011 年第 6 期。

［79］汤维建：“论检察机关提起民事公益诉讼”，载《中国司法》2010 年第 1 期。

［80］杨建广、李懿艺：“检察机关提起公益诉讼的正当性探析”，载《法治论坛》2010 年第 2 期。

［81］杨秀清：“我国检察机关提起公益诉讼的正当性质疑”，载《南京师

大学报（社会科学版）》2006 年第 6 期。

[82] 王蓉、陈世寅："关于检察机关不应作为环境民事公益诉讼原告的法理分析"，载《法学杂志》2010 年第 6 期。

[83] 黄凤兰："对检察机关提起公益诉讼的再质疑"，载《中国行政管理》2010 年第 12 期。

[84] 何燕："检察机关提起民事公益诉讼之权力解析及程序构建"，载《法学论坛》2012 年第 4 期。

[85] 徐祥民、凌欣、陈阳："环境公益诉讼的理论基础探究"，载《中国人口·资源与环境》2010 年第 1 期。

[86] 王麟："重构行政诉讼受案范围的基本问题"，载《法律科学（西北政法学院学报）》2004 年第 4 期。

[87] 颜运秋："经济审判庭变易的理性分析"，载《法商研究（中南政法学院学报）》2001 年第 2 期。

[88] 张卫平："民事公益诉讼原则的制度化及实施研究"，载《清华法学》2013 年第 4 期。

[89] 徐晓松："国有资产保值增值的难点及法律对策"，载《中国法学》1996 年第 6 期。

[90] 刘继峰："反垄断法益分析方法的建构及其运用"，载《中国法学》2013 年第 6 期。

[91] 吴明童："既判力的界限研究"，载《中国法学》2001 年第 6 期。

[92] 江伟、肖建国："论既判力的客观范围"，载《法学研究》1996 年第 4 期。

[93] 张大海："诉讼调解既判力论"，载《政法论坛》2008 年第 5 期。

[94] 严琛："论法院调解的既判力"，载《法学杂志》2010 年第 S1 期。

三、网址及其他

[1] "行政处罚限额大涨 3 万提到 20 万　这些方面会被罚"，载腾讯网 http://henan. qq. com/a/20160329/009489. htm，最后访问日期：2019 年 1 月 2 日。

[2] "'手机流量偷跑''塑胶毒跑道'等热案入选'2016 年中国十大公益诉讼'"，载腾讯网 https://mp. weixin. qq. com/s/5xhnznyiO8u HFnSTC-

VuQmg，最后访问日期：2018 年 6 月 5 日。

［3］"环保部回应：环保组织提起'环境公益诉讼'败诉后遭公众质疑"，载搜狐网 https：//www. sohu. com/a/167137624_ 749931，最后访问日期：2019 年 2 月 1 日。

［4］"国家市场监管总局：建立巨额赔偿制度，加大对消费者赔偿"，载网易新闻 https：//news. 163. com/dy/article/E41R79S40511B8LM. html，最后访问日期：2019 年 2 月 1 日。

［5］"环境公益诉讼破壳而出'两湖一库'打响第一枪"，载人民网 http：//env1. people. com. cn/GB/106985/8599474. html，最后访问日期：2018 年 12 月 18 日。

［6］"明确检察机关以'公益诉讼起诉人'身份提起诉讼"，载人民网 http：//gongyi. people. com. cn/n1/2018/0306/c151132 － 29850286. html，最后访问日期：2019 年 2 月 1 日。

后 记

2009 年 5 月，我通过论文答辩，顺利完成了硕士研究生学业。2019 年 5 月，我又通过论文答辩，顺利完成了博士研究生学业。十年间的时光匆匆而过，如白驹过隙，转瞬即逝。

本书是在博士论文增修的基础上完成的。感谢我的导师刘少军教授，恩师不嫌弃我的资质平庸，把我招入门下。在跟随恩师学习的四年间，我耳濡目染地学到了很多知识，恩师对法学的独到见解、对学术的严谨态度以及对科研的勤奋程度无不让我钦佩。感谢恩师对我毕业论文的指导，从选题、撰写到修改完善等整个过程恩师都有参与，没有恩师的细心指导，我的论文也不会顺利完成。

感谢我的父母，没有父母的精心养育和谆谆教导，我不会成为今天的自己；感谢我的妻子，没有妻子背后默默的支持和奉献，我也不会踏上读博之路，更不会完成我的学业；感谢我的岳父、岳母，在我离家求学期间，岳父母不辞辛苦悉心照顾我的妻子和儿子，为我解除了后顾之忧，使我能安心上学；感谢我的儿子，在他还未满月之时，我就开始准备博士考试，直到 2018 年我给儿子过四岁生日时，才突然发现，这是他出生后我给他过得第 1 个生日，当时愧疚之情无法言表，因为在外求学，我错过了他成长的许多美好时光，这种遗憾一生都无法弥补，只能在今后的生活中，给予他更多的时间和关心，伴他一起成长。此外，感谢我的亲人，在我上学期间，他们给予我无私的关爱，让我毫无后顾之忧地专心完成学业。

感谢最高人民检察院万春专委，在毕业论文的写作过程中，我先后3次请教万春专委，他在百忙之中结合检察机关提起公益诉讼的司法实践，对论文中制度构建部分提出许多有价值的建议，使得我的论文更具实践价值。

感谢薛克鹏教授、刘继峰教授、李蕊教授、邓峰教授、肖江平教授，5位教授从论文的结构和内容方面提出了许多有价值的完善建议；感谢时建中副校长、李曙光院长、肖宝兴主任、徐晓松教授和符启林教授在我读博期间对我学业上的指导，使我的专业知识更加深入，学术视野更加广阔。

感谢西峰师兄、书星师兄、文祥师兄和一鹤师兄对我论文的指导，特别感谢一鹤师兄，从论文撰写到答辩，一鹤师兄一直耐心细致地指导，为我解答论文写作过程中的困惑，使我的毕业论文内容更加完善。感谢陆青师妹，谢谢她帮我搜集外文资料，为我撰写论文节省了宝贵时间。

在我人生的第一部专著即将付梓之际，我还要感谢陪我一路走来的挚友：

感谢我的高中和大学同学，陪伴我走过20多年的人生道路。高中和大学生活是我一生中最美好的时光，直到现在都是我最美好的回忆。我们共同见证了彼此的青春，一起从青涩少年步入不惑之年。谢谢你们的陪伴，因为有了你们的包容、关心和鼓励，才成就了今天的我！

感谢我的硕士研究生同学，在我第一次远离家乡到春城求学时给予我的关心和帮助；感谢我的博士研究生同学，特别感谢我的舍友，谢谢你们在工作和生活方面对我的关心和帮助，我的博士生活中每一个美好回忆都离不开我的舍友。谢谢我的其他博士同学，我们一起学习，一起打球……因为有了你们，我的博士生活才会如此丰富多彩。

感谢检察院的领导和同事。银川市检察院是我从校门步入社会的第一个单位，我在检察院工作了 9 年 9 个月。感谢我的领导和同事在工作和生活中对我的关心和帮助，谢谢你们陪我一起走过难忘的检察岁月。

此外，感谢北方民族大学及法学院对本书的出版给予资助和支持。

感谢中国政法大学出版社的编辑们，正是他们耐心、细致地审校，才使得本书能够顺利问世，特此表示感谢！

虽然本书经过多次修改与校阅，但由于学术水平有限，难免会有错误和疏漏之处，请各位读者批评指正。

马　涛

2023 年 8 月 8 日于拉萨